Treize récits chinois

(1918-1949)

Traduits du chinois
par Martine Vallette-Hémery

Éditions
Philippe Picquier

Un certain nombre de récits de ce recueil sont repris d'une anthologie publiée en 1970 aux Editions de l'Herne, *De la Révolution littéraire à la littérature révolutionnaire. Récits chinois 1918-1942.*

Mas de Vert
B.P. 150
13631 Arles cedex

En couverture : © Lin Yi-hsiang. D. R.

Conception graphique : Picquier & Protière

ISBN : 2-87730-481-7
ISSN : 1251-6007

Sommaire

Introduction

Les récits traduits ici sont l'œuvre d'écrivains qui ont voulu, en créant une littérature nouvelle, contribuer à la transformation de la société en Chine. Leur mouvement, d'abord minoritaire et isolé, a marqué l'évolution intellectuelle de son époque. On parle à son propos de Révolution littéraire ; on peut aussi l'appeler Littérature du Quatre Mai par référence au Mouvement du Quatre Mai [1], symbole de l'ouverture de la Chine au monde moderne. Le point de départ chronologique s'imposait ; c'est en 1918, en effet, que parut la première œuvre représentative, *Le Journal d'un fou* de Lu Xun ; le dernier récit est tiré d'un recueil publié en 1947 mais la date de 1949, qui marqua une rupture pour la littérature également, semblait la plus appropriée pour clore cette période.

La Révolution littéraire a ses racines dans la crise qui, depuis le milieu du XIXe siècle, ébranle la Chine, confrontée à l'Occident puis au Japon. Cette crise, qui se prolonge au-delà de la chute de l'Empire en 1911,

1. Le 4 mai 1919, une manifestation étudiante eut lieu à Pékin pour protester contre le projet d'octroyer au Japon les anciennes possessions allemandes en Chine. Elle a donné une impulsion décisive aux divers courants de remise en cause de la tradition.

provoque une mutation culturelle souvent douloureuse dans un pays livré au chaos et à la misère. Une partie de plus en plus importante de l'intelligentsia en vient à estimer qu'il ne suffit plus de s'inspirer de l'Occident pour sa seule technique mais que la Chine doit renier sa culture nationale si elle veut survivre dans le monde moderne. Les faits qui dominent cette période sont l'introduction de courants de pensée étrangers (on voue un culte à la Science et à la Démocratie) et la découverte des littératures occidentales. Dans leur volonté de faire table rase du passé, de jeunes intellectuels rejettent tout en bloc, de l'idéologie confucéenne qui régente la vie sociale et familiale à une grande part de la littérature classique.

C'est le Mouvement du Quatre Mai qui popularise leur slogan « A bas la boutique de Confucius », mais, dès 1915, une revue, *Xin Qingnian* ou *Nouvelle Jeunesse* (titre français figurant sur la couverture), publie, entre autres, quatre articles qui ont le retentissement de manifestes et montrent bien ce qui est en jeu.

« Appel à la jeunesse » de Chen Duxiu [1], son fondateur (numéro 1, 1915) : en Chine, on dit élogieusement d'un jeune qu'il se comporte comme un vieux ; à l'étranger c'est l'inverse. Au lieu d'être servile, conservateur, apathique, isolationniste, formaliste, rêveur, il faut être indépendant, progressiste, dynamique, universaliste, utilitariste, scientifique.

« Sur la Révolution littéraire » de Chen Duxiu (1917) : il faut qu'une littérature vivante et réaliste remplace la littérature classique, aristocratique et escapiste.

---

1. 1880-1942. Alors doyen de l'université de Pékin. L'un des fondateurs du P.C. chinois, il sera condamné pour sa politique vis-à-vis du Guomindang en 1927 et taxé de trotskisme.

« La Littérature humaine » de Zhou Zuoren[1] (1918) : la littérature doit dénoncer les atteintes à la personne et l'aspect inhumain de la vie en Chine ; elle doit exalter l'émancipation individuelle et une morale élevée.

« Suggestions pour une réforme littéraire » de Hu Shi[2] (1917) : huit prescriptions, dont : n'imitez pas les anciens, éliminez les clichés et les allusions obscures (caractéristiques de la littérature classique), ne craignez pas d'utiliser la langue vulgaire, celle de tous les jours.

On ne saurait assez souligner la portée de cette dernière suggestion. La langue écrite n'était accessible qu'à une élite lettrée et elle était incapable de véhiculer les idées modernes. Il s'agit de la remplacer, pour toute œuvre littéraire, érudite ou journalistique, par le *baihua*, c'est-à-dire la langue parlée ; c'était déjà celle de la littérature populaire et romanesque, officiellement méprisée : même les écrivains qui l'avaient célébrée dans le passé s'exprimaient dans la langue littéraire, dont l'emprise reste d'ailleurs grande sur les premiers partisans du *baihua*. L'enjeu n'est pas seulement littéraire, et certains veulent même supprimer les idéogrammes. Lu Xun (il sera souvent cité car sa voix est capitale) le souligne encore des années plus tard : « Deux voies s'offrent à nous ; l'une est de s'accrocher à notre langue classique et de mourir ; l'autre, de rejeter cette langue et de vivre[3]. » On traduit beaucoup, car c'est dans les littératures étrangères que l'on cherche

1. 1885-1968. Grand prosateur longtemps négligé parce que critiqué politiquement. Frère de Lu Xun. Réédité récemment.

2. 1891-1962. Etudiant aux Etats-Unis, rentré en Chine en 1917. Son rôle dans la Révolution littéraire, bien que déterminant, fut éphémère. Auteur de *The Chinese Renaissance*. Il termina sa vie à Taiwan mais est partiellement réhabilité.

3. « La Chine silencieuse », 1927, in *Triple Oisiveté*.

un renouvellement du langage comme de l'inspiration. Un jugement de Lu Xun est significatif à cet égard : « Quand je lis des livres chinois, je me sens de plus en plus apaisé et détaché de la vie réelle. Quand je lis des livres étrangers (sauf indiens), je me sens en contact avec la vie et j'éprouve le besoin d'agir[1]. »

Ces préoccupations reflètent un trait dominant de la Littérature du Quatre Mai, la conviction que la littérature a une vertu salvatrice. Lu Xun interrompt des études de médecine et s'en explique dans la préface de son premier recueil de nouvelles, *Nahan* (*Cris*, 1922). Etudiant au Japon, il y a vu un film montrant des Japonais exécutant en public un otage chinois : « Si un peuple ignorant et stupide mais plein de force n'est bon qu'à se laisser tuer pour servir d'exemple, ou à assister à un aussi lamentable spectacle, le laisser mourir de maladie n'est pas un si grand malheur. La première chose à faire est de changer sa mentalité. Or comme je pensais alors que le meilleur moyen pour influencer les esprits était la littérature, je décidai de lancer un mouvement littéraire. »

Les premières années après le Quatre Mai témoignent d'une prodigieuse effervescence. D'innombrables et éphémères revues sont les plates-formes de débats passionnés. La jeunesse, selon l'expression d'un contemporain, absorbe en bloc vingt siècles de littérature occidentale. Parmi les groupes littéraires qui se constituent, deux, fondés en 1921, jouent un rôle prépondérant. L'Association pour la recherche littéraire compte Ye Shengtao et Mao Dun parmi ses fondateurs ; ils veulent une « littérature de sang et de larmes », et estiment que la littérature « est un travail

---

1. « Ce que les jeunes doivent lire », 1925, in *Sous le dais fleuri.*

nécessaire à la vie ». La Société de la création est fondée par des étudiants au Japon, dont Guo Moruo [1] et Yu Dafu ; plus ambitieuse sur le plan littéraire, elle se réclame de « l'art pour l'art » ; mais Guo Moruo proclame bientôt la nécessité d'une « littérature socialiste et réaliste » et, en 1927, est lancé le slogan « La Révolution littéraire doit mener à la littérature révolutionnaire », qui se révélera prophétique.

En effet, si les novateurs sont unanimes dans leur combat contre les anciens, ils se retrouvent divisés devant leurs propres problèmes ; certains se radicalisent (le PC chinois est fondé en 1921) ou se désengagent. Les années de guerre civile puis antijaponaise sont une période de déchirement et de désenchantement pour les écrivains, mais c'est aussi celle de la maturité littéraire. Cependant les polémiques sur l'orientation de la littérature s'accentuent dans un climat politique de plus en plus pesant. La répression du gouvernement nationaliste s'exerce contre tout écrivain qui exprime des idées tant soit peu de gauche. Et parmi ceux qui rejoindront le bastion communiste de Yenan [2], certains ne connaîtront pas un sort plus enviable, notamment la romancière Ding Ling [3] et le poète Ai Qing [4], critiqués dès cette époque, envoyés dans des camps en 1957. En 1942, les critères d'une littérature révolutionnaire sont énoncés par Mao Zedong dans les *Causeries sur l'art et la littérature à Yenan* avant d'être imposés en 1949.

---

1. 1892-1978. Rallié dès 1926 au communisme. Egalement archéologue. Au sommet de la hiérarchie culturelle après 1949.

2. Dans le Nord-Ouest, base communiste de 1936, après la Longue Marche, à 1949.

3. 1907-1986. Auteur de nouvelles sur l'émancipation féminine et, à Yenan, sur les tares de la bureaucratie.

4. 1910-1996. Ses poèmes puissants et émouvants évoquent la vie des paysans et la foi révolutionnaire.

Telles sont les grandes lignes dans lesquelles s'inscrit la Littérature du Quatre Mai.

C'est la nouvelle qui a constitué son premier mode d'expression et en est resté le plus important. Les grands romans sont venus quelques années plus tard ; beaucoup sont accessibles en français, comme ceux de Ba Jin, Mao Dun et Lao She, ou *La Forteresse assiégée* de Qian Zhongshu [1]. Ce sont ces œuvres romanesques qui ont eu le plus de retentissement et de popularité. Mais, formellement, la mutation a été plus profonde encore pour le théâtre, devenu « parlé » par opposition au répertoire traditionnel chanté ; et, surtout, pour la poésie où l'emploi du baihua implique un bouleversement de la prosodie. Quelques écrivains convertis au *baihua* restent fidèles à la langue classique pour la poésie, tel Yu Dafu (et, le sait-on encore, Mao Zedong est l'auteur de poèmes en langue classique). En revanche, après le rejet radical de la culture traditionnelle, de nombreux travaux en renouvellent l'interprétation et des variations littéraires sur des thèmes historiques attestent la persistance d'un trait profondément chinois. Un autre genre typiquement chinois, dont le style est si raffiné qu'il confine à la langue classique, s'est maintenu : le texte en prose littéraire qui va du bref essai au poème en prose. La plupart des écrivains traduits ici l'ont pratiqué à des degrés divers. D'autres l'ont cultivé presque exclusivement et sont parmi les plus grands prosateurs de cette période, mais ils ont été longtemps occultés parce que considérés comme réactionnaires ; Zhou Zuoren (auteur de l'un des manifestes de *Nouvelle Jeunesse*) est du nombre.

---

1. *Weicheng*, 1947, trad. S. Servan-Schreiber et Lou Wang, Christian Bourgois, 1987. Qian Zhongshu, né en 1910, est également un éminent spécialiste de littérature.

Dans la diversité de son inspiration, la Littérature du Quatre Mai présente une constante : un esprit humanitaire qui veut trouver un sens à la vie et qui s'insurge contre l'aliénation sous toutes ses formes, assimilée à une forme de cannibalisme. Si l'ambition et l'engagement révolutionnaires y sont évoqués, le désarroi et la révolte l'emportent sur l'espoir. Cette littérature trouve son expression la plus forte dans les œuvres qui dénoncent l'oppression de la tradition et de la société dans un pays où l'instruction élémentaire reste encore un privilège. La misère et l'obscurantisme y sont souvent décrits sur le mode pathétique mais l'ironie et la satire y ont aussi leur place. Lorsque, à partir des années trente, au lieu de s'en prendre à l'héritage du passé, on critique la société contemporaine, c'est avec un pessimisme aussi radical que la révolte des premières années ; mais là aussi, quelques romans, sans être roses, ne sont pas moroses (ceux de Lao She ou Qian Zhongshu). Parallèlement se développe une littérature militante au manichéisme nourri d'espoir. Quelques écrivains du Quatre Mai se rallient à cette jeune littérature révolutionnaire. Mais la plupart d'entre eux restent fidèles à l'esprit humanitaire de leurs débuts. Après 1949, tenus en suspicion discrète même à des postes honorifiques, ils n'écriront plus rien d'important, à moins que ce ne soit sans le publier (Lao She par exemple). Cela ne leur épargnera pas les rigueurs du mouvement de rectification des Cent Fleurs et de la Révolution culturelle. Ils sont désormais réédités comme des classiques.

MARTINE VALLETTE-HÉMERY

LU Xun

Le Journal d'un fou

(Kuangren rigji)

Le Remède

(Yao)

La Véridique Histoire d'Ah Q

(A Q zheng zhuan)

Lu Xun (1881-1936) a été, tant par sa personnalité que par ses écrits, une figure majeure de la Révolution littéraire.

Le Journal d'un fou, *première œuvre de fiction de Lu Xun, fut également l'un des tout premiers récits en langue parlée (encore que son style reste d'une concision presque classique) ; il a été publié, en 1918, dans la revue* Nouvelle Jeunesse. *Le titre est un hommage à l'inspiration puisée au contact des littératures étrangères, mais ici le « fou » est le seul personnage lucide d'une société qui se meurt d'obscurantisme.*

C'est le même pessimisme qui inspire Le Remède *(1919). Les noms des deux victimes, Hua et Xia, forment ensemble une appellation poétique de la Chine, suggérant que le sang révolutionnaire a été versé en vain.*

La Véridique Histoire d'Ah Q *(prononcer « A Kouei » ou « A Kiu ») a d'abord été publiée en feuilleton, en 1921, et devait être humoristique ; mais Lu Xun, brusquement, a décidé de la faire finir en tragédie. Ah Q, qui transforme ses humiliations en victoires spirituelles, symbolise la Chine face à l'Occident. Le récit a eu un retentissement tel que l'expression « aquisme » est devenue synonyme d'aveuglement autodestructeur. Deux traductions françaises en ont été publiées (Editeurs français réunis, 1953 ; Centre de publication Asie orientale, 1975, reprise ici).*

Les trois récits font partie de Cris (Nahan).

De son vrai nom Zhou Shuren, Lu Xun est né à Shaoxing, dans la région sud de Shanghai, où se situent la plupart de ses récits. Après des études au Japon, il enseigne la littérature, d'abord à Pékin, puis, destitué à cause de ses opinions, à Amoy et Canton ; il démissionne en 1927 et vit à Shanghai jusqu'à sa mort. Trois minces volumes de récits et deux de poèmes en prose représentent sa production purement littéraire. Une quinzaine de recueils témoignent de son activité de critique et de polémiste d'une rare lucidité. Il a aussi publié des études sur la littérature et de nombreuses traductions.

On peut lire en français l'essentiel de son œuvre. Ses proses poétiques : La Mauvaise Herbe, Yecao *(trad.*

P. Ryckmans, 10/18, 1975) et Fleurs du matin cueillies le soir, Zhaohua Xi shi *(trad. F. Jullien, A. Eibel, 1976) ; un recueil de fictions historiques :* Contes anciens à notre manière, Gushi xin bian *(trad. Li Tche-houa, Gallimard, 1959),* Cris, Nahan *(trad. Bellassen, Feng, Join, Loi, Albin Michel, 1995) ; des essais, dont* Sous le dais fleuri, Huagaiji *(trad. Jullien, Eibel, 1978).*

Le Journal d'un fou

Deux frères, dont je tairai le nom, furent mes amis intimes au temps lointain où nous allions à l'école.

Séparés depuis de longues années, nous nous étions peu à peu perdus de vue. Il y a quelque temps, j'appris par hasard que l'un d'eux était gravement malade. Aussi, comme je rentrais à mon village natal, fis-je un détour pour leur rendre visite. Le seul que je trouvai me dit que le malade, c'était l'autre, le cadet. Il me remercia d'être venu de si loin pour les voir ; son frère était guéri depuis longtemps, et parti ailleurs pour y postuler un emploi dans l'administration. Puis, en riant, il me montra les deux cahiers de son « journal » qui me donnerait, dit-il, une idée de sa maladie, et qu'il ne voyait pas d'inconvénient à confier à un vieil ami. Je l'emportai donc, et il m'apparut à sa lecture que le mal en question était une sorte de « délire de la persécution ». Ce journal, souvent incohérent et décousu, contenait nombre de propos extravagants. Il n'était pas daté, et seules des différences dans la couleur de l'encre ou l'écriture indiquaient qu'il n'avait pas été rédigé d'une seule traite. A titre de contribution à la recherche médicale, j'en ai extrait les passages qui présentaient entre eux une certaine cohérence. Je n'ai pas changé un seul mot aux absurdités qu'ils contiennent et n'ai modifié que les noms de personnes, bien qu'il s'agisse d'obscurs villageois au rôle épisodique. Quant au titre, j'ai conservé celui que l'auteur avait lui-même choisi après sa guérison.

2 avril 1918

1

Beau clair de lune, ce soir.

C'est la première fois que je le revois depuis plus de trente ans et je suis transporté de joie. Je sais enfin que ces trente et quelques années n'ont été que ténèbres ; mais il faut que je me méfie. Sinon, pourquoi le chien des Zhao m'aurait-il regardé à deux reprises ?

J'ai de bonnes raisons d'avoir peur.

2

Pas de clair de lune, ce soir, c'est mauvais signe. Ce matin, quand je suis sorti, toujours sur mes gardes, M. Zhao a eu une étrange lueur dans les yeux, comme s'il avait peur de moi ou me voulait du mal. Il y avait aussi sept ou huit personnes qui parlaient de moi à voix basse, espérant que je ne m'en apercevrais pas. Et il en a été ainsi de tous ceux que j'ai croisés sur mon chemin. Le plus féroce de tous m'a souri en montrant ses dents. J'en ai frissonné de la tête aux pieds, car je savais qu'ils avaient déjà pris toutes leurs dispositions.

Mais j'ai continué ma route sans me laisser intimider. Un peu plus loin, une bande de gosses étaient aussi en train de parler de moi ; ils avaient le même regard que M. Zhao, et le même visage blême. Je me suis dit que ces enfants devaient me détester pour réagir de la sorte, eux aussi. N'y tenant plus, j'ai crié :

— Dites-moi pourquoi !

Mais ils se sont enfuis.

Je me le demande, quelle raison M. Zhao a-t-il de m'en vouloir, quelle raison tous les passants ont-ils de m'en vouloir ? Je n'en vois qu'une : il y a vingt ans, j'ai posé le pied sur l'antique registre de M. Ancien-temps, qui s'en est offusqué. Bien que M. Zhao ne le connaisse pas, il a dû avoir vent de la chose, et il veut le venger ; c'est lui qui excite tout le monde dans la rue contre moi. Mais les enfants ? Ils n'étaient alors pas nés, pourquoi me jettent-ils aussi ces regards étranges, comme s'ils me craignaient et me voulaient du mal ? Cela m'effraye, m'étonne et m'attriste.

J'ai compris. Ils y ont été dressés par leurs parents.

3

Impossible de m'endormir, le soir. Il faut toujours beaucoup réfléchir pour arriver à comprendre.

Les gens… il y en a qui ont été mis à la cangue par le magistrat, ou souffletés par un notable, qui ont eu leur femme enlevée par un huissier du *yamen*[1], ou leurs parents acculés au suicide par leurs créanciers ; pourtant, jamais en ces circonstances, ils n'ont eu l'air aussi craintifs ou furieux qu'hier.

Le plus étrange, c'est cette femme qui hier, dans la rue, frappait son fils en maugréant : « Mauvaise graine, je vais te mordre à belles dents, cela me soulagera ! » Mais c'est moi qu'elle regardait. Je n'ai pu

1. Bâtiment administratif et judiciaire.

dissimuler ma frayeur, et toutes ces faces livides aux dents longues ont éclaté d'un rire tonitruant. Le vieux Chen s'est précipité vers moi et m'a traîné à la maison.

A mon arrivée, tout le monde chez moi a fait semblant de ne pas me connaître ; ils avaient le même regard que les autres, au-dehors. Quand je suis entré dans la bibliothèque, ils ont cadenassé la porte, comme s'ils enfermaient une poule ou un canard. Cela n'a fait qu'augmenter ma perplexité.

Il y a quelques jours, notre fermier du Village des Loups, venu pour annoncer que la récolte était mauvaise, a raconté à mon frère aîné que les gens du village avaient battu à mort un mauvais garçon ; mais ensuite, quelques-uns d'entre eux lui avaient arraché le cœur et le foie, et les avaient mangés, frits à l'huile, afin de stimuler leur courage. Comme j'essayais de placer un mot, le fermier et mon frère m'ont jeté un regard qui, je le sais aujourd'hui, était exactement celui des gens dans la rue.

Rien que d'y penser j'en ai froid du sommet du crâne à la plante des pieds.

S'ils mangent de la chair humaine, rien ne dit qu'ils ne me mangeront pas un jour.

L'expression « mordre à belles dents » de la femme, le rire de ces faces livides aux dents longues et le récit du fermier sont des indices qui ne trompent pas. Je l'ai bien vu, leurs paroles sont du poison, leurs sourires, des couteaux, et leurs dents bien plantées et éclatantes de blancheur, des crocs de cannibales.

Je ne crois pas être un scélérat, mais depuis que j'ai marché sur le registre de M. Ancientemps, je suis toujours à leur merci. On dirait qu'ils ont une idée derrière la tête, que je ne puis deviner. D'ailleurs, pour peu qu'ils soient fâchés contre vous, ils vous traitent aussitôt de scélérat. Je m'en souviens, lorsque mon frère m'apprenait à rédiger une dissertation, si je formulais des critiques contre un homme ayant toutes les qualités, il le soulignait en signe d'approbation ; et, inversement, si je trouvais des excuses à un malfaiteur, il me disait : « Tu en remontrerais au ciel, voilà qui est original ! » Comment deviner leurs arrière-pensées, surtout quand ils sont poussés par la faim ?

Il faut toujours beaucoup réfléchir pour arriver à comprendre. Bien que confusément, je crois me souvenir qu'on mange de l'homme depuis la plus haute Antiquité. J'ai voulu le vérifier dans un livre d'histoire ; il ne donnait pas une date, en revanche, à chaque page s'étalaient en tous sens les mots « vertu » et « morale ». Comme je ne pouvais pas dormir, je l'ai lu avec attention une partie de la nuit, jusqu'au moment où j'ai décelé, en filigrane, dans tous les blancs, ce mot unique : « cannibalisme ».

Tous ces mots lus dans le livre, entendus de la bouche du fermier, autant de regards énigmatiques qui me fixent en ricanant.

Je suis un homme, moi aussi, et ils ont grande envie de me manger !

4

Ce matin, je suis resté assis sans bouger un moment. Le vieux Chen m'a servi mon repas, un bol de légumes et un de poisson cuit à la vapeur ; le poisson avait des yeux blancs et durs, et il ouvrait une grande bouche, comme tous ces cannibales. Après en avoir pris quelques bouchées, je me suis demandé si ces morceaux bien lisses entre mes baguettes n'étaient pas de la chair humaine. Mon cœur s'est soulevé et j'ai vomi.

J'ai dit :

— Vieux Chen, va dire à mon frère que j'étouffe et voudrais faire un tour dans le jardin.

Le vieux Chen est sorti sans mot dire, puis, un peu plus tard, est revenu ouvrir la porte.

Je n'ai pas bougé, attendant de voir ce qu'ils feraient de moi ; j'étais sûr qu'ils ne me lâcheraient pas. Effectivement ! Mon frère est arrivé, introduisant un vieillard qui marchait à pas lents. Ses yeux luisaient de férocité et, de peur que je ne m'en aperçoive, il gardait la tête baissée, me jetant des regards en coin par-dessus le bord de ses lunettes.

— Tu m'as l'air d'aller bien, aujourd'hui, me dit mon frère.

— Oui, répondis-je.

— J'ai prié M. He de venir t'examiner, ajouta-t-il.

Et moi :

— Comme tu voudras !

Je savais fort bien que ce vieillard était un bourreau déguisé ! Sous prétexte de me tâter le pouls, il voulait évaluer mon embonpoint : en récompense de ses services, il aurait droit à un morceau de ma chair. Mais ils ne me faisaient pas peur ; je suis encore plus intrépide qu'eux, bien que je ne mange pas de chair humaine. J'ai donc tendu mes deux poings fermés, observant comment il procéderait. Le vieillard s'est assis, il a fermé les yeux, m'a longuement palpé les poignets avec un air de profonde concentration[1]. Puis, rouvrant ses yeux de démon, il a dit :

— Chassez vos idées extravagantes. Reposez-vous et reprenez des forces pendant quelques jours, et vous serez guéri.

---

1. Technique de la médecine traditionnelle chinoise.

Chasser mes idées extravagantes ! Me reposer et reprendre des forces ! Bien sûr, pour qu'ils aient plus à manger quand j'aurai engraissé ! Où est mon avantage là-dedans, est-ce ainsi qu'ils entendent me « guérir » ? Tous ces gens qui ne rêvent que de manger de la chair humaine mais jouent de pareilles comédies pour cacher leur jeu, sans oser aller droit au but, me feraient mourir… de rire. J'ai été pris d'un irrésistible fou rire, d'un accès de folle gaieté. Je savais que ce rire exprimait ma bravoure et ma rectitude, et, terrassés, ils en ont blêmi.

Mais c'est ma bravoure, justement, qui aiguise leur envie de me manger, pour en assimiler un peu. Le vieillard est sorti, mais à peine éloigné, il a chuchoté à mon frère :

— A absorber au plus vite.

Celui-ci a acquiescé. Tu es donc des leurs ? Voilà qui m'a surpris, certes, mais je m'y attendais un peu : mon propre frère conspire avec ceux qui veulent me manger.

Le cannibale, c'est mon frère !

Je suis le frère d'un cannibale !

Ils pourront me manger, je n'en resterai pas moins le frère d'un cannibale !

5

J'y ai repensé tous ces jours derniers : même si ce vieillard n'est pas un bourreau déguisé, mais un vrai médecin, il n'en est pas moins un cannibale. Dans le *Catalogue des herbes*, ou autres machins, de son patron Li Shi-zhen[1] il est écrit noir sur blanc que l'on

1. Pharmacologue du XVIe siècle, auteur d'un *Materia Medica*, le *Bencao gangmu*.

peut consommer de la chair humaine bouillie ; à qui ferait-il croire qu'il n'en mange pas lui-même ?

Quant à mon frère, ce n'est pas sans motif que je le soupçonne. Au temps où il m'expliquait les Classiques, il m'a dit de sa propre bouche que l'on avait pu « échanger ses fils pour manger[1] » ; une autre fois, à propos d'un scélérat, il a déclaré qu'il faudrait le tuer, et même « manger sa chair et dormir sur sa peau[1] ». J'étais encore très jeune, et en ai eu le cœur battant pour un bon moment. L'autre jour, quand le fermier du Village des Loups est venu raconter qu'on avait mangé le cœur et le foie d'un homme, il n'a pas manifesté le moindre étonnement et n'a cessé d'acquiescer de la tête. Cela prouve qu'ils sont restés aussi barbares que par le passé. Puisqu'on a pu « échanger ses fils pour manger », on peut échanger n'importe quoi, on peut manger n'importe qui. Autrefois, je me contentais d'écouter ses explications sans chercher à comprendre, mais maintenant, je sais que, tandis qu'il parlait si doctement, il avait encore de la graisse humaine sur les lèvres et ne pensait qu'à en manger davantage.

6

Il fait noir comme dans un four, on ne sait si c'est le jour ou la nuit. Le chien des Zhao a encore aboyé.

La férocité du lion, la couardise du lièvre, la ruse du renard…

1. Citations d'un classique de l'Antiquité, faisant allusion l'une aux malheurs d'une ville assiégée, l'autre au traitement inhumain infligé à des prisonniers.

7

J'ai compris leur méthode ; ils ne veulent ni n'osent me tuer carrément, par crainte d'en être punis par le ciel. C'est pourquoi ils se sont entendus pour me tendre partout des pièges et m'acculer au suicide. Il m'a suffi de voir le comportement des gens dans la rue et l'attitude de mon frère ces jours-ci pour en avoir la quasi-certitude. Ce qu'ils préféreraient, c'est que je défasse ma ceinture et l'accroche à une poutre pour me pendre ; ils verraient leurs désirs comblés sans être traités d'assassins, et, dans l'allégresse générale, éclateraient tous d'un rire sinistre. Si, faute de mieux, je mourrais de terreur et de chagrin, j'aurais beau être un peu plus maigre, ils s'en contenteraient encore.

Ils ne peuvent consommer que de la chair morte. Je me souviens avoir lu quelque part qu'il existe une chose appelée « hyaena[1] » à l'aspect et au regard repoussants ; elle se nourrit de cadavres, et elle broie et avale jusqu'aux os les plus gros. On en a la chair de poule rien que d'y penser. L'« hyaena » est de la famille du loup, qui est le cousin du chien. L'autre jour, le chien des Zhao m'a regardé avec insistance ; de toute évidence, il est du complot, il est depuis longtemps leur allié. Quant au vieillard, ce n'est pas en baissant les yeux qu'il a pu me donner le change.

Ce qui me désole le plus, c'est mon frère ; il est aussi un être humain ; croit-il n'avoir rien à craindre ? Pourquoi s'est-il ligué avec ceux qui veulent me manger ? Est-ce la force de l'habitude qui lui donne bonne conscience ? Ou est-il assez dépravé pour commettre délibérément un crime ?

---

1. Transcription phonétique du latin ; il existe un mot chinois courant pour désigner l'hyène.

Je maudis ces mangeurs d'hommes, et mon frère le premier ; j'essaierai de les convertir, en commençant par lui.

8

En fait, depuis le temps, ils auraient dû comprendre…

Quelqu'un est entré, tout à coup ; il n'avait guère plus d'une vingtaine d'années, mais je n'ai pas bien distingué ses traits. Il m'a salué de la tête, avec un large sourire qui ne m'a pas paru sincère. Je lui ai aussitôt demandé :

— C'est bien, de manger de l'homme ?

Et il m'a répondu avec le même sourire :

— Mais voyons, c'est impensable, sauf pendant une famine !

J'avais compris, il faisait partie de la bande et aimait aussi la chair humaine. Mon courage s'en est trouvé décuplé, et j'ai répété exprès ma question :

— C'est bien ?

— Qu'allez-vous chercher là ? Vraiment… vous aimez la plaisanterie… Il fait beau, aujourd'hui.

Oui, il faisait beau, et la lune brillait. Mais je tenais à ma question :

— Alors, c'est bien ?

Il a eu l'air déconcerté, et a bredouillé :

— Non…

— Ce n'est pas bien ! Alors, pourquoi en mangent-ils ?

— Ce n'est pas vrai…

— Ce n'est pas vrai ? Alors que cela vient de se produire au Village des Loups, et que c'est écrit dans les livres, à l'encre rouge toute fraîche ?

Son visage est devenu blême. Il m'a regardé avec de grands yeux :

— C'est possible ; peut-être qu'il en a toujours été…

— Et c'est pour cela que c'est bien ?

— Je ne discute plus avec vous à ce sujet ; en tout cas c'est vous qui avez tort d'en parler !

J'ai bondi, les yeux écarquillés, mais l'homme avait disparu. J'étais inondé de sueur. Il est beaucoup plus jeune que mon frère, et pourtant son complice ! Il y a certainement été dressé par ses parents, et je crains qu'il ne l'ait déjà inculqué à ses fils ; voilà pourquoi même les enfants me dévisagent avec une telle férocité.

9

Ils ont tous envie de manger de l'homme, mais comme ils redoutent de se faire manger à leur tour, ils se surveillent mutuellement avec des regards lourds de soupçon…

Quel soulagement ce serait pour eux de renoncer à leurs idées et de pouvoir travailler, se promener, manger et dormir le cœur en paix ! Ils n'auraient qu'un pas à faire pour en finir. Mais, pères et fils, aînés et cadets, maris et femmes, maîtres et élèves, amis, ennemis et même parfaits étrangers, ils se sont tous ligués, ils s'encouragent et se compromettent les uns les autres, tant et si bien que personne, pour rien au monde, ne ferait ce pas décisif.

10

Ce matin de bonne heure, je suis parti à la recherche de mon frère. Il était devant la porte du grand hall, en train de regarder le ciel ; je l'ai abordé de dos pour lui barrer la porte, puis je lui ai dit sur un ton extraordinairement posé et poli :

— Excuse-moi, je voudrais te dire quelque chose.

— Eh bien, parle ! Il s'est retourné précipitamment et m'a fait un signe de tête.

— Cela tient en quelques phrases, mais je ne sais trop comment le dire. Les premiers hommes qui vivaient encore à l'état sauvage ont sans doute mangé de la chair humaine. Par la suite, comme leur mentalité avait évolué, certains y ont renoncé et, par désir de s'amender, sont devenus des hommes dignes de ce nom. Mais d'autres en mangent encore. C'est comme les larves ; certaines sont devenues des poissons, des oiseaux ou des singes, et, pour finir, des hommes ; d'autres n'ont pas voulu s'amender et sont restées des larves. Les hommes qui mangent encore leurs semblables doivent se sentir bien honteux en se comparant à ceux qui n'en mangent plus. Infiniment plus honteux, je le crains, que les larves vis-à-vis des singes.

Yi Ya a fait bouillir son fils pour le servir aux tyrans Jie et Zhou [1], cette histoire remonte à la plus haute Antiquité. Qui sait combien n'ont pas été mangés ainsi, depuis l'époque où Pan Gu sépara le ciel et la terre [2] jusqu'au fils de Yi Ya, puis du fils de Yi Ya à Xu Xi-lin [3] et

1. Le fait est relaté dans d'anciennes chroniques, mais sans rapport avec les tyrans mentionnés qui ont été respectivement le dernier de leur dynastie aux XVIIIe et IIe siècles avant notre ère.

2. La création du monde selon la cosmogonie chinoise.

3. Exécuté pour meurtre en 1907. Son foie et son cœur furent offerts en holocauste à sa victime.

de Xu Xi-lin à l'homme capturé au Village des Loups. Et l'année dernière, quand on a exécuté un criminel à la ville, un tuberculeux a sucé un *mantou*[1] trempé dans son sang[2].

Ils veulent me manger, et, à toi seul, tu n'y peux rien changer ; mais pourquoi t'es-tu rangé dans leur camp ? Des cannibales sont capables de tout ; s'ils me mangent ils peuvent aussi bien te manger, toi, ou se manger entre eux. Faites demi-tour, rentrez sans tarder dans le droit chemin, et tout le monde vivra en paix. Même s'il en a toujours été ainsi, rien ne nous empêche, aujourd'hui, de faire un effort exceptionnel pour nous amender, de déclarer résolument : ce n'est pas possible. Je suis persuadé que tu le peux, mon frère ; tu l'as même déjà dit, l'autre jour, quand le fermier est venu demander une remise sur le loyer, tu l'as dit : ce n'est pas possible.

Il a d'abord eu un sourire sarcastique, mais ensuite, une lueur mauvaise s'est allumée dans ses yeux. Et quand j'ai exprimé à voix haute leurs pensées les plus secrètes, il est devenu blême. Des gens s'étaient attroupés à la porte donnant sur la rue, parmi eux M. Zhao et son chien, et ils se bousculaient en allongeant le cou. Certains visages étaient invisibles, comme voilés ; d'autres portaient leur masque livide aux dents longues et souriaient en pinçant les lèvres. Je savais qu'ils étaient tous complices, tous cannibales. Mais je savais aussi qu'ils étaient divisés ; les uns estimaient que puisque cela s'était fait de tout temps, il était normal de manger de l'homme ; les autres entendaient aussi continuer, mais tout en

1. Petit pain cuit à la vapeur.

2. Le sang humain était censé guérir la tuberculose. Voir *Le Remède*.

sachant qu'ils n'auraient pas dû et en craignant d'être dénoncés. C'est pourquoi ils ont été au comble de la fureur en m'entendant, mais ont continué à sourire cyniquement, les lèvres pincées.

A ce moment, mon frère a pris lui aussi une expression féroce et a crié d'une voix tonitruante :

— Sortez, vous tous ! Ça vous amuse de regarder un fou ?

Voilà qui m'a fait comprendre qu'ils ont plus d'un tour dans leur sac. Loin de songer à s'amender, ils ont déjà mis au point leur tactique. Ils s'apprêtent à me faire passer pour fou. Quand ils me mangeront, on ne leur fera pas le moindre ennui, et il se peut même qu'il y ait des gens pour les en remercier. En dévorant leur « mauvais garçon », les villageois dont a parlé le fermier n'ont pas procédé autrement. Ils ont de solides traditions !

Le vieux Chen est entré d'un pas décidé, aussi furieux que les autres. Mais il n'a pas pu me fermer la bouche, il fallait à tout prix que je parle à ces gens :

— Changez sans tarder, changez jusqu'au fond du cœur ! Sachez-le bien, à l'avenir, il n'y aura plus de place dans le monde pour les mangeurs d'hommes.

Si vous ne changez pas, vous finirez par vous entre-dévorer jusqu'au dernier. Vous aurez beau vous multiplier, vous serez éliminés par les hommes véritables, comme les loups ont été exterminés par les chasseurs. Comme les larves !

Le vieux Chen les a tous chassés. Mon frère avait disparu. Le vieux Chen a insisté pour que je rentre dans ma chambre. Il y faisait noir. Poutres et solives tremblaient au-dessus de ma tête, et à force de trembler, elles se sont dilatée et entassées sur moi.

J'étais paralysé sous cette charge écrasante, qui signifiait que je devais mourir. Comme je savais que ce poids était imaginaire, j'ai réussi à me dégager, ruisselant de sueur. Mais je ne me lasserai jamais de le répéter :

— Changez sans tarder, changez jusqu'au plus profond de votre cœur ! Sachez-le bien, à l'avenir, il n'y aura plus de place dans le monde pour les mangeurs d'hommes…

11

Le soleil ne se montre pas, la porte ne s'ouvre pas, il y a deux repas chaque jour.

En prenant mes baguettes, j'ai pensé à mon frère aîné ; je le sais à présent, c'est lui qui est responsable de la mort de notre petite sœur. Elle n'avait que cinq ans, et je la vois encore, si mignonne, si attendrissante. Notre mère pleurait toutes les larmes de son corps tandis qu'il la suppliait de s'arrêter ; sans doute qu'il l'avait mangée et que ces larmes lui donnaient malgré tout quelques remords. A supposer qu'il fût encore accessible au remords…

Ma petite sœur a été mangée par mon frère aîné ; je ne saurai jamais si notre mère s'en est rendu compte.

Si, je crois qu'elle le savait ; mais, quand elle pleurait, elle ne disait pas pourquoi, car elle devait aussi s'imaginer que c'était bien. Je m'en souviens, je devais avoir alors quatre ou cinq ans, et prenais le frais devant le grand hall, mon frère a raconté que si ses parents étaient malades, l'homme qui voulait avoir la réputation d'un fils vertueux devait couper un morceau de sa chair et le leur servir cuit à point. Notre mère n'a pas protesté. Une fois admis qu'on peut manger un morceau, on peut aussi bien manger le tout. Mais, aujourd'hui encore, mon cœur se serre en me rappelant comme elle a pleuré ; que tout cela est étrange !

12

Je ne veux plus y penser.

C'est aujourd'hui seulement que je le comprends, j'ai vécu inconscient de longues années dans une contrée où l'on mange des êtres humains depuis quatre mille ans. Notre petite sœur est morte juste au moment où mon frère venait de prendre en main les affaires de la maison ; qui sait s'il ne nous l'a pas fait subrepticement manger, accommodée dans nos repas ?

Il n'est pas impossible que, bien à mon insu, j'aie mangé quelques bouchées de ma sœur, et, maintenant, mon tour est venu...

Moi qui ai quatre mille ans de cannibalisme derrière moi, comme je le sais maintenant, même si je l'ignorais tout d'abord, puis-je espérer rencontrer jamais des hommes dignes de ce nom ?

13

Peut-être y a-t-il encore des enfants qui n'ont jamais mangé de l'homme ?

Sauvez, sauvez les enfants...

Avril 1918

Le Remède

1

C'était à la fin d'une nuit d'automne ; la lune s'était cachée, le soleil n'était pas encore levé, il ne restait qu'un ciel bleu-noir. A part les créatures qui hantent les ténèbres, tout était endormi. Le vieux Hua Shuan se redressa soudain sur son lit, frotta une allumette et alluma la lampe maculée d'huile à son chevet ; une lueur blafarde emplit les deux pièces principales du débit de thé.

— Tu y vas, papa de Petit Shuan ? demanda une vieille femme. On entendit tousser dans la petite chambre du fond.

— Oui, répondit Vieux Shuan, tout en écoutant et en boutonnant ses vêtements.

Puis il tendit la main :

— Donne !

Après avoir fouillé un moment sous l'oreiller, la mère Hua en retira un paquet de pièces en argent et le remit à son mari ; il les fit glisser d'une main tremblante dans sa poche, qu'il palpa ensuite à deux reprises. Puis il alluma une lanterne de papier, souffla la lampe et se dirigea vers la chambre du fond ; il entendit un halètement léger, suivi d'une nouvelle quinte de toux. Il attendit qu'elle se soit calmée pour appeler à voix basse :

— Petit Shuan... Ne te lève pas... La boutique ? Ta mère s'en occupera.

Ne recevant plus de réponse, le vieux supposa que son fils s'était paisiblement rendormi, et il sortit. Au-dehors, il ne distingua, dans l'obscurité opaque, que le tracé grisâtre de la route. Ses pieds éclairés par la lanterne allaient d'un pas régulier. Il rencontra çà et là des chiens, mais aucun n'aboya. Il faisait beaucoup plus froid que dans la maison ; il se sentait pourtant ragaillardi, comme s'il avait soudain recouvré sa jeunesse et reçu le pouvoir divin de dispenser la vie ; et tandis qu'il marchait à grandes enjambées, la route se précisait sous un ciel de plus en plus clair.

Il avançait, absorbé en lui-même, lorsqu'il eut un haut-le-corps en apercevant un peu plus loin la route qui coupait la sienne. Il recula de quelques pas pour aller se poster sous l'auvent d'une boutique et s'adossa à sa porte encore close. Au bout d'un moment, il commença à être saisi par le froid.

— Tiens, le vieux !

— Il a l'air de bonne humeur, avec ça !

Vieux Shuan eut un nouveau haut-le-corps, et ouvrant tout grand les yeux, il vit passer quelques personnes ; l'une se retourna pour le regarder et, malgré la lumière indécise, il remarqua que ses yeux brillaient de convoitise comme ceux d'un affamé à la vue de la nourriture. Sa lanterne s'était éteinte ; il palpa sa poche, le paquet dur y était toujours. Relevant la tête, il regarda à droite et à gauche : c'était un défilé de créatures étranges marchant par deux ou trois avec des allures de fantômes ; mais, à mieux les regarder, il finit par ne plus rien leur trouver de si étrange.

Bientôt arrivèrent des soldats. Il les reconnut de loin au grand cercle blanc qui ornait le devant et le dos de leur uniforme, dont il distingua le bord rouge sombre lorsqu'ils passèrent devant lui. Le bruit de pas s'amplifia et, une seconde plus tard, une foule déferla sous ses yeux. Les petits groupes s'agglomérèrent et se lancèrent comme une vague à l'assaut du carrefour où ils s'arrêtèrent brusquement et se disposèrent en demi-cercle.

Vieux Shuan ne vit plus que leurs dos ; tendant le cou à se le désarticuler, ils semblaient autant de canards empoignés à la tête et soulevés par une main invisible. Un bruit presque imperceptible rompit le silence ; la foule s'agita à nouveau et, dans un brouhaha, elle recula jusqu'à l'endroit où était posté Vieux Shuan et faillit le renverser.

— Eh, donnez-moi l'argent, et je vous remets la marchandise ! Un homme en noir se tenait devant Vieux Shuan, qui se sentit tout petit sous son regard perçant comme un poignard. L'homme étalait sous son nez une main énorme tandis que de l'autre, il tenait un *mantou* imprégné d'un liquide écarlate qui coulait goutte à goutte sur le sol.

Tremblant, Vieux Shuan sortit précipitamment son argent pour le donner à l'homme, mais il n'osa pas prendre l'objet qu'il lui tendait. L'autre cria, impatienté :

— De quoi avez-vous peur ? Pourquoi ne le prenez-vous pas ? Comme il hésitait encore, l'homme en noir lui arracha sa lanterne, en déchira le papier pour envelopper le *mantou* et le lui mit de force dans la main ; puis il s'empara de l'argent, le palpa du bout des doigts et partit en grommelant :

— Vieux fou, va…

— Qui allez-vous guérir avec ça ? lui sembla-t-il entendre quelqu'un lui demander, mais il ne répondit pas. Toute son attention était concentrée sur ce paquet qu'il tenait contre lui comme s'il se fut agi de l'unique descendant de dix générations ; rien d'autre ne comptait plus. Il allait transplanter chez lui ce germe d'une vie nouvelle et récolter beaucoup de bonheur. Le soleil entre-temps s'était levé ; il éclairait devant lui la route qui menait droit chez lui, et, dans son dos, l'écriteau délabré du carrefour aux caractères dorés en partie effacés : « Pavillon de l'Ancien… »

2

Lorsque Vieux Shuan arriva chez lui, le ménage était fait dans le débit de thé et les tables bien alignées reluisaient. Il n'y avait pas encore un seul client, seul Petit Shuan était assis à une table du fond, en train de déjeuner. De grosses gouttes de sueur roulaient sur son front, sa veste ouatée collait à ses os aux omoplates saillantes comme un caractère « huit[1] » en relief. A cette vue, ses traits détendus se contractèrent à nouveau. Sa femme sortit en courant de la cuisine, les yeux agrandis et les lèvres tremblantes.

— Tu l'as ?

— Je l'ai.

Ils allèrent ensemble dans la cuisine pour se concerter ; puis la mère Hua sortit et revint bientôt avec une feuille de lotus séchée qu'elle déploya sur la table. De son côté, le vieux sortit du papier de la lanterne le *mantou* rougi pour l'envelopper avec la feuille de lotus. Entre-temps, Petit Shuan avait fini de manger, mais sa mère lui cria aussitôt :

— Reste à table, ne viens pas ici !

---

1. Ressemble à un accent circonflexe.

Tout en attisant le feu, Vieux Shuan introduisit le paquet vert et les lambeaux de papier blanc et rouge dans le fourneau. Les flammes jaillirent, rouges et noires, et une curieuse odeur se répandit dans le débit de thé.

— Ça sent bon ! Vous mangez des gâteaux ?

C'était M. Cinq, dit le Bossu, qui signalait sa venue. Il passait ses journées dans les débits de thé, toujours le premier arrivé et le dernier parti. Il venait à ce moment de se traîner jusqu'à une table de coin près de la rue et de s'y installer ; mais personne ne lui répondit.

— Vous faites des beignets de riz ?

Toujours pas de réponse ; Vieux Shuan vint à la hâte lui servir son thé.

— Viens ici, Petit Shuan ! appela la mère Hua de la chambre du fond ; elle le fit asseoir sur un tabouret au centre de la pièce. Puis, lui présentant une assiette contenant une boule noire, elle lui dit d'une voix douce :

— Mange ça... et tu seras guéri.

L'enfant prit la boule noire et la regarda longuement, avec un sentiment de trouble inexprimable, comme si c'était sa propre vie qu'il tenait entre ses mains. Il rompit la boule avec d'infinies précautions ; quand la bouffée de fumée blanche qui fusa de la croûte carbonisée fut dissipée, il reconnut les deux moitiés d'un *mantou* à la farine de froment...

Un instant plus tard, il l'avait avalé et en avait déjà oublié le goût ; il n'y avait plus devant lui qu'une assiette vide ; ses parents se tenaient près de lui, chacun d'un côté, avec des regards qui semblaient vouloir instiller quelque chose en lui pour en extirper autre chose. Son cœur se mit à battre et, portant ses mains à sa poitrine, il se remit à tousser.

— Va te coucher un moment, ça ira mieux ensuite.

Docile, l'enfant alla se coucher, toujours toussant. Sa mère attendit qu'il respire plus calmement pour étendre sur lui une couverture toute reprisée.

3

Les clients affluaient dans le débit de thé et Vieux Shuan se démenait, sa grosse bouilloire de cuivre à la main, pour servir tout le monde. Il avait des cernes noirs autour des yeux.

— Qu'est-ce qui ne va pas, Vieux Shuan ?... Etes-vous malade ? demanda un homme à barbe grise.

— Non, tout va bien.

— Tout va bien ?... C'est vrai, à vous voir sourire ainsi, vous n'avez pas l'air..., reprit l'autre pour faire oublier sa remarque.

— Vieux Shuan travaille trop, voilà tout. Si son fils...

M. Cinq, dit le Bossu, fut interrompu par l'irruption d'une grande brute en tunique sombre déboutonnée et serrée n'importe comment à la taille par une large ceinture assortie. A peine entré, il cria à Vieux Shuan :

— Il l'a mangé ? Ça va mieux ? Vous avez eu de la veine, une sacrée veine, si je n'étais pas aussi bien informé...

Tenant d'une main la bouilloire et faisant pendre l'autre le long de son corps en signe de respect, Vieux Shuan l'écouta en souriant. D'ailleurs, tous les clients écoutaient avec autant de déférence. La mère Hua, qui avait aussi les yeux cernés et le sourire aux lèvres, apporta un bol contenant des feuilles de thé garnies d'une olive, sur lesquelles son mari versa de l'eau.

— Guérison garantie ! Il n'y a pas plus efficace ! Pensez donc, rapporté et mangé encore tout chaud ! cria la brute à la cantonade.

— C'est vrai, je ne sais pas ce que nous aurions fait, sans la sollicitude de l'oncle Kang, dit la mère Hua en le remerciant avec effusion.

— Guérison garantie ! Surtout pris encore chaud ! Un *mantou* imbibé de sang humain guérit n'importe quelle tuberculose !

En entendant le mot « tuberculose », la mère Hua pâlit légèrement, comme contrariée ; mais elle se recomposa aussitôt un sourire et sortit pour cacher son embarras. L'oncle Kang, qui n'avait rien remarqué, continua à crier à tue-tête, réveillant Petit Shuan qui fit écho en toussant dans la chambre du fond.

— Oui, c'est vraiment une chance pour Petit Shuan ; il est sûr de guérir. Je ne m'étonne plus que Vieux Shuan ne cesse pas de sourire !

Tout en parlant, l'homme à la barbe grise s'approcha de l'oncle Kang et lui demanda en baissant la voix :

— Il paraît que le criminel exécuté aujourd'hui était de la famille Xia. C'était le fils de qui ? Qu'avait-il fait ?

— Le fils de qui ? Mais de la femme du quatrième Xia, bien entendu ! Ce petit vaurien !

Voyant tous les consommateurs dresser l'oreille, l'oncle Kang grimaça d'aise et se mit à tonitruer :

— Ce voyou était une tête brûlée, ça lui aura appris à jouer avec sa vie ! Mais cette fois, ça ne m'a rien rapporté ; même pas ses vêtements, qui ont été pris par Œil-Rouge, le gardien de la prison… Le plus chanceux là-dedans, c'est encore l'oncle Shuan, et après lui, le troisième Xia, qui a empoché seul toute la prime, vingt-cinq onces d'argent bien blanc, sans avoir à débourser une sapèque.

Petit Shuan sortit lentement de sa chambre, comprimant à deux mains sa poitrine agitée d'une toux continuelle. Il alla à la cuisine, emplit un bol de riz froid, l'arrosa d'eau chaude et s'assit pour manger. Sa mère, qui l'avait suivi, lui demanda doucement :

— Tu te sens un peu mieux ? As-tu toujours ce creux à l'estomac… ?

— Guérison garantie !

Après avoir jeté un coup d'œil à l'enfant, l'oncle Kang se retourna vers l'assistance :

— Le troisième Xia est un malin, s'il n'avait pas pris l'initiative de le dénoncer, c'est toute la famille, lui compris, qui y aurait passé, corps et biens. Et maintenant ? C'est lui qui a eu la prime !... D'ailleurs, ce voyou ne valait pas la corde pour le pendre ! Une fois en prison, voilà qu'il a voulu inciter son gardien à la rébellion !

— Aiya ! Pas possible ! s'écria avec indignation un garçon d'une vingtaine d'années, assis tout au fond.

— Parfaitement ! Œil-Rouge a voulu en avoir le cœur net et a engagé la conversation avec lui. L'autre lui a dit que l'Empire des Qing était à nous tous [1]. Pensez donc : avait-il toute sa raison pour dire ça ? Œil-Rouge avait beau savoir qu'il n'avait que sa vieille mère, il ne l'aurait pas cru pauvre au point de ne pouvoir en soutirer une sapèque ; rien que pour cela, il en aurait déjà crevé de dépit ! Alors, quand l'autre a eu l'aplomb de « gratter la tête du tigre », il lui a administré une paire de gifles !

— Œil-Rouge est un fameux boxeur, il a dû les sentir passer ! jubila le Bossu dans son coin.

1. Slogan révolutionnaire dirigé contre la dynastie mandchoue des Qing, et qui signifie : « La Chine appartient aux Chinois ».

— Sa sale carcasse pouvait encaisser les coups ! Et par-dessus le marché, il a dit que c'était une pitié.

— Pas de pitié pour lui, il l'avait bien mérité ! dit l'homme à la barbe grise.

L'oncle Kang prit un air méprisant et lui dit avec un sourire sarcastique :

— Vous n'avez pas compris. A la manière dont il l'a dit, c'était Œil-Rouge qui lui faisait pitié !

Tous les regards se figèrent de stupéfaction ; il y eut un silence. Petit Shuan avait fini son riz, mais il était en nage et son front était littéralement bouillant.

— Œil-Rouge lui faisait pitié... C'est de la démence ! Il était complètement fou ! s'écria l'homme à la barbe grise, comme s'il comprenait brusquement.

— Il était complètement fou ! répéta sur le même ton le garçon d'une vingtaine d'années.

L'animation revint dans le débit de thé, et les consommateurs reprirent leurs conversations. Petit Shuan profita du bruit pour laisser libre cours à la toux qui l'étouffait. L'oncle Kang s'approcha de lui et lui tapota l'épaule :

— Tu es sûr de guérir, Petit Shuan, ne tousse pas comme ça ! Tu guériras, c'est sûr.

— Il était fou ! dit à son tour le Bossu, en hochant la tête.

4

Le terrain qui longeait les remparts à l'extérieur de la porte ouest appartenait à l'Etat. Un sentier en zigzag, tracé par les pas de ceux qui empruntaient ce raccourci, traversait le terrain et formait une ligne de démarcation entre sa partie gauche, où étaient enterrés les condamnés exécutés ou morts en prison, et sa partie droite, qui était le cimetière des pauvres. Des deux côtés, les tombes étaient aussi entassées que des *mantou* un jour d'anniversaire chez les riches.

Cette année, il faisait exceptionnellement froid pour la Fête des Morts[1]. Les bourgeons des saules n'avaient pas encore la taille d'un grain de riz. Le jour était levé depuis peu, et déjà la mère Hua pleurait devant une tombe neuve à droite du sentier, où elle avait disposé quatre assiettes de mets variés et un bol de riz. Puis elle brûla du papier d'argent pour les morts, et s'assit sur le sol en fixant le vide, avec l'air d'attendre quelque chose bien qu'elle n'eût pu dire ce qu'elle attendait. Un léger coup de vent fit voler ses cheveux courts qui avaient bien blanchi en un an.

Une autre femme arriva par le sentier ; ses cheveux étaient presque aussi blancs, et ses vêtements étaient en loques. Elle portait un vieux panier rond laqué de rouge duquel pendait une guirlande de lingots de papier pour les morts. Elle faisait halte tous les quelques pas. En apercevant soudain la mère Hua assise là, à la regarder, elle hésita et le rouge de la honte colora son visage blême ; mais elle finit par se ressaisir, et, d'un pas décidé, alla poser son panier devant une tombe de la partie gauche du terrain.

Cette tombe se trouvait à la hauteur de celle de Petit Shuan et n'en était séparée que par le sentier. La mère Hua regarda la femme disposer les quatre assiettes et le bol, se redresser, pleurer et brûler les lingots de papier. Elle eut le pressentiment obscur que c'était également la tombe de son fils. Après avoir laissé son regard errer autour d'elle, la vieille femme

---

1. Qingming, le quinzième jour du troisième mois lunaire. Jour où l'on vient orner les tombes et présenter des offrandes aux morts

se mit soudain à trembler et recula de quelques pas en trébuchant, fixant un point d'un air égaré.

En la voyant dans cet état, la mère Hua eut peur que le chagrin ne lui fît perdre la tête ; elle se leva d'un bond, traversa le sentier et lui dit à voix basse :

— Ne soyez pas si triste, grand-mère. Rentrons, cela vaut mieux.

L'autre acquiesça d'un signe de tête, mais, le regard toujours fixe, elle bégaya d'une voix presque inaudible :

— Regardez… Qu'est-ce que c'est ?

La mère Hua regarda ce qu'elle lui montrait du doigt ; ses yeux se posèrent sur la tombe à leurs pieds, où l'herbe n'avait pas entièrement repoussé et où apparaissaient encore de vilaines plaques de terre jaune. Mais en examinant plus attentivement le sommet du tertre, elle eut un sursaut : il était coiffé d'une couronne de fleurs rouges et blanches.

Les deux femmes n'y voyaient plus très clair depuis des années déjà, mais assez pour bien voir ces fleurs. Sans être très nombreuses ni très fraîches, elles formaient une belle couronne régulière. La mère Hua jeta un rapide coup d'œil sur la tombe de son fils et sur les autres ; elle n'y vit que quelques rares fleurs pâles qui bravaient le froid. Elle éprouva soudain un sentiment d'insatisfaction et de vide mais n'eut pas envie d'y réfléchir davantage. La vieille se rapprocha de la tombe et l'examina tout en se disant à elle-même : « Elles n'ont pas de racines, elles n'ont pas dû pousser sur place… Qui a bien pu venir ici ? Les enfants ne jouent pas par ici… Notre famille, il n'en est pas question… Je ne comprends pas… » Après avoir retourné tout cela dans sa tête, elle se remit à pleurer et s'écria :

— Yu, mon enfant, tu as été victime d'une injustice, et tu n'arrives pas à oublier, cela t'a brisé le cœur ; est-ce toi qui as causé ce prodige pour me le faire savoir ?

Elle regarda autour d'elle et vit un corbeau perché sur un arbre encore dénudé :

— Je sais... Les misérables t'ont assassiné. Mais un jour, ils recevront leur châtiment, le ciel sait tout. Ferme les yeux, sois en paix... Si tu es vraiment ici et si tu m'entends... indique-le-moi en demandant au corbeau de se poser au sommet de ta tombe.

Il n'y avait plus un souffle de vent. Les brins d'herbe sèche étaient raides comme des fils de cuivre. Un son ténu et grelottant vibra dans les airs puis s'évanouit graduellement pour laisser place à un silence de mort. Debout dans l'herbe sèche, les deux femmes gardaient les yeux levés vers le corbeau : il se tenait sur sa branche droite comme un pinceau, la tête rentrée, aussi impassible que s'il était d'airain.

Un long moment s'écoula. De plus en plus nombreux, des gens de tous âges se rendaient sur des tombes puis s'en repartaient à nouveau.

Sans savoir pourquoi, la mère Hua se sentit soulagée d'un grand poids ; elle se dit qu'il était temps de s'en aller et voulut entraîner l'autre :

— Rentrons, cela vaut mieux.

La vieille femme soupira et, d'un air abattu, ramassa le bol et les plats ; puis, après une dernière hésitation, elle s'éloigna lentement tout en se murmurant à elle-même : « Qu'est-ce que cela veut dire ? »

Elles n'avaient pas encore fait trente pas lorsqu'elles sursautèrent en entendant derrière elles un croassement sonore. Elles tournèrent aussitôt la tête : le corbeau déploya ses ailes, prit son élan et fila comme une flèche à l'horizon.

Avril 1919

La Véridique Histoire d'Ah Q

1
Introduction

Voilà plusieurs années que je veux raconter la véridique histoire d'Ah Q[1]. Mais il me suffit d'y songer un peu sérieusement pour voir que je ne suis pas homme à « m'immortaliser par mes écrits » ; or, ce sont par définition les œuvres immortelles qui parlent de héros immortels, l'homme survivant grâce au texte et le texte grâce à l'homme (si bien qu'on finit par ne plus trop savoir lequel perpétue le souvenir de l'autre) ; et, pour en revenir à l'histoire d'Ah Q, je me demande quel démon me pousse à vouloir la raconter.

Pourtant, dès que je veux tracer le premier mot de ce non-immortel récit, je me heurte à d'innombrables difficultés. La première concerne le titre. Comme dit Confucius : « Si le nom n'est pas adéquat, le langage est incohérent. » Et il convient de s'y conformer à la lettre. Or, il y a toutes sortes de noms possibles pour

---

En chinois, ce nom se compose d'un idéogramme (préfixe familier) suivi de la lettre latine Q, signe barbare et imprononçable, qui évoque par sa forme la natte portée par les hommes jusqu'en 1911.

une biographie[1] : biographie officielle d'histoire dynastique, autobiographie, biographie autorisée, légende, faits et gestes, chronique familiale, esquisse biographique… mais, malheureusement, rien de tout cela ne convient. « Biographie officielle ? » Mon personnage ne peut figurer dans une histoire dynastique à côté de tant de personnages illustres. « Autobiographie ? » Je ne suis pas Ah Q, je le garantis ! « Biographie autorisée ? » Y en a-t-il qui ne le soient pas ? « Légende ? » Ah Q n'est sûrement pas un être surnaturel. « Faits et gestes ? » On ne peut s'inspirer d'aucun « dossier biographique » d'Ah Q, commandé par quelque chef d'Etat à une commission nationale d'historiens (encore qu'en Angleterre, où il n'y a pas d'historiographie officielle, le grand Dickens ait écrit *Faits et gestes d'un joueur*[2], mais ce qui est admissible chez un génie ne l'est pas chez ceux de mon espèce). Reste la « chronique familiale », mais je ne sais pas si Ah Q et moi sommes parents, et je n'ai pas été sollicité par ses descendants. Et il y a enfin l'« esquisse biographique », mais encore faudrait-il qu'Ah Q ait une « biographie complète ». En conclusion, disons que ce récit serait plutôt un « dossier biographique » mais, comme il est écrit dans la langue des « tireurs de pousses et porteurs de palanches », le style en est trop vulgaire pour que je me permette de lui donner un titre aussi respectable. C'est donc vers les romanciers, mis au ban des « trois doctrines religieuses » et des « neuf écoles orthodoxes[3] », que je

1. Les noms cités correspondent à des genres précis de l'abondante littérature historiographique chinoise.

2. Titre de la traduction chinoise de *Rodney Stone*, qui est en fait de Conan Doyle, comme Lu Xun l'a signalé plus tard.

3. Confucianisme, bouddhisme, taoïsme, et la philosophie selon les bibliographies anciennes.

vais me tourner et extraire de l'une de leurs formules rituelles, « Assez d'histoires, revenons à notre véridique histoire », le titre de ce récit ; et s'il prête à confusion avec celui d'un ouvrage de la plus pure tradition, *La Véridique Histoire de la calligraphie*[1], eh bien, tant pis !

La seconde difficulté, c'est que lorsqu'on écrit la biographie de quelqu'un, l'usage est de commencer par « Un tel, appelé..., originaire de... » et que j'ignore le nom de famille d'Ah Q. On pût croire, l'espace d'un jour, qu'il s'appelait Zhao, mais le lendemain rien n'était moins sûr. C'était au moment où le fils de M. Zhao fut promu « Lauréat cantonal[2] » ; lorsque la nouvelle parvint au village, orchestrée de coups de gong, Ah Q, qui venait de boire deux bols de vin jaune, déclara en dansant de joie que la gloire en rejaillissait sur lui, car il était un parent de M. Zhao, et même, pour être précis, de la génération du grand-père du Lauréat cantonal. Ceux qui l'entendirent éprouvèrent sur le moment quelque respect pour lui ; mais ô surprise, le lendemain, le garde champêtre somma Ah Q de se rendre chez M. Zhao ; à sa vue, celui-ci, la face apoplectique, se mit à hurler :

— Ah Q, misérable, tu racontes que je suis ton parent ?

Ah Q n'ouvrit pas la bouche.

M. Zhao, de plus en plus furieux, se précipita sur lui :

1. Ouvrage du XVIIIe siècle. Le mot systématiquement traduit par « véridique », pour utiliser le même en français comme dans l'original, a en chinois des connotations diverses : principal, exact, normatif.

2. Le système des examens donnant accès aux postes de fonctionnaires comportait trois degrés, le plus élémentaire au niveau du district (ce dont il s'agit ici), les autres au niveau de la province puis de la capitale.

— Tu oses dire des inepties pareilles ? Toi, mon parent, mais c'est inconcevable ! T'appellerais-tu Zhao, par hasard ?

Ah Q n'ouvrit pas la bouche ; il voulut reculer mais M. Zhao fut d'un bond sur lui et le gifla.

— Toi, t'appeler Zhao, inimaginable ! Tu ne t'es pas regardé !

Ah Q ne chercha pas à prétendre qu'il s'appelait réellement Zhao et, la main sur sa joue gauche, il sortit à la suite du garde champêtre ; une fois dehors, il dut écouter ses remontrances peu amènes et l'en remercier par un pourboire de deux cents sapèques. De l'avis des gens au courant de l'incident, Ah Q exagérait et n'avait eu que ce qu'il méritait ; il n'y avait pas de raison qu'il s'appelle Zhao, et même s'il disait la vérité, il n'avait pas à la proclamer à tort et à travers, avec M. Zhao au village. Et comme, par la suite, personne plus jamais ne mentionna la famille d'Ah Q, je n'ai jamais su son véritable nom.

Troisièmement, je ne sais pas comment écrire le prénom Ah Q. De son vivant, on l'appelait « Ah Quei », mais après sa mort, on n'a plus prononcé son nom, et on l'a encore moins « transcrit sur le bambou et la soie ». S'il doit l'être dans ce récit, c'est sans doute pour la première fois, et c'est pourquoi je suis arrêté d'emblée par ce premier obstacle. Ce n'est pas faute d'y avoir réfléchi : Ah Quei, c'est-à-dire « Ah le Laurier », ou « Ah le Noble[1] ». S'il avait eu pour surnom « le Lunatique », ou fêté son anniversaire au huitième mois, ce serait certainement « Ah le Laurier ». Mais il n'avait pas de surnom (même s'il en avait un,

1. Il s'agit de deux homophones se prononçant « Kouei », écrit « Quei », dans le texte. Le laurier est l'arbre de la lune ; le huitième mois (lunaire) est celui où l'on célèbre la Fête de la lune.

personne ne le saurait) et son anniversaire n'a jamais été l'occasion d'échanges épistolaires. Il serait donc arbitraire d'écrire « Ah le Laurier ». D'autre part, s'il avait eu un frère, plus âgé ou plus jeune, nommé « Ah le Riche », lui serait certainement « Ah le Noble » ; mais comme il était seul au monde, rien ne le prouve. Quant aux autres noms se prononçant Quei, ils sont rares, et il est encore plus superflu d'en parler. Dans le temps, j'ai posé la question au fils de M. Zhao, le Lauréat cantonal, et, à ma grande surprise, un savant aussi distingué que lui est resté bredouille ; il en a néanmoins conclu que si l'on n'avait plus aucun point de référence, c'est parce que Chen Duxiu sabotait la culture nationale en prônant l'alphabet occidental dans la revue *Nouvelle Jeunesse* [1].

En dernier recours, j'ai demandé à quelqu'un du canton de consulter les minutes du procès d'Ah Q ; il ne m'a répondu qu'au bout de huit mois, pour me dire qu'il n'avait pas trouvé trace d'un nom de cette consonance. Peu importe qu'il dise vrai, ou qu'il n'ait pas cherché, je ne peux rien faire de plus. Comme je crains que les nouveaux symboles phonétiques ne soient pas encore très répandus, je préfère me servir de l'alphabet latin et écrire, selon l'orthographe anglaise, « Ah Quei », que j'abrège en « Ah Q ». Je m'excuse d'avoir l'air de suivre aveuglément les consignes de *Nouvelle Jeunesse* mais, quand un Lauréat cantonal a avoué son ignorance, vais-je prétendre savoir mieux que lui ?

Quatrième point d'interrogation, le lieu d'origine de sa famille. S'il s'était appelé Zhao, j'aurais pu consulter *Les Cent Noms de famille et leur district*

1. Sur Chen Duxiu et *Nouvelle Jeunesse*, créée en 1915, voir l'Introduction.

d'origine[1], et y trouver qu'il était originaire de « Tianshui, province du Kansu » ; l'ignorance où nous sommes de son nom est donc d'autant plus regrettable qu'elle nous empêche de situer son lieu de naissance. Bien qu'il ait passé une grande partie de sa vie au village de Weizhuang, il a aussi séjourné en d'autres endroits, rien ne permet de dire qu'il y est né ; l'affirmer serait contraire à l'objectivité historique.

Ma seule consolation, c'est que le caractère du « Ah » est parfaitement correct, on ne peut le traiter d'emprunt hasardeux et même le plus savant docteur n'y trouverait rien à redire.

Pour le reste, ce n'est pas un être aussi inculte que moi qui résoudra l'énigme ; je ne puis qu'espérer que les disciples du professeur Hu Shi, ce « fou d'histoire et de critique textuelle[2] », trouveront un jour la solution, mais à ce moment, je le crains, il ne restera plus trace de ma *Véridique Histoire d'Ah Q*.

Et voilà pour l'introduction.

2
A chacun sa victoire

Notre ignorance ne se limite pas au nom de famille et au lieu de naissance d'Ah Q, nous ne savons rien non plus de son « passé ». Pour les gens de Weizhuang, Ah Q n'était qu'un domestique occasionnel ou la cible de leurs plaisanteries et ils se souciaient fort peu de son passé. Ah Q lui-même n'en parlait

---

1. Ce genre d'ouvrages donnant en vers la liste des noms de famille étaient utilisés comme manuels.

2. C'est ce que disait de lui-même Hu Shi qui joua un rôle important mais éphémère dans la « Révolution littéraire ».

d'ailleurs pas, sauf qu'il pouvait arriver qu'au cours d'une dispute, il déclare en toisant son adversaire :

— Nous étions bien plus riches que toi... dans le temps. Pour qui te prends-tu ?

Ah Q n'avait pas de domicile fixe et habitait dans le Temple du dieu tutélaire de Weizhuang. Il n'avait pas davantage de métier régulier, faisant de menus travaux chez les uns ou chez les autres ; s'ils avaient du blé à couper, il coupait du blé ; du riz à piler, il pilait du riz ; un bateau à haler, il halait un bateau. Il lui arrivait de s'installer chez son maître temporaire quand le travail devait durer quelque temps, mais il s'en allait aussitôt qu'il avait terminé. Ainsi, les gens pensaient bien à Ah Q quand la besogne pressait, mais c'était à son travail présent qu'ils pensaient, et non à son passé ; dès qu'ils n'avaient plus rien à faire, ils avaient vite oublié Ah Q et, à plus forte raison, son passé. Une fois pourtant, mais ce fut bien la seule, un vieillard parla de lui, sur un ton élogieux : « Ah Q fait du bon travail ! » Ah Q, qui se tenait justement devant lui, torse nu, apathique et maigre comme un clou, s'en montra tout heureux, tandis que d'autres se demandaient si c'était sincère ou ironique.

Ah Q, du reste, avait fort bonne opinion de lui-même et englobait dans un même mépris toute la population de Weizhuang ; pour comble, il n'aurait même pas gratifié d'un sourire les deux « aspirants-lettrés » qui seraient sans doute un jour « Lauréat cantonal » ; or, si M. Zhao et M. Qian étaient si respectés dans le village, ce n'était pas seulement pour leur argent, mais aussi parce qu'ils étaient le père d'un « aspirant-lettré ». Seul Ah Q ne semblait pas disposé à leur témoigner un respect exceptionnel : « Mes fils iront peut-être beaucoup plus loin », se disait-il. Et, naturellement, après être allé quelquefois à la ville,

Ah Q eut encore meilleure opinion de lui-même, sans pour autant tenir les gens de la ville en très haute estime ; par exemple, une planche de bois arrangée pour faire un siège, on appelait cela un « petit banc » à Weizhuang, et c'est ainsi qu'il disait lui-même, mais, à la ville, ils l'appelaient un « tabouret » : « Ils n'y connaissent rien, c'est ridicule ! » se disait-il. Autre exemple, pour faire frire le poisson, à Weizhuang, on coupait des tiges de ciboule en morceaux d'un demi-pouce, mais, à la ville, la ciboule était hachée menu : « Ils n'y connaissent rien, c'est ridicule ! » se disait-il. Mais les gens de Weizhuang, ces rustres qui n'étaient jamais sortis de leur trou, étaient encore plus ridicules, car ils n'avaient même pas vu le ridicule poisson frit de la ville !

Ah Q, donc, « avait été riche… dans le temps », il « faisait du bon travail » et, de plus, avait beaucoup d'expérience : il aurait été quasiment un « homme accompli » s'il n'avait eu à déplorer quelques imperfections physiques. La plus irritante se situait sur son crâne, où des teignes ramassées on ne sait quand avaient laissé des croûtes luisantes. Elles avaient beau être sur sa propre tête, cela ne suffisait pas à les ennoblir aux yeux d'Ah Q ; aussi avait-il banni de son vocabulaire le mot « teigne » pour commencer, puis d'autres, tels que « ver luisant » en particulier ; puis il étendit le tabou à « luire », « briller », etc., et finit par proscrire même des mots tels que « lampe » ou « bougie ». Quand le tabou était violé, intentionnellement ou non, Ah Q, rouge de colère jusqu'aux croûtes de son crâne, jaugeait l'offenseur, l'injuriant s'il n'avait pas la langue bien pendue, lui tapant dessus s'il avait l'air peu dégourdi. Mais, on n'a jamais su pourquoi, c'était le plus souvent Ah Q qui avait le dessous. Aussi changea-t-il progressivement de tactique pour adopter celle du regard assassin.

Cette conversion d'Ah Q à l'« homicide oculaire » eut un effet inattendu : les badauds de Weizhuang prirent encore plus de plaisir à le taquiner. Dès qu'ils le voyaient, ils s'écriaient, feignant la surprise :

— Oh, il y a de la lumière par ici !

Invariablement furieux, Ah Q leur répondait par un regard assassin. Mais ils étaient intrépides :

— Ah oui, c'est une lampe-tempête !

Ah Q ne pouvait se dispenser de trouver une réplique vengeresse :

« Vous ne valez même pas… » Dans ces moments cruciaux, il lui semblait que ses teignes à lui étaient d'une race supérieure, sans rapport avec les teignes communes ; mais, comme on l'a dit plus haut, Ah Q était un homme de grande expérience, et il préférait se taire, se rendant compte à temps qu'il allait violer un tabou.

Les badauds ne l'en tenaient pas quitte pour autant et ne cessaient de le taquiner que pour lui taper dessus. Quand, selon toute apparence, Ah Q était vaincu, c'est-à-dire avait été traîné par la natte et eu la tête projetée quatre ou cinq fois contre un mur, les badauds s'en allaient enfin, satisfaits de leur victoire ; Ah Q restait un instant sur les lieux : « C'est comme si les fils battaient leur père, se disait-il, le monde est à l'envers ! » Puis il s'en allait, lui aussi satisfait de sa victoire.

Ah Q finissait toujours par dire tout haut ce qu'il pensait, aussi ceux qui le taquinaient connurent bientôt sa recette pour remporter des victoires morales et, chaque fois qu'ils l'attrapaient par la natte, aussitôt ils lui disaient :

— Ah Q, là ce n'est pas un fils qui bat son père, mais un homme qui bat une bête. Répète : un homme qui bat une bête.

Tenant le haut de sa natte à deux mains, la tête tordue, Ah Q répondait :

— Qui bat un insecte, ça va ? Je suis un insecte, lâchez-moi !

Tout insecte qu'il était, les badauds ne le lâchaient pas avant d'avoir fait sonner sa tête cinq ou six fois de suite contre l'obstacle le plus proche ; après quoi ils s'en allaient, satisfaits de leur victoire et persuadés que, cette fois, Ah Q avait eu son compte. Mais dix secondes ne s'étaient pas écoulées qu'Ah Q s'en allait à son tour, satisfait lui aussi de sa victoire, avec le sentiment bien ancré d'être le premier pour ce qui est de se dénigrer et, à condition d'oublier en quoi, d'être le « premier » tout court : n'y a-t-il pas le « premier » aux examens ? « Tous des moins que rien ! »

Après avoir eu raison de l'ennemi par d'aussi subtils stratagèmes, Ah Q courait allègrement au cabaret, y buvait quelques bols de vin, plaisantait un coup avec les gens, se disputait un coup, remportait une victoire, rentrait allègrement au Temple du dieu tutélaire et s'endormait aussitôt la tête sur l'oreiller. S'il avait de l'argent, il allait le risquer au jeu ; il se frayait une place au milieu des gens accroupis sur le sol, suant à grosses gouttes, et criait de toutes ses forces :

— Quatre cents sur le Dragon vert !

— Allons… ouvrons…, psalmodiait le croupier, ruisselant de sueur lui aussi, en soulevant le couvercle de la caisse. Porte du ciel… Retour au coin… Passage de la popularité : néant… Passez les sapèques d'Ah Q…

Au rythme de la mélopée, les sapèques d'Ah Q passaient peu à peu dans d'autres poches, tandis que tout le monde suait à grosses gouttes. Venait le moment où il ne lui restait plus qu'à se frayer un chemin hors de la foule, mais il s'attardait à regarder de loin, s'excitant sur le jeu des autres, jusqu'à la fin de la séance ; puis il rentrait à contrecœur dans son temple, et le lendemain, il avait les yeux gonflés en allant au travail.

Mais, comme dit le proverbe, « Cheval perdu porte bonheur[1] », nul ne sait comment tourne la chance ; une fois, Ah Q eut le malheur de gagner, ce qui faillit le perdre.

C'était le soir de la Fête des sacrifices aux dieux ; selon la coutume, on donnait un spectacle, et, selon la coutume également, on avait installé des tables de jeu tout près de la scène. Ah Q entendait aussi peu les tambours et les gongs que si la scène avait été à dix *li* de là, il n'avait d'oreilles que pour le chant des croupiers. Il gagna plusieurs fois coup sur coup, les sapèques de cuivre devenaient des pièces d'argent, les pièces d'argent des dollars, et les dollars s'empilaient. Il ne se sentait plus de joie :

— Deux dollars sur la Porte du Ciel !

Une bagarre éclata : qui contre qui ? pourquoi ? Il ne le sut jamais. Il resta hébété dans un brouhaha d'insultes, de coups, de piétinements, et quand il se releva enfin, les tables et les joueurs avaient disparu, il avait mal à différents endroits comme s'il avait reçu des coups de poing ou de pied et des gens le regardaient sans avoir l'air de comprendre. Il rentra dans son temple avec le sentiment qu'il lui manquait quelque chose, et quand il eut repris ses esprits, il sut que c'était sa pile de dollars. Comme la plupart des bonimenteurs qui venaient pour les fêtes n'étaient pas du village, où chercher le coupable ?

1. Littéralement, « Le vieillard de la passe perd son cheval ». Anecdote ancienne : plus tard, le cheval revient avec un bon cheval « barbare » ; son fils le monte et se casse la jambe, mais cela lui vaut de ne pas être recruté pour la guerre.

Une belle pile de dollars blanche et brillante, et qui de plus lui appartenait… volatilisée ! Il avait beau se dire que c'étaient ses propres fils qui l'avaient volée, il restait inconsolable ; ou même qu'il était un insecte : inconsolable ! Pour la première fois, il goûta vaguement l'amertume de la défaite.

Mais il eut vite fait de retourner la défaite en victoire : de sa main droite bien haut levée, il s'administra deux gifles magistrales qui lui mirent les joues en feu ; ce geste accompli, il se rasséréna, car c'était lui qui avait donné les gifles, et celui qui les avait reçues était un autre lui-même, qui lui sembla bientôt être un « autre » tout court, que lui-même avait giflé ; malgré ses joues en feu, satisfait de sa victoire, il se coucha.

Et s'endormit.

3
De victoire en victoire

Malgré ses innombrables victoires, ce n'est qu'à partir du jour mémorable où Ah Q, comme on l'a dit, reçut une gifle de M. Zhao qu'il fut célèbre.

Après avoir versé deux cents sapèques de pourboire au garde champêtre, il se coucha, encore tout indigné ; mais ensuite il se dit : « C'est le monde à l'envers, voilà que les fils battent leur père… » et, à la pensée que le prestigieux M. Zhao était désormais son fils, il retrouva peu à peu sa belle humeur ; il se leva et alla au cabaret en chantant *Une jeune veuve sur la tombe de son époux*[1]. A ce moment, M. Zhao lui apparut comme un homme hors du commun.

1. Opéra très populaire à l'époque à Shaoxing (région de Shanghai), ville natale de Lu Xun.

Aussi étrange que cela paraisse, tout le monde sembla effectivement, à partir de ce jour, le traiter avec des égards extraordinaires. Ah Q se demanda si ce n'était pas parce qu'il était le père de M. Zhao, mais il se trompait. La coutume à Weizhuang était de ne pas faire attention quand Ah-Sept battait son frère Ah-Huit, ou Li, son voisin Zhang ; il fallait qu'une personnalité aussi en vue que M. Zhao soit impliquée pour qu'on en parle. Mais une fois que l'opinion publique s'en mêla, la célébrité du gifleur rejaillit sur le giflé. Que la faute fût rejetée sur Ah Q, il est inutile de le préciser. Pourquoi ? Parce que M. Zhao était infaillible. Mais si Ah Q était fautif, pourquoi lui témoigner une telle considération ? C'est difficile à dire, mais il y a peut-être une explication : comme Ah Q avait prétendu être de la famille de M. Zhao, même si cela lui avait valu une gifle, on craignait qu'il n'y ait du vrai là-dedans et on trouvait plus prudent d'être un peu poli avec lui. Sinon, on peut encore citer l'histoire du bœuf sacrificiel du temple de Confucius : bien que ce bœuf fût un animal exactement comme le porc ou le mouton, les confucéens d'autrefois n'osaient pas en manger de peur de commettre un impair, puisque le Sage en avait goûté.

Après cet incident, Ah Q vécut satisfait pendant de longues années.

Un jour, au printemps, il marchait dans les rues, complètement saoul, lorsque, au pied d'un mur ensoleillé, il vit Wang-la-barbe en train de s'épouiller, le torse nu, et en éprouva des démangeaisons. Ce Wang-la-barbe avait des teignes sur le crâne et des poils sur la figure, et tout le monde l'appelait Teigne-à-barbe, sauf Ah Q qui retranchait le mot « teigne » mais ne l'en méprisait pas moins profondément. Ah Q avait son opinion à lui, c'est que les teignes n'ont rien d'extraordinaire tandis qu'une barbe qui vous mange la figure est vraiment choquante et vous déprécie aux yeux des gens. Pourtant il s'assit à côté de lui, ce qu'il n'aurait pas eu l'audace de faire avec un autre badaud. Mais qu'avait-il à craindre de Wang-la-barbe ? En vérité, c'était un honneur qu'il lui faisait de bien vouloir s'asseoir là.

Ah Q enleva lui aussi sa loqueteuse veste doublée et la retourna pour l'inspecter : avait-elle été lavée récemment, ou n'était-il pas assez attentif ? Au bout d'un long moment, il n'avait trouvé que trois ou quatre poux. Et il voyait Wang-la-barbe en attraper en série, un, puis deux, puis trois... et les introduire dans sa bouche pour les croquer avec un bruit sec.

La déception initiale d'Ah Q fit bientôt place à l'indignation : c'était scandaleux que ce pouilleux de Wang-la-barbe en ait tant et lui-même si peu ! Si seulement il avait pu en trouver un ou deux bien gros ! Mais il n'y avait rien à faire, c'est à peine s'il réussit à en attraper un tout maigrichon qu'il enfonça rageusement entre ses lèvres épaisses et fit craquer entre ses dents avec le plus de bruit possible, mais sans réussir à égaler Wang-la-barbe.

Ses croûtes virèrent au rouge, il jeta sa veste sur le sol et dit en crachant :

— Asticot poilu !

— A qui parles-tu, chien pelé ? demanda Wang-la-barbe en levant des yeux méprisants.

Malgré la relative considération dont il jouissait alors et qui avait augmenté son autosatisfaction, Ah Q manifestait un reste de timidité en présence des badauds qui avaient coutume de le maltraiter ; mais, dans le cas présent, il fit preuve d'une bravoure exceptionnelle. Ce sac à barbe osait-il lui manquer de respect ?

— Je parle à ceux qui se sentent visés ! Il se leva et se campa les poings sur les hanches.

— Ta carcasse te démange ? Wang-la-barbe se leva à son tour et mit sa veste.

Ah Q crut qu'il voulait se sauver et se précipita pour lui donner un coup de poing ; mais avant que ce poing n'atteigne son but, Wang-la-barbe l'attrapa au vol et tira d'un coup sec, faisant trébucher Ah Q, puis le saisit par la natte et voulut l'entraîner vers un mur pour lui cogner la tête.

— Les gens bien causent au lieu de cogner ! dit Ah Q, la tête de travers.

Wang-la-barbe n'était sans doute pas quelqu'un de bien, car sans l'écouter le moins du monde, il la lui cogna cinq fois de suite puis, prenant bien son élan, l'envoya à six pieds de là, et partit, ayant obtenu satisfaction.

De mémoire d'Ah Q, ce fut sans doute la première humiliation de sa vie ; d'habitude, c'était lui qui se moquait de Wang-la-barbe, à cause de ses horribles poils sur les joues, et jamais l'autre ne s'était moqué de lui et encore moins ne l'avait attaqué. Il n'aurait jamais cru cela possible. Est-ce que par hasard ce qu'on racontait au marché serait vrai ? Que l'empereur avait supprimé les examens et qu'on n'aurait plus besoin de lauréats cantonaux ou provinciaux ? Dans ce cas, la famille Zhao aurait perdu de son prestige et on lui manquerait de respect par contrecoup.

Ah Q restait planté là, en proie à ses incertitudes.

Au loin, quelqu'un arrivait dans sa direction, encore un ennemi. C'était un des êtres qu'Ah Q détestait le plus, le fils aîné de M. Qian. Ne tenant pas en place, il était d'abord allé à la ville pour faire des études dans une école étrangère, puis avait trouvé un moyen d'aller au Japon ; quand il revint chez lui, au bout de six mois, il avait la démarche raide d'un Occidental et sa natte avait disparu ; sa mère en eut une douzaine de crises de larmes et sa femme, par trois fois, fit mine de se jeter dans un puits. Ensuite, sa mère déclara à tout le monde : « Ce sont des voyous qui lui ont coupé sa natte après l'avoir fait boire. Dire qu'il aurait pu faire une belle carrière dans l'administration, et maintenant il faut attendre qu'elle ait repoussé ! » Ah Q, qui n'en croyait pas un mot, l'appelait Faux-diable-étranger, ou encore Vendu, et ne manquait pas de l'insulter en pensée dès qu'il l'apercevait.

Ce qu'Ah Q trouvait le plus intolérable, c'était sa natte postiche : quelqu'un capable d'aller jusque-là n'est pas un homme, et sa femme est une pas grand-chose de ne pas s'être jetée une quatrième fois dans un puits.

Le Faux-diable-étranger était tout près.

« Tondu… âne… » Ah Q d'habitude ne l'insultait que mentalement, mais cette fois-ci, il avait tellement besoin d'épancher sa hargne qu'il ne put s'empêcher de grommeler entre ses dents.

Par un hasard malencontreux, le « tondu » tenait une canne laquée de jaune (qu'Ah Q appelait bâton d'enterrement[1]) et arrivait sur lui à grands pas. Pressentant aussitôt qu'il y avait des coups en perspective, Ah Q se mit en posture, muscles raidis et tête entre les épaules, pour attendre la suite ; en effet, il entendit « Pan ! » et il lui sembla même que le coup avait atterri sur sa tête.

— Je parlais de lui ! protesta Ah Q en montrant un enfant à côté d'eux.

---

1. Bâton garni d'un fouet en papier blanc pour frapper les porteurs du cercueil s'ils le secouent.

« Pan ! Pan ! Pan ! »

De mémoire d'Ah Q, ce fut sans doute la seconde humiliation de sa vie. Heureusement, quand les « Pan ! » se turent, il se sentit soulagé comme après avoir réglé une affaire, d'autant plus que l'« oubli », ce trésor légué par ses ancêtres, faisait son œuvre. Il s'en alla tranquillement et, avant même d'avoir atteint la porte du cabaret, il avait retrouvé presque toute sa bonne humeur.

En sens inverse arrivait une petite nonne du Temple du calme perfectionnement. Ah Q, qui jurait toujours en la voyant, fut encore plus tenté de le faire après cette humiliation. Tout lui revint en mémoire et il se sentit plein de haine.

« Ah, je sais maintenant pourquoi la chance est contre moi aujourd'hui, c'est que je devais te rencontrer ! » se dit-il.

Il s'approcha d'elle, et cracha bruyamment.

Comme si elle n'avait rien remarqué, la nonne continuait à marcher, la tête baissée. S'approchant davantage, Ah Q allongea brusquement la main et palpa son crâne rasé de frais.

— Chauvinette, rentre vite, ton moinillon t'attend… dit-il avec un rire niais.

— Ne me touche pas ! La nonne rougit jusqu'aux oreilles et se mit à marcher plus vite.

Les clients du cabaret éclatèrent de rire. Voyant qu'on admirait ses prouesses, Ah Q ne se sentit plus de joie :

— Ton moinillon te touche bien, pourquoi pas moi ? Et il lui pinça la joue.

Nouveaux éclats de rire au cabaret. Ah Q se rengorgea et, pour satisfaire ce public de connaisseurs, il lui tordit la joue à pleine main avant de la laisser partir.

Cette bataille lui fit instantanément oublier Wang-la-barbe et Faux-diable-étranger, il se sentit vengé de ce jour néfaste ; chose curieuse, il éprouvait encore plus de soulagement que lorsque les « Pan ! Pan ! » s'étaient tus, et il partit, léger comme s'il avait des ailes.

— Ah Q, tu es maudit et resteras sans fils ! entendit-on la nonne murmurer au loin d'une voix sanglotante.

« Ah, ah, ah ! » Ah Q éclata de rire, absolument ravi.

« Ah, ah, ah ! » rirent en écho les clients du cabaret, à peine moins ravis que lui.

4
Un drame de l'amour

On raconte que certains vainqueurs ont besoin d'ennemis aussi redoutables que des tigres ou des aigles pour pouvoir jouir de leur victoire ; remportée sur des moutons bêlants, elle n'aurait plus de sens pour eux. D'autres, après avoir tout subjugué, face à la multitude des morts et de ceux qui se sont soumis, leur accordant droit de vie ou de mort sur eux, n'ayant plus ni ennemis, ni rivaux, ni égaux, maîtres absolus dans une solitude glacée, ressentent alors tout le tragique de leur victoire. Mais, pour en revenir à notre Ah Q, en voilà un qui n'avait pas de ces complaisances morbides et était toujours satisfait : faut-il, peut-être, y voir une preuve de la supériorité de la civilisation chinoise sur le reste du monde ?

Regardez-le s'en aller, léger comme s'il avait des ailes !

Et pourtant, cette victoire-là changea quelque chose en lui. Il arriva, léger comme s'il avait des ailes, dans son temple, où il aurait dû se mettre à ronfler aussitôt couché ; mais ce soir-là, il ne put fermer l'œil, troublé par une curieuse sensation au pouce et à l'index qui lui semblaient d'une douceur extraordinaire. Il se demandait si quelque chose de velouté sur le visage de la nonne était resté collé à ses doigts, ou si ceux-ci s'étaient adoucis au seul contact de ce visage.

« Ah Q, tu es maudit et resteras sans fils ! »

Ces mots résonnèrent de nouveau à ses oreilles ; il réfléchit : « C'est vrai, je devrais avoir une femme ; si l'on meurt sans fils, personne ne sacrifie un bol de riz à votre esprit… Oui, je devrais avoir une femme… » Comme disaient les anciens : « Des trois manières d'être un mauvais fils, la pire est de rester sans fils », ou « Un esprit peut avoir faim[1] », voilà bien l'un des drames de la vie humaine. Les pensées d'Ah Q étaient donc en tout point conformes aux enseignements des sages d'autrefois, et il est d'autant plus regrettable que par la suite il soit devenu la proie de ses instincts.

« Une femme… une femme… Les moines peuvent bien… une femme… »

Nous ne savons pas à quelle heure Ah Q se mit enfin à ronfler ce soir-là. Mais depuis lors, il sentit sans doute toujours une certaine douceur sur ses doigts et resta léger comme s'il avait des ailes : « Une femme… »

Voilà un nouvel exemple des ravages causés par les femmes.

Les mâles chinois auraient pu presque tous devenir des sages s'ils n'avaient absolument tous été perdus

---

1. Littéralement, « L'esprit de Ruo Ao a faim » (il tua un de ses neveux par peur d'être tué par lui alors qu'il n'avait pas de fils pour sacrifier à ses mânes).

par les femmes. L'antique dynastie des Shang fut ruinée par Daji, la favorite de son dernier empereur ; la dynastie suivante, celle des Zhou, disparut à cause de la belle Baosi ; la dynastie des Qin ne dura guère et même si l'histoire ne le précise pas, nous pouvons supposer sans risque d'erreur que ce fut à cause d'une femme ; il est certain, en revanche, que la célèbre Diaochan causa la mort de l'illustre ministre Dong Zhuo.

Ah Q était au fond un brave garçon ; bien que nous ignorions quel maître éclairé avait fait son éducation, il respectait scrupuleusement les « interdits entre l'homme et la femme » et pourfendait avec un zèle fanatique ceux de l'espèce de la nonne ou du Faux-diable-étranger. Il avait sa théorie sur la question : les nonnes forniquent en secret avec les moines ; quand une femme marche dans la rue, c'est pour séduire un brave type ; si une femme parle avec un homme, c'est pour lui faire des propositions malhonnêtes. Pour les châtier, il leur lançait un regard assassin ou essayait de les « dissuader » à haute voix, ou encore, pourvu que l'endroit soit désert, leur jetait dans le dos un caillou.

Qui se serait douté que, parvenu à l'« âge de fermeté[1] », il perdrait la tête à cause d'une nonne et se sentirait pousser des ailes ? Or, si l'on en croit les textes canoniques, ce n'est pas bien de « se sentir des ailes » : la femme est vraiment haïssable, si le visage de la petite nonne n'avait pas été si doux, ou s'il avait été voilé, Ah Q n'aurait pas été séduit. Il y avait de cela cinq ou six ans, il avait pincé la cuisse d'une femme dans la foule qui se pressait à un spectacle, mais à cause de l'épaisseur du pantalon, il ne s'était

1. Confucius : « A trente ans, on se tient fermement » (compréhension des rites et fermeté dans les actes).

pas senti des ailes. En revanche, la nonne, c'était différent, c'était la perversité dans toute son horreur.

« Une femme… » songeait Ah Q.

Il observait sans relâche les femmes qu'il soupçonnait de vouloir « séduire un brave type », mais jamais aucune ne lui sourit ; il écoutait attentivement les femmes qui lui parlaient mais jamais aucune ne lui fit de propositions malhonnêtes. Raison de plus pour les trouver haïssables : elles voulaient passer pour vertueuses !

Un jour, Ah Q avait pilé du riz chez les Zhao pendant toute la journée, et il fumait, assis dans la cuisine après le dîner. S'il s'était agi d'autres gens, il serait rentré chez lui. Mais chez les Zhao, on dînait de bonne heure ; en principe on n'avait pas le droit d'allumer les lampes et on allait se coucher après avoir mangé, mais ce principe souffrait des exceptions : premièrement, quand le fils de M. Zhao n'était pas encore Lauréat cantonal, il avait le droit d'allumer une lampe pour étudier ; deuxièmement, quand Ah Q venait travailler dans la maison, il avait le droit de s'éclairer le soir pour piler du riz. C'est en vertu de cette deuxième exception qu'Ah Q fumait dans la cuisine avant de se remettre au travail.

Mère Wu, l'unique servante de la famille Zhao, avait fini la vaisselle et vint s'asseoir sur le banc pour bavarder.

— Madame n'a rien mangé depuis deux jours parce que Monsieur veut acheter une petite…

« Une femme… Mère Wu… elle est veuve… » songeait Ah Q.

— Notre jeune dame aura un bébé au huitième mois…

« Une femme… » Ah Q posa sa pipe et se leva.

— Notre jeune dame… Mère Wu était volubile.

— Je veux coucher avec toi ! l'interrompit Ah Q en se jetant à genoux devant elle.

Pendant un instant, on aurait entendu voler une mouche ; Mère Wu en fut comme frappée de stupeur. Puis soudain, elle poussa un cri et se mit à trembler, et sortit en courant et criant, et il crut même l'entendre pleurer.

Frappé de stupeur lui aussi, Ah Q resta agenouillé face au mur, puis il se releva lentement en prenant appui des deux mains sur le banc vide, l'air plutôt penaud. Il était effectivement un peu ennuyé, et glissa à la hâte sa pipe dans sa ceinture pour retourner piler le riz. Juste à ce moment, « Pan ! », il reçut un bon coup sur la tête et, tournant les yeux, vit le Lauréat cantonal debout devant lui avec une épaisse canne de bambou.

— Tu en as encore fait… espèce de…

La canne s'abattit à nouveau sur lui, mais comme il se protégeait la tête à deux mains, il reçut le coup sur les doigts, et ça fit mal ! Il eut encore l'impression de recevoir un coup sur le dos avant de se sauver de la cuisine.

— Œuf de tortue[1] ! lui cria le Lauréat cantonal avec l'accent distingué de la capitale.

Ah Q courut jusqu'à l'aire à piler le riz, où il se retrouva enfin seul, mais ses doigts lui faisaient mal et il ne pouvait oublier cet « œuf de tortue » qui lui inspirait une crainte d'autant plus profonde et durable que seuls les riches des familles de fonctionnaires le disaient, et jamais les simples villageois. A ce moment, il ne pensait plus aux femmes. Et puisqu'il s'était fait frapper et insulter, il se dit que l'incident était clos et sans conséquence, et il se mit à piler le riz.

1. Insulte qui met en doute la vertu de votre mère.

Quand il eut trop chaud, au bout d'un moment, il s'interrompit pour ôter sa veste.

C'est alors qu'il entendit une grande agitation au-dehors, et comme rien ne l'amusait davantage, il partit en direction du bruit qui le guida jusque dans la cour intérieure de la maison ; malgré la nuit tombante, il distingua beaucoup de monde, toute la maisonnée Zhao, y compris Madame qui n'avait pas mangé depuis deux jours, plus la voisine, Belle-sœur Zou, et les deux cousins Zhao Baiyan et Zhao Sichen.

La bru des Zhao sortait juste du logis des domestiques en traînant Mère Wu et en lui disant :

— Sors un peu, ne reste pas seule dans ta chambre à y penser…

— Tout le monde sait que tu es une femme respectable… Il n'est pas question pour toi de penser au suicide ! ajouta Belle-sœur Zou. Mère Wu ne faisait que pleurer sans écouter ce qu'on pouvait lui dire.

« Tiens, intéressant ! se dit Ah Q. Qu'a-t-elle bien pu faire comme bêtise, la petite veuve ? » Et il s'approcha de Zhao Sichen pour s'enquérir. Au même moment, il vit soudain M. Zhao fondre sur lui, une épaisse canne de bambou à la main ; à la vue de cette canne, il se rappela en avoir déjà tâté et se demanda si cela avait un rapport avec cette agitation. Il fit demi-tour pour battre en retraite en direction de l'aire à piler le riz mais fut bien étonné de trouver la canne en travers de sa route ; refaisant alors demi-tour, il réussit à sortir sans encombre par la porte de derrière et fut bientôt rentré dans son temple.

Après être resté assis un moment, Ah Q commença à avoir la chair de poule ; il se refroidissait lentement car, malgré le printemps, les nuits étaient encore trop fraîches pour rester torse nu ; il se rappela que sa veste était restée chez les Zhao, mais il avait peur d'aller la chercher à cause de la canne du Lauréat cantonal. C'est alors que le garde champêtre entra.

— Ah Q, fils de pute ! Encore une agression, et contre une servante de la famille Zhao ! C'est de la rébellion pure et simple ! Et je ne peux pas dormir tranquille ce soir à cause de toi, cela aggrave ton cas !

Ah Q n'eut bien entendu rien à répliquer à cette réprimande. Et comme c'était le soir, le pourboire se montait à quatre cents sapèques qu'il n'avait pas ; il remit en gage un chapeau de feutre et accepta les cinq conditions suivantes :

1) Ah Q se rendra le lendemain chez M. Zhao pour demander pardon, avec deux bougies rouges pesant chacune une livre et de l'encens.

2) La famille Zhao invitera un prêtre taoïste à exorciser les esprits qui pourraient tourmenter Mère Wu, les frais étant à la charge d'Ah Q.

3) Ah Q n'est désormais plus autorisé à franchir le seuil de la demeure de la famille Zhao.

4) S'il arrivait malheur à Mère Wu par la suite, Ah Q en porterait l'entière responsabilité.

5) Ah Q n'est pas autorisé à aller réclamer son salaire et sa veste.

Ah Q accepta tout, bien entendu. Malheureusement, il n'avait pas d'argent, mais heureusement, c'était le printemps : il pouvait se passer de sa couverture ouatée et la mit en gage pour deux mille sapèques, assez pour respecter ses obligations. Après s'être prosterné contre terre, torse nu, il lui resta encore quelques sapèques, mais au lieu de récupérer son chapeau, il les dépensa pour boire. Quant à la famille Zhao, elle ne fit brûler ni l'encens ni les bougies, mais les mit en réserve car Madame pouvait les utiliser pour ses dévotions au Bouddha. Et la pauvre veste servit en grande partie à confectionner des langes pour l'enfant que la jeune dame aurait au huitième mois, tandis que les morceaux les plus usés furent utilisés pour faire des semelles piquées pour Mère Wu.

5
Il faut manger pour vivre

Quand Ah Q en eut fini avec ces formalités, il rentra comme de coutume au Temple du dieu tutélaire et, après le coucher du soleil, il se mit peu à peu à trouver le monde bizarre ; une réflexion attentive lui permit de comprendre pourquoi : il était torse nu ! Se rappelant qu'il possédait encore une vieille veste ouatée, il s'en couvrit et s'allongea. Quand il rouvrit les yeux, le soleil éclairait déjà le mur ouest de sa chambre. Il s'assit en grommelant :

— Je t'en foutrai…

Une fois levé, il alla traîner par les rues comme à son habitude ; et là, même sans commune mesure avec ce qu'il avait enduré à cause de son torse nu, il se remit à trouver le monde bizarre. Comme si, depuis ce jour-là, les femmes de Weizhuang étaient toutes d'une pudeur excessive, elles se réfugiaient chez elles dès qu'elles le voyaient arriver. Même Belle-sœur Zou, qui approchait de la cinquantaine, prenait la fuite comme les autres, allant jusqu'à faire rentrer sa fille âgée de onze ans. Ah Q s'en étonna, tout en se disant : « Ces bonnes femmes se mettent à faire des manières comme des demoiselles. Toutes des salopes… »

Mais ce qui lui arriva pendant les jours suivants lui fit trouver le monde encore plus bizarre. Premièrement, on ne lui fit plus crédit au cabaret ; deuxièmement, le vieux gardien du temple eut quelques mots incohérents qui semblaient lui signifier de s'en aller ; troisièmement, il s'écoula, il n'aurait su dire combien, mais certainement beaucoup de jours sans qu'on vienne lui proposer du travail. Qu'on ne lui fasse plus crédit au cabaret, passe encore ; que le vieux veuille le chasser, il n'y avait qu'à le laisser parler ; mais si personne ne le faisait travailler, il n'aurait rien à se mettre dans le ventre : les choses se gâtaient pour de bon.

Cela ne pouvait plus durer et Ah Q en fut réduit à aller aux nouvelles chez ses anciens clients – seule la maison des Zhao lui était interdite – mais, partout, on l'accueillit d'étrange manière : c'était toujours un homme qui sortait et lui répondait d'un air excédé, avec le geste qu'on a pour écarter un mendiant :

— Nous n'avons rien pour toi, va-t'en !

Ah Q comprenait de moins en moins. Ces gens qui, avant, avaient toujours besoin d'un coup de main ne pouvaient pas tout à coup ne plus rien avoir à faire, il y avait un mystère là-dessous. Il fit son enquête et apprit qu'ils s'adressaient tous à Petit Don (ou plutôt Petit D, car on n'est pas très sûr du nom). Qui aurait pu imaginer que ce gamin pauvre et souffreteux, encore au-dessous de Wang-la-barbe dans la classification d'Ah Q, lui volerait un jour son bol de riz ? Ce dernier coup aggrava le désarroi d'Ah Q, et tandis qu'il marchait, tout à son indignation, il leva soudain un bras, tout en chantant :

Ma main brandit une masse de fer pour t'abattre[1]...

Il finit par rencontrer Petit D, quelques jours plus tard, devant l'entrée de la maison des Qian. « Deux ennemis ont l'un pour l'autre des yeux de lynx », dit le proverbe ; Ah Q s'avança, tandis que Petit D s'arrêtait.

---

1. Extrait d'un opéra local, *Le Combat du tigre et du dragon*.

— Sale bête ! dit Ah Q en lui jetant un regard assassin et en crachant.

— Je suis un insecte, tu es content ? dit Petit D.

Cette modestie redoubla la fureur d'Ah Q, mais comme il n'avait pas de masse de fer, il se rua en avant, tendant ses mains nues, pour attraper la natte de Petit D, qui, tout en protégeant sa natte d'une main, essayait d'attraper avec l'autre main celle d'Ah Q qui lui-même protégeait sa propre natte avec sa main restée libre. Pour l'Ah Q d'autrefois, Petit D aurait été quantité négligeable, mais depuis que lui-même ne mangeait plus à sa faim, il était aussi souffreteux que Petit D, et la lutte était devenue égale : quatre mains accrochées à deux têtes et deux dos courbés dessinant un arc bleu sur le mur blanc de la maison des Qian, pendant une demi-heure.

— C'est bien comme ça ! C'est bien ! criaient des spectateurs, sans doute pour les calmer.

— Bien ! Bien ! criaient d'autres, sans qu'on sache si c'était pour les calmer, les féliciter ou les exciter.

Mais ils n'écoutaient rien ni personne. Ah Q faisait trois pas en avant, Petit D trois en arrière, et ils s'immobilisaient ; Petit D faisait trois pas en avant, Ah Q trois en arrière, et ils s'immobilisaient. Au bout d'une demi-heure environ – ou peut-être vingt minutes, il est difficile de le dire car il n'y a pas d'horloge publique à Weizhuang –, alors qu'ils suaient sang et eau, Ah Q lâcha prise, imité à l'instant même par Petit D ; ils se redressèrent et reculèrent en même temps, et partirent en fendant la foule.

— Que cela te serve de leçon, bâtard ! lança Ah Q par-dessus son épaule.

— Que cela te serve de leçon, bâtard ! lança Petit D par-dessus son épaule.

L'issue de ce « combat du tigre et du dragon » resta indécise, et on ignore si les spectateurs furent satisfaits, car il n'y eut aucun commentaire, et, pas plus qu'avant, on ne confia de travail à Ah Q.

Par un beau jour tiède, alors qu'une douce brise soufflait déjà l'été, Ah Q sentit qu'il avait froid, mais il pouvait en prendre son parti, le pire était la faim. Il y avait déjà longtemps qu'il n'avait plus sa couverture ouatée, son chapeau de feutre et sa veste ; ensuite il avait vendu sa veste ouatée ; à présent, il lui restait son pantalon, mais il ne pouvait vraiment pas le quitter, et une vieille veste doublée dont il pouvait à la rigueur faire cadeau pour confectionner des semelles, mais certainement pas tirer de l'argent. L'espoir qu'il nourrissait depuis longtemps de trouver de l'argent sur une route avait été déçu jusqu'à présent ; il espérait même découvrir de l'argent dans sa pauvre chambre, mais il eut beau la fouiller fébrilement, elle ne lui réserva pas la moindre surprise. Alors, il décida d'aller mendier sa nourriture.

Tout en suivant son chemin pour aller « mendier », il vit bien des lieux familiers, comme le cabaret ou la boutique de petits pains, mais il passa sans s'arrêter, et sans même en avoir envie. Ce n'était pas ce qu'il voulait, sans pour autant savoir ce qu'il voulait.

Weizhuang n'était pas un grand bourg et il en fut vite sorti. La campagne était couverte de rizières et le vert tendre des jeunes pousses s'étendait à perte de vue, parsemé de points noirs mobiles qui étaient les paysans au labour. Ah Q continuait de marcher, insensible à cette idylle champêtre, car il savait d'instinct que la voie dans laquelle il s'était engagé pour « mendier sa nourriture » le mènerait bien loin de tout cela. Mais, pour finir, il se retrouva devant le mur d'enceinte du Temple du calme perfectionnement.

Le mur blanc du temple se détachait sur le vert tendre des rizières, et, derrière, un petit mur de terre entourait un potager. Ah Q hésita un moment, regardant bien tout autour de lui ; il n'y avait personne. Il grimpa sur le mur bas en s'accrochant à un polygonum, mais la terre s'effrita sous ses pieds qui se mirent à trembler ; se rattrapant à une branche de mûrier, il réussit à sauter de l'autre côté du mur. Le potager était luxuriant mais il n'y poussait apparemment ni vin jaune ni petits pains, ni quoi que ce soit de comestible. Il y avait bien contre le mur ouest une haie de bambous pleine de pousses mais hélas elles n'étaient pas cuites ; le colza était monté en graine, la moutarde était en fleur et les choux séchés sur pied.

Se sentant frustré comme un « aspirant-lettré » recalé à l'examen, Ah Q s'approcha à pas lents de la porte du potager où il eut la bonne surprise de découvrir une plate-bande de navets flétris. Comme il s'accroupissait pour les arracher, une tête ronde se montra soudain à la porte et se retira tout aussi vite, celle de la nonne sans aucun doute. La petite nonne faisait partie des gens qu'Ah Q méprisait comme la mauvaise herbe, mais en ce monde il faut parfois faire des compromis et il arracha à la hâte quatre navets qu'il enveloppa dans une feuille et mit dans son giron. Entre-temps, une vieille nonne était sortie.

— Amida Bouddha ! Comment, Ah Q, tu sautes dans notre potager pour voler nos navets !... C'est un péché, Amida Bouddha !...

— Quand est-ce que j'ai sauté dans votre potager pour voler des navets ? cria Ah Q par-dessus son épaule en s'en allant.

— Mais, à l'instant… Ça, ce n'en est pas ? dit la vieille nonne en montrant sa poche.

— Ils sont à vous ? Est-ce qu'ils viennent quand vous les sifflez ? Vous…

Sans finir sa phrase, Ah Q se mit à courir, car un gros chien noir s'était lancé à sa poursuite ; il était habituellement à la porte du devant, et on ne sait ce qui le prit de venir dans le potager du fond. Le chien noir arrivait sur Ah Q en aboyant et il allait lui mordre le mollet lorsque heureusement un navet tomba de sa poche et effraya le chien qui s'arrêta le temps pour Ah Q de grimper sur le mûrier, enjamber le mur et aller rouler avec ses navets de l'autre côté. Il laissait derrière lui le chien hurlant face au mûrier et la vieille nonne en train d'invoquer le Bouddha.

Comme Ah Q avait peur que les nonnes ne lâchent le chien noir sur lui, il ramassa les navets et partit, prenant quelques cailloux sur son chemin, mais le chien ne se montra pas. Ah Q jeta les cailloux et se mit à manger tout en marchant, se disant qu'il n'avait rien à chercher par là et qu'il ferait peut-être mieux de partir pour la ville…

Le temps de manger trois navets, sa décision d'aller en ville était prise.

6
Echec d'une tentative de restauration

Lorsqu'on revit Ah Q à Weizhuang, on venait de célébrer la Fête de la mi-automne. Tout le monde fut bien étonné par la nouvelle, et on se demanda, par la même occasion, où il avait pu aller pendant tout ce temps. Les quelques fois où Ah Q était parti pour la ville, avant, il l'avait annoncé triomphalement, mais, cette fois, il n'en avait pas soufflé mot, et personne n'y avait fait attention. Peut-être l'avait-il dit au vieux gardien du temple mais, telle était la coutume à Weizhuang, il fallait que ce soit M. Zhao, ou M. Qian, ou le Lauréat cantonal qui se rende en ville pour constituer un événement notable. Même le Faux-diable-étranger ne comptait pas, et Ah Q encore moins ! Cela explique que le vieux ne lui ait pas fait de publicité, laissant tout Weizhuang dans l'ignorance.

Mais, cette fois, à l'inverse des précédentes, c'est le retour d'Ah Q qui ne passa pas inaperçu. Un jour, à la tombée de la nuit, il apparut, avec un air de somnambule, à la porte du cabaret, s'approcha du comptoir et sortit de sa poche une poignée de pièces de cuivre et d'argent qu'il jeta devant lui en disant :

— Je paye comptant ! A boire !

Il portait une veste neuve qui laissait voir, pendue à sa taille, une bourse si lourde qu'elle incurvait profondément sa ceinture de pantalon. A Weizhuang, telle était la coutume, si quelqu'un surprenait par son apparence, on préférait être poli que grossier avec lui ; alors, on avait beau savoir que c'était Ah Q, il était si différent de l'Ah Q en veste trouée et, comme disaient les anciens, « après trois jours de séparation, on se revoit avec des yeux neufs », que tous, serveurs, patron, consommateurs, passants, adoptèrent spontanément à son égard une attitude à la fois méfiante et respectueuse. Le patron lui fit d'abord un signe de tête, puis engagea la conversation :

— Alors, Ah Q, te voilà de retour ?

— Oui, me voilà.

— Tu as fait fortune, je vois. Tu étais…

— A la ville.

La nouvelle se répandit le lendemain dans tout Weizhuang. Comme tous voulaient connaître l'histoire de la soudaine prospérité de cet Ah Q vêtu de neuf et cousu d'argent, on était partout à l'affût d'informations, que ce soit au cabaret, à la maison de thé ou sous l'auvent du temple. Ah Q y gagna un prestige nouveau pour lui.

Ah Q, à l'en croire, avait travaillé chez M. le Lauréat provincial. A ce point de son récit, ses auditeurs se sentirent pénétrés de respect. Ce Lauréat provincial s'appelait Bai de son nom de famille, mais comme il était le seul de son grade dans toute la ville, il suffisait de dire M. le Lauréat provincial, sans nom de famille, pour savoir que c'était lui ; il était si connu, à Weizhuang comme à cent *li* à la ronde, que beaucoup de gens n'étaient pas loin de croire que « Lauréat provincial » étaient ses nom et prénom. C'était un honneur de travailler chez lui. Mais, dit aussi Ah Q, l'envie d'y travailler lui avait passé parce que monsieur le Lauréat provincial était un « salaud ». A ce point de son récit, ses auditeurs soupirèrent d'aise, puisque, malheureusement pour lui, Ah Q n'était pas digne de travailler chez monsieur le Lauréat provincial.

A ce que dit encore Ah Q, une des raisons de son retour était que les gens de la ville ne lui plaisaient pas : d'abord, ils appelaient un petit banc un tabouret et coupaient la ciboule trop fine pour faire frire le poisson, mais ensuite, et ce grief était nouveau, les femmes ne se dandinaient pas gracieusement en marchant. Il y avait aussi des choses à y admirer, par exemple, même les gamins des rues jouaient très bien au mah-jong, alors qu'à Weizhuang on n'utilisait qu'un jeu de trente-deux jetons de bambou et que seul le Faux-diable-étranger savait y jouer ; et encore, confronté à un gamin de douze ans, il se serait vite trouvé dans la situation d'un « petit diable face au roi des enfers ». A ce point de son récit, ses auditeurs rougirent de confusion.

— Avez-vous déjà vu une exécution ? dit encore Ah Q. Ah, c'est beau ! Ils ont coupé la tête d'un révolutionnaire. Ah, c'était beau !... Il secoua la tête, faisant voler un jet de salive sur le visage de Zhao Sichen qui était en face de lui. En face de lui, ses auditeurs furent saisis d'une crainte respectueuse. Jetant un regard circulaire, Ah Q leva brusquement la main droite et la laissa retomber sur la nuque de Wang-la-barbe qui écoutait, le cou tendu, fasciné :

— Han !

Wang-la-barbe sursauta et rentra sa tête avec la promptitude de l'éclair, tandis que les auditeurs étaient partagés entre la terreur et le ravissement. Wang-la-barbe mit plusieurs jours à s'en remettre et n'osa plus approcher Ah Q ; les autres non plus, d'ailleurs.

A ce moment, Ah Q occupait aux yeux des habitants de Weizhuang une position qu'on n'oserait dire supérieure à celle de M. Zhao, mais qu'on peut, sans risque d'erreur, qualifier de comparable.

Bientôt, la réputation d'Ah Q pénétra dans tous les foyers de Weizhuang et même les femmes en entendirent parler. Excepté deux familles riches, les Qian et les Zhao, les neuf dixièmes du village étaient modestes, mais une femme n'en reste pas moins à l'écart de la vie publique, et il est à peine croyable qu'elles aient été toutes si vite au courant. Quand elles se rencontraient, elles se racontaient les dernières nouvelles : Belle-sœur Zou avait acheté à Ah Q une jupe de soie bleue, d'occasion certes, mais ne l'avait payée que quatre-vingt-dix sapèques ; la mère de Zhao Bai-yan – ou, selon une autre version, à vérifier, de Zhao Sichen – s'était procuré chez lui une tunique d'enfant en coton « étranger » rouge, presque neuve, à quatre-vingt-dix pour cent de sa valeur. Dès lors elles guettèrent toutes les occasions de rencontrer Ah Q, qui pour lui acheter une jupe de soie, qui pour lui acheter une tunique de coton, et loin de fuir à sa vue, elles lui couraient après en l'appelant s'il avait passé sans s'arrêter.

— Ah Q, as-tu encore des jupes de soie ? Non ? Il me faut aussi une tunique de coton, il t'en reste bien une ?

Ce furent les femmes des familles modestes qui commencèrent, mais les riches les imitèrent. Comme Belle-sœur Zou, fière de sa jupe de soie, la fit admirer à Mme Zhao, celle-ci en parla avec enthousiasme à son mari. M. Zhao en discuta au dîner avec le Lauréat cantonal ; à son avis, Ah Q avait quelque chose de suspect, et il valait mieux surveiller les entrées de la maison ; mais si on pouvait encore lui acheter quelque chose, peut-être que sa marchandise était bonne. Et justement, Mme Zhao cherchait un beau gilet de fourrure à un prix raisonnable. A l'issue d'un conseil de famille, on chargea Belle-sœur Zou d'aller chercher Ah Q sur l'heure et l'on institua, pour la circonstance, une troisième exception à la règle : ce soir-là, la lampe à huile pourrait rester allumée un moment.

Mais la lampe avait déjà consommé beaucoup d'huile, et Ah Q n'était toujours pas arrivé. La famille Zhao au grand complet se désolait et bâillait, pestant contre cet Ah Q qui n'était jamais là quand il fallait ou contre l'incurie de Belle-sœur Zou. Mme Zhao craignait qu'il n'ose pas venir à cause de l'engagement qu'il avait pris au printemps, mais, disait M. Zhao, il n'y avait pas là motif à s'inquiéter puisque c'était « moi, monsieur Zhao » qui l'avait convoqué. Et il avait vu juste, car enfin Ah Q entra à la suite de Belle-sœur Zou.

— Tout ce qu'il sait dire, c'est qu'il n'a plus rien, et moi je lui dis : Va le leur dire toi-même, et il me dit toujours la même chose, et moi je lui dis… expliqua Belle-sœur Zou en entrant, encore tout essoufflée.

— Monsieur ! articula Ah Q avec une grimace qui voulait être un sourire, en restant sous l'auvent de la porte.

— Il paraît que tu as fait fortune au-dehors, Ah Q, dit M. Zhao, marchant à pas lents et le toisant du regard. C'est bien, très bien. C'est que… il paraît que tu as de la marchandise d'occasion… Tu pourrais peut-être nous la montrer… C'est simplement pour ça, parce que nous…

— Je l'ai déjà dit à Belle-sœur Zou, je n'ai plus rien.

— Plus rien ? dit M. Zhao d'une voix blanche. Comment se fait-il que tout soit parti aussi vite ?

— Cela appartenait à des amis, il n'y avait pas grand-chose ; ils avaient acheté quelques…

— Il devrait bien en rester un peu !

— Tout ce qui me reste, c'est un rideau de porte.

— Eh bien, viens nous le montrer, dit précipitamment Mme Zhao.

— C'est ça, apporte-le demain, reprit M. Zhao sans enthousiasme. Et si tu as d'autres marchandises, commence par nous les présenter à nous…

— Nous ne te payerons pas moins que les autres, dit le Lauréat cantonal.

Et sa femme jeta un regard furtif sur Ah Q, pour voir si on avait réussi à l'émouvoir.

— Il me faut un gilet de fourrure, dit Mme Zhao.

Ah Q promit tout ce qu'on voulut, mais à le voir sortir, avec son air apathique, on pouvait se demander s'il tiendrait sa promesse. Partagé entre la déception, la colère et l'inquiétude, M. Zhao s'arrêta de bâiller. Agacé par le comportement d'Ah Q, le Lauréat cantonal déclara qu'il fallait se méfier de cet « œuf de tortue », et peut-être même ordonner au garde champêtre de lui interdire de résider à Weizhuang. Mais M. Zhao n'était pas de cet avis, car il craignait des représailles ; d'ailleurs, dans ce genre de commerce, en général, « l'aigle ne mange pas ses propres œufs », et le propre village d'Ah Q n'avait rien à craindre ; il suffisait d'être un peu plus vigilant la nuit. Admirant la pertinence des « sages instructions paternelles », le Lauréat cantonal revint sur sa suggestion de chasser Ah Q et recommanda instamment à Belle-sœur Zou de n'en toucher mot à personne.

Mais le lendemain, en allant faire teindre en noir sa jupe bleue, Belle-sœur Zou, sans dire ouvertement que le Lauréat cantonal aurait voulu chasser Ah Q, laissa entendre qu'il n'était pas à l'abri de tout soupçon ; cela suffit pour faire du tort à Ah Q. Pour commencer, le garde champêtre se présenta chez lui pour confisquer le rideau de porte, et Ah Q eut beau lui dire que Mme Zhao voulait le voir, il refusa de le rendre, et par-dessus le marché fixa le montant d'un « tribut » qu'Ah Q lui payerait chaque mois. Ensuite, les villageois cessèrent d'être respectueux et, sans oser être franchement grossiers, se mirent à prendre leurs distances ; mais ce n'était pas comme au moment où ils se méfiaient de son « Han ! » car maintenant ils ne se tenaient pas à distance, mais le tenaient à distance.

Seuls quelques désœuvrés cherchaient encore à connaître les dessous de l'histoire d'Ah Q. Celui-ci n'en faisait pas mystère et racontait avec fierté ses aventures. On sut enfin qu'Ah Q n'était qu'un minable comparse, incapable de passer un mur ou de se faufiler par un trou, tout juste bon à faire le guet dehors pour recueillir le butin. Une nuit, alors que son chef, après lui avoir passé un paquet, venait de retourner à l'intérieur, il y entendit de grands cris, prit la fuite aussitôt, réussit à se glisser hors de la ville la nuit même et rentra se réfugier à Weizhuang. Depuis, il n'osait plus recommencer. Cette histoire lui fit encore plus de tort ; les villageois qui se tenaient à une distance respectueuse par crainte de représailles découvrirent avec stupéfaction qu'il n'était qu'un petit voleur qui n'osait plus voler. Il n'était même pas redoutable.

7
La révolution

Le quatorzième jour du neuvième mois de la troisième année de l'empereur Xuantong[1] (c'est-à-dire le jour où Ah Q vendit sa bourse à Zhao Baiyan), aux alentours de minuit, un grand bateau noir accosta au ponton de la maison des Zhao sur le fleuve. Il avait émergé de l'obscurité à l'insu des villageois profondément endormis : mais au petit matin, quelques-uns le virent quand il repartit. L'enquête qui fut aussitôt rondement menée révéla que le bateau appartenait à M. le Lauréat provincial.

Ce bateau sema la perturbation à Weizhuang et, avant midi, tout le village fut en émoi. Malgré le mutisme de la famille Zhao sur les raisons de la venue de ce bateau, il était de notoriété publique que les révolutionnaires allaient entrer dans la ville, et que M. le Lauréat provincial était venu se réfugier au village. Seule Belle-sœur Zou n'en croyait rien, et disait qu'il ne s'agissait que de quelques vieux coffres que M. le Lauréat provincial voulait confier à M. Zhao qui les avait refusés. Il est vrai que M. le Lauréat provincial et le Lauréat cantonal n'avaient jamais été en très

1. Soit le 4 novembre 1911, peu après le soulèvement de Wuchang qui aboutirait à la fin de l'Empire.

bons termes, et il était logique qu'il n'y ait pas entre eux une amitié à l'épreuve de l'adversité ; et comme de plus Belle-sœur Zou, étant la voisine des Zhao, était particulièrement bien informée, sans doute était-ce elle qui avait raison.

Cependant les ragots allaient bon train ; M. le Lauréat provincial ne serait pas venu en personne, mais aurait envoyé une longue lettre énonçant ses liens de parenté complexes avec les Zhao. Après mûre réflexion, M. Zhao en avait conclu qu'il n'y avait aucun inconvénient à garder les coffres qui seraient actuellement entreposés sous le lit de Mme Zhao. Quant aux révolutionnaires, certains racontaient qu'ils étaient entrés en ville dans la nuit, revêtus d'armures et de casques blancs : ils portaient le deuil de l'empereur Zhongcheng[1].

Ce mot de « révolutionnaires » était depuis longtemps familier aux oreilles d'Ah Q ; cette année même, il avait vu de ses propres yeux l'exécution d'un révolutionnaire. Sans savoir pourquoi, il était convaincu que les révolutionnaires étaient des rebelles, et que des rebelles étaient gens à lui créer des ennuis, aussi leur avait-il voué une haine mortelle. Il n'aurait pourtant pas imaginé que M. le Lauréat provincial, célèbre à cent *li* à la ronde, en ait tellement peur ; cela le consolait, sans parler de l'affolement de toutes ces bonnes gens de Weizhuang, encore plus réjouissant.

« La révolution a aussi du bon… Elle nous débarrassera de ces salauds… tous les mêmes… Et moi, eh bien, je vais me “rendre” aux révolutionnaires ! »

---

1. Le dernier empereur de la dynastie des Ming. Les gens du peuple croyaient en 1911 que la révolution avait pour but de restaurer les Ming.

Depuis quelque temps, Ah Q avait des embarras pécuniaires, ce qui le rendait facilement excitable ; de plus, il avait absorbé à midi, le ventre vide, deux bols de vin qui lui étaient encore plus vite montés à la tête ; et comme il se faisait ces réflexions tout en marchant, il se sentit à nouveau pousser des ailes. Il s'imagina tout à coup que les révolutionnaires, c'était lui, et que les habitants de Weizhuang étaient ses prisonniers. Dans sa joie, il perdit tout contrôle sur lui-même et se mit à hurler :

— Rébellion ! Rébellion !

On le regarda avec des yeux terrifiés ; Ah Q n'en avait jamais vu d'aussi pitoyables, et ce spectacle fut aussi rafraîchissant pour lui qu'un verre d'eau glacée en pleine canicule. Il se mit à marcher d'un pas encore plus allègre, tout en criant :

— Je prendrai ce que je voudrai, j'aimerai qui me plaira.

Tatata, boumlala
Fatale erreur, en pleine ivresse j'ai tué mon frère juré
Fatale erreur, haia, haia...
Tata, boumla, oulala
Ma main brandit une masse de fer pour t'abattre...

Les deux messieurs de la famille Zhao étaient sur le pas de leur porte, en train de parler de la révolution avec leurs deux cousins ; Ah Q passa sans les voir, chantant à gorge déployée.

— Tiens, voilà ce vieil Ah Q ! s'écria timidement M. Zhao en guise de salutation.

« *Tata boumlala...* » Ah Q ne pouvait imaginer que ce qualificatif puisse être associé à son nom, et pensant que cela ne le concernait pas, continuait à chanter.

— Ah Q, mon vieux !

« *Fatale erreur...* »

— Ah Q ! aboya le Lauréat cantonal, essayant en dernier recours de l'appeler simplement par son nom.

Ah Q s'arrêta enfin :

— Quoi ? demanda-t-il en tournant la tête.

— Ah Q, cher vieil Ah Q... Maintenant... M. Zhao ne savait au fond que lui dire. Est-ce que tu as fait fortune, à présent ?

— Fait fortune ? Naturellement ! Je prendrai ce que je voudrai...

— Ah Q, vieux frère, de pauvres amis comme nous n'ont rien à craindre, j'espère..., dit craintivement Zhao Baiyan, comme pour sonder les intentions des révolutionnaires.

— Toi, un pauvre ami ? Tu es en tout cas plus riche que moi ! répondit Ah Q en s'éloignant.

Ils ne dirent mot, consternés. Les Zhao père et fils rentrèrent chez eux, et tinrent conseil, le soir, jusqu'à l'heure d'allumer la lampe. Quant à Zhao Baiyan, aussitôt rentré chez lui, il sortit sa bourse de sa poche et la remit à sa femme pour qu'elle la cache au fond d'un coffre.

Ah Q marcha encore un moment, léger comme s'il avait des ailes, mais il était déjà dégrisé en arrivant au Temple du dieu tutélaire. Ce soir-là, le vieux gardien se montra, lui aussi, particulièrement aimable, et lui offrit du thé ; du coup, Ah Q lui demanda deux galettes et, après les avoir mangées, une bougie de quatre onces déjà entamée et un socle ; il l'alluma et alla se coucher dans sa petite chambre solitaire. Il se sentait merveilleusement frais et dispos, et tandis que la flamme pétillait avec autant d'éclat qu'à la Fête des lanternes, ses pensées se mirent à pétiller :

« Rébellion ? Voilà qui me plaît... Une troupe de révolutionnaires arrivera, en armures et casques blancs, avec de grands couteaux, des massues d'acier, des bombes, des fusils, des sabres à triple pointe et double tranchant, des lances crochues ; ils passeront devant le temple et m'appelleront : "Ah Q, suis-nous ! Suis-nous, Ah Q !" Et moi je les suivrai… C'est alors qu'ils me feront bien rire, ces braves gens de Weizhuang, quand ils m'imploreront à genoux : "Ah Q, épargne-nous !" Ils pourront toujours parler ! Les premiers à mourir seront Petit D et M. Zhao, puis le Lauréat cantonal, puis le Faux-diable-étranger… Est-ce que j'en laisserai quelques-uns ? Wang-la-barbe, à la rigueur, et puis non, il y passera aussi… Leurs richesses… J'irai droit à leurs coffres : lingots, dollars, cotonnades… Je transporterai dans le temple le beau lit de Ningbo de la femme du Lauréat cantonal et je le compléterai par la table et les chaises des Qian (celles des Zhao peuvent aller aussi). Je ne remuerai pas le petit doigt, c'est Petit D qui sera chargé du déménagement, et si ce n'est pas vite fait, gare aux taloches…

« La jeune sœur de Zhao Sichen est vraiment trop laide ; la fille de Belle-sœur Zou, on en reparlera dans quelques années ; la femme du Faux-diable-étranger est capable de coucher avec un homme qui n'a pas de natte, pouah, ce n'est pas une femme ; la femme du Lauréat cantonal a une cicatrice sur la paupière… Mère Wu, il y a longtemps que je ne l'ai pas vue, je me demande où elle est ; dommage que ses pieds soient trop grands ! »

Ah Q se mit à ronfler avant d'avoir épuisé le sujet ; la bougie n'avait diminué que d'un demi-pouce et projetait une vive lumière rouge sur sa bouche ouverte.

Il poussa soudain un grand cri ; il leva la tête et regarda anxieusement autour de lui et, en voyant la bougie, laissa retomber sa tête et se rendormit.

Il se leva tard, et quand il sortit voir ce qui se passait dans la rue, tout était comme d'habitude. Il avait faim, comme toujours, et avait beau réfléchir, ne trouvait rien ; soudain, comme pris d'une idée subite, il se mit lentement en marche, et se retrouva comme par hasard au Temple du calme perfectionnement.

Le temple était aussi silencieux qu'au printemps, ses murs aussi blancs et sa porte aussi noire. Après avoir bien réfléchi, il alla d'abord frapper à la porte ; un chien aboya à l'intérieur. Aussitôt, il ramassa des morceaux de briques et les jeta avec force contre la porte qui était déjà couverte de marques, lorsqu'il entendit enfin quelqu'un ouvrir.

Ah Q attendait de pied ferme, jambes écartées, serrant une brique au creux de sa main, prêt à engager les hostilités avec le chien noir. Mais quand la porte s'entrouvrit, aucun chien noir n'en bondit et il ne distingua dans l'entrebâillement qu'une vieille nonne.

— Que veux-tu encore ? demanda-t-elle, effrayée.

— C'est la révolution… Le savez-vous ? dit Ah Q sans réfléchir.

— Révolution, révolution ! Il y en a déjà eu une !... Vous allez nous donner le tournis, avec vos révolutions ! dit la vieille nonne, les yeux rougis de pleurs.

— Quoi ? Ah Q n'y comprenait plus rien.

— Tu ne le sais donc pas ? Ils sont déjà venus faire la révolution !

— Qui ? Ah Q était de plus en plus abasourdi.

— Le Lauréat cantonal et le Diable étranger.

Voilà qui prenait Ah Q au dépourvu et il ne put cacher son désarroi ; la nonne profita de ce que son agressivité s'était calmée pour fermer prestement la porte ; Ah Q eut beau pousser, elle ne céda pas ; il eut beau taper, personne ne répondit.

La chose s'était passée dans l'après-midi. Dès que le Lauréat cantonal, toujours bien informé, apprit que les révolutionnaires étaient entrés dans la ville pendant la nuit, il enroula sa natte sur le sommet de sa tête et, de bon matin, alla trouver le fils Qian, le Diable étranger, avec lequel il n'était pourtant pas en très bons termes. Mais, puisque « la révolution est l'œuvre de tous », ils eurent vite fait de se mettre d'accord et, désormais complices, décidèrent de faire ensemble la révolution. Après s'être bien creusé la tête, ils se rappelèrent que le Temple du calme perfectionnement conservait une petite stèle souhaitant dix mille années de vie à l'empereur, que la révolution se devait de supprimer de toute urgence. C'est donc au temple qu'ils allèrent porter la révolution. Une vieille nonne tenta de les en dissuader, mais à peine eut-elle dit quelques mots que, la traitant comme le gouvernement mandchou en personne, ils lui donnèrent une volée de coups de poing et de bâton sur la tête. Lorsque, après leur départ, la nonne reprit ses esprits et inspecta les lieux, la stèle gisait brisée à terre et un brûle-parfum de l'époque Xuande qui était devant la statue de la miséricordieuse Guanyin[1] avait disparu.

Ah Q ne l'apprit que plus tard. Il regretta d'avoir dormi à ce moment, mais leur en voulut beaucoup de ne pas être venus lui faire signe. Puis il essaya d'être compréhensif :

« Ne savaient-ils pas encore, peut-être, que je me suis "rendu" aux révolutionnaires ? »

1. Xuande : XVe siècle. Guanyin est le bodhisattva le plus populaire du bouddhisme chinois, où il est devenu une femme.

8
Révolution interdite

Les esprits se calmèrent peu à peu à Weizhuang. Selon les informations qui y parvenaient, on savait que l'entrée des révolutionnaires en ville n'avait pas changé grand-chose. Le magistrat chef du district était resté en place, seul son titre avait été modifié ; M. le Lauréat provincial occupait lui aussi un poste officiel – mais les gens de Weizhuang s'y perdaient dans tous ces noms – et c'était toujours le même capitaine qui commandait le détachement local. Seuls étaient à craindre quelques mauvais révolutionnaires infiltrés parmi les autres, qui troublaient l'ordre public, et qui se mirent à couper des nattes dès le lendemain ; à ce qu'on disait, Sept-livres, le batelier du village voisin, aurait eu affaire à eux et aurait été arrangé de triste manière. Mais les gens de Weizhuang estimaient qu'il n'y avait pas de quoi s'alarmer, car ils allaient rarement à la ville, et celui qui par hasard en aurait eu l'intention changeait ses plans pour ne pas s'exposer au danger. A cette nouvelle, Ah Q, qui justement voulait aller en ville à la recherche de ses vieux amis, préféra y renoncer.

On ne peut pas dire non plus qu'il n'y eut aucune réforme à Weizhuang. En quelques jours, on vit peu à peu s'accroître le nombre de ceux qui enroulaient leur natte sur le sommet de leur tête ; comme on l'a déjà dit, le premier fut naturellement le Lauréat cantonal, ensuite vinrent Zhao Sichen et Zhao Baiyan, et pour finir, Ah Q. En été, cela n'aurait rien eu d'extraordinaire que tout le monde enroule sa natte ou la noue en chignon, mais comme on était à la fin de l'automne, cette façon de « se conformer en automne au calendrier de l'été » était sans conteste une décision héroïque de la part de ceux qui enroulaient leur natte, et grâce à elle on ne peut pas dire que Weizhuang ne fut pas touché par les réformes.

Lorsque Zhao Sichen se promenait avec sa nuque dégarnie, les gens se mettaient à crier en l'apercevant :

— Oh, un révolutionnaire !

Ah Q fut piqué d'émulation quand il l'apprit. Il connaissait depuis longtemps la grande nouvelle, c'est-à-dire que le Lauréat cantonal avait roulé sa natte, mais il n'aurait jamais cru possible de l'imiter. Maintenant qu'il avait vu Zhao Sichen en faire autant, il eut envie de suivre son exemple et résolut de passer aux actes. Il enroula sa natte autour d'une baguette de bambou pour la fixer sur sa tête et, après de longues hésitations, trouva enfin le courage de sortir.

Dans la rue, les gens le regardèrent sans rien dire ; Ah Q en fut d'abord chagriné, et pour finir franchement furieux. Il était très irritable ces derniers temps. Pourtant, sa vie n'était pas plus dure qu'avant sa « rébellion », les gens étaient polis, le cabaret n'exigeait pas qu'il paye comptant. Mais Ah Q éprouvait une profonde déception : puisqu'on avait fait la révolution, il ne faudrait pas en rester là. Et il se sentit encore plus démoralisé le jour où il rencontra Petit D.

Petit D avait également enroulé sa natte sur le sommet de sa tête, et également avec une baguette de bambou. Ah Q n'aurait jamais imaginé qu'il ose le faire, et résolut de ne pas le tolérer. Pour qui se prenait-il, ce Petit D ? Il eut envie de se jeter sur lui, d'arracher la baguette de bambou et de lui faire retomber sa natte, le tout accompagné de quelques bonnes gifles pour le punir sur-le-champ d'avoir osé jouer les révolutionnaires en oubliant qu'il était un rien du tout. Mais, en fin de compte, il se montra indulgent et se contenta d'un regard assassin accompagné d'un crachat méprisant.

En ces jours troublés, le seul à aller en ville était le Faux-diable-étranger. Le Lauréat cantonal aurait voulu rendre visite à M. le Lauréat provincial sous prétexte de lui parler des coffres qu'il leur avait confiés, mais comme il courait le risque de se faire couper la natte, il rebroussa chemin. Il lui écrivit alors une lettre dite « en sceptre de mandarin[1] » puis pria le Faux-diable-étranger de la porter en ville, et par la même occasion de patronner sa candidature au « Parti de la Liberté ». Au retour de celui-ci, il lui remboursa les quatre dollars qu'il réclamait et put exhiber sur sa poitrine une « pêche d'argent ». Les gens de Weizhuang en furent très impressionnés, disant que c'était l'insigne du « Parti de la Longévité », qui valait bien la « Forêt des Pinceaux[2] ». M. Zhao y gagna brusquement en prestige, infiniment plus encore que lorsque son fils avait été reçu à l'examen cantonal, et il n'eut plus un regard pour personne, y compris Ah Q.

Ah Q ne se sentait pas à l'aise dans sa peau, et éprouvait constamment un sentiment de solitude ; mais il en comprit la raison aussitôt qu'il entendit parler de la « pêche d'argent » : quand on veut faire la révolution, il ne suffit pas de parler de se « rendre », ou d'enrouler sa natte ; la première chose à faire est d'entrer en contact avec les révolutionnaires. De toute sa vie, il n'en avait connu que deux, et comme l'un avait été exécuté à la ville, depuis longtemps, il ne restait que le Faux-diable-étranger. Il n'y avait pas d'autre solution que d'aller au plus vite s'entendre avec lui.

---

1. C'est-à-dire très respectueuse ; le nom vient de la longueur variable des lignes (verticales).

2. La pêche était le symbole de l'immortalité ; les paysans, incapables de comprendre le mot « liberté », le confondent avec ce qu'ils associent à la pêche. « Forêt des Pinceaux » : Académie de lettrés reçus les premiers à l'examen le plus élevé.

La porte principale de la maison des Qian était ouverte et Ah Q entra, effrayé par son audace. Une fois à l'intérieur, il sursauta en apercevant le Faux-diable-étranger juste au milieu de la cour, dans un costume tout noir, sans doute occidental, arborant également une « pêche d'argent », tenant à la main la canne dont il avait déjà tâté ; sa natte, qui avait déjà repoussé d'un pied, était défaite et ses cheveux flottaient sur ses épaules, le faisant ressembler à Liu Haixian[1] ; en face de lui, raides comme des piquets, Zhao Baiyan et trois autres bons à rien l'écoutaient parler avec le plus profond respect.

Ah Q entra sur la pointe des pieds et alla se placer derrière Zhao Baiyan ; il aurait bien voulu dire bonjour, mais il ne savait pas en quels termes : il n'était bien entendu pas question de l'appeler Faux-diable-étranger, mais pas recommandé non plus de dire « Etranger » tout court, ni même, sans doute, « monsieur le Révolutionnaire » ; finalement il opta pour « monsieur l'Etranger ».

Mais monsieur l'Etranger ne le voyait pas, les yeux au ciel, enflammé par son discours :

— Oui, je suis pressé d'agir, aussi chaque fois que je le rencontre, je lui répète : « Mon cher Hong[2], il est temps de passer à l'action ! » Mais il répond invariablement : « *No !* » C'est de l'étranger, vous ne pouvez pas comprendre. Sinon, il y a longtemps que nous aurions réussi. Mais c'est son côté timoré, que voulez-vous. Il m'a demandé à plusieurs reprises de venir dans la province du Hubei, mais je n'ai pas encore dit

1. Personnage semi-légendaire, représenté avec une chevelure hirsute.

2. Allusion à Li Yuanhong (1864-1928), obligé par ses troupes à participer au soulèvement de Wuchang en 1911, devenu chef militaire de la province du Hubei.

oui. Qui aurait envie de travailler dans une petite ville ?

— Euh… Ah Q, qui attendait qu'il se taise, réussit à ouvrir la bouche au prix d'un courage surhumain, mais, on ne sait pourquoi, ne l'appela pas « monsieur l'Etranger ».

En entendant parler, les quatre hommes se tournèrent vers lui, effrayés. Monsieur l'Etranger le vit enfin :

— Comment ?

— Je…

— Dehors !

— Je viens me « rendre »…

— Fiche le camp ! Monsieur l'Etranger leva son « bâton d'enterrement ».

Zhao Baiyan et ses compagnons reprient en chœur :

— Puisque Monsieur te dit de fiche le camp ! Tu n'as pas entendu ?

Ah Q se couvrit la tête des deux mains et, sans avoir eu le temps de s'en rendre compte, se retrouva dehors ; mais monsieur l'Etranger ne le poursuivit pas. Il fit plus de soixante pas en courant avant de se remettre à marcher lentement, le cœur débordant de tristesse : si monsieur l'Etranger ne lui permettait pas de faire la révolution, il ne voyait plus à qui s'adresser. Il était inutile d'attendre que les hommes en armures et casque blancs viennent l'appeler. Ses ambitions, ses désirs, ses espoirs, ses projets, tout était rayé d'un trait de pinceau ; même l'idée que les badauds pourraient le crier sur les toits, faisant rire à ses dépens Petit D, Wang-la-barbe et autre racaille, lui semblait secondaire en comparaison.

Jamais encore il ne s'était senti aussi désemparé. Il lui semblait que cela n'avait aucun sens de rouler sa natte, que c'était même méprisable ; il fut tenté de la laisser retomber sur-le-champ, pour se venger, puis se ravisa. Il erra dans les rues jusqu'à la nuit, et quand il eut dans le ventre deux bols de vin achetés à crédit qui lui remontèrent le moral, ses pensées se repeuplèrent enfin d'armures et de casques blancs.

Un jour, il avait traîné, comme à son habitude, jusqu'à la nuit et, comme le cabaret avait fermé ses portes, il rentrait dans son temple.

Il entendit soudain un bruit curieux, comme une détonation, mais ce n'était pas un pétard. Ah Q adorait être le témoin d'incidents ou se mêler de ce qui ne le regardait pas, aussi se mit-il en chasse dans l'obscurité. Il lui sembla entendre des bruits de pas devant lui et, comme il tendait l'oreille, quelqu'un arriva droit sur lui en courant. Aussitôt, Ah Q fit demi-tour et se mit à courir à ses trousses, tournant quand l'autre tournait et s'arrêtant quand l'autre s'arrêtait. Il découvrit alors qu'il n'y avait rien derrière eux et que l'autre était Petit D.

— Quoi ? Ah Q se sentit furieux.

— Les Zhao… Il y a eu un cambriolage chez les Zhao ! dit Petit D, à bout de souffle, puis il repartit.

Ah Q en eut un coup au cœur. Il reprit la fuite, s'arrêtant à deux ou trois reprises. Mais comme, en fin de compte, il avait lui aussi déjà fait ce genre de « travail », témoignant d'une audace exceptionnelle, il alla s'embusquer au coin de la rue ; tendant l'oreille, il crut entendre une vague rumeur ; regardant de tous ses yeux, il crut voir une cohorte d'hommes en armures et casque blancs sortir en flot continu en transportant des coffres, des ustensiles, et même le lit de Ningbo de la femme du Lauréat cantonal. Mais tout cela était assez confus et, malgré son désir de s'approcher, ses pieds ne bougèrent pas.

C'était une nuit sans lune, et Weizhuang, dans le noir, semblait aussi paisible que le monde au temps de Fuxi[1]. Ah Q continua à observer jusqu'à la lassitude, et il lui semblait que le même spectacle se répétait, en un va-et-vient continuel de gens déménageant des coffres, des ustensiles, le lit de Ningbo… à n'en plus croire ses yeux. Mais il décida de ne pas s'approcher davantage, et de rentrer plutôt dans son temple.

Il faisait plus noir dans le Temple du dieu tutélaire ; Ah Q ferma la porte et gagna sa chambre à tâtons. Une fois couché, il lui fallut du temps pour se calmer avant de pouvoir penser à lui-même : les hommes vêtus de blanc étaient là, c'était certain, mais ils n'étaient pas venus lui faire signe ; ils avaient emporté beaucoup de belles choses, sans qu'il en ait sa part. « Tout cela à cause de ce Faux-diable-étranger qui ne m'a pas permis de participer à la rébellion, sinon, pourquoi n'aurais-je pas eu ma part, cette fois ? » Sentant peu à peu monter en lui une colère irrépressible, il se mit à soliloquer rageusement en agitant la tête : « Tu ne veux pas que je me révolte, c'est bon pour toi seul, sale bâtard de Faux-diable-étranger !... Révolte-toi, tu verras ! Les rebelles, on leur coupe la tête, je vais te dénoncer, et j'irai te voir arrêter et emmener en ville pour être exécuté… et toute ta famille avec toi… Han ! Han ! »

9
Apothéose

Le cambriolage chez les Zhao réjouit et inquiéta tout à la fois la plupart des gens à Weizhuang, et Ah Q

---

1. Empereur légendaire, l'un des fondateurs de la civilisation chinoise.

ne fit pas exception. Mais, quatre jours plus tard, il fut arrêté et emmené en ville au milieu de la nuit. Au moment où l'obscurité était la plus profonde, un détachement de soldats, un de miliciens, un de gendarmes et cinq agents spéciaux arrivèrent à Weizhuang dans le plus grand secret et encerclèrent le Temple du dieu tutélaire, une mitrailleuse braquée sur la porte. Mais Ah Q ne se montra pas. Au bout d'un long moment de silence, le capitaine donna des signes de nervosité, et lorsqu'il eut offert vingt mille sapèques de récompense, deux miliciens, bravant le danger, escaladèrent le mur et entrèrent ; grâce à cette infiltration, les autres purent envahir le temple, et ils en ressortirent en tenant Ah Q. Lorsqu'on l'eut traîné auprès de la mitrailleuse, il commença enfin à se douter de ce qui lui arrivait.

Il était déjà midi lorsqu'ils arrivèrent à la ville. Ah Q fut entraîné, presque porté, dans un vieux *yamen* et, après avoir suivi un dédale tortueux, poussé dans une petite pièce. A peine avait-il fait un pas en trébuchant que la porte à claire-voie faite de rondins se referma sur ses talons ; les trois autres côtés étaient des murs pleins et, en regardant avec attention, il distingua deux hommes dans un coin.

Ce fut un choc pour Ah Q, mais il ne se sentit pas trop malheureux, car sa chambre à coucher au temple n'était pas plus spacieuse que cette pièce. Ses deux compagnons étaient aussi de la campagne, apparemment, et ils se mirent peu à peu à échanger des confidences ; l'un lui dit que M. le Lauréat provincial l'avait fait poursuivre pour un fermage non payé par son grand-père, l'autre ne savait pas ce qu'il avait fait. A leurs questions, Ah Q répondit sans hésiter :

— Parce que je voulais me révolter.

Dans l'après-midi, on lui fit repasser la porte à claire-voie et on le mena dans une grande salle où trônait un vieillard au crâne rasé et luisant. Ah Q se demanda si ce n'était pas un moine, mais il vit, au pied de l'estrade, une rangée de soldats et, de part et d'autre, une dizaine de personnages en longue robe, les uns rasés comme le vieillard, les autres avec des cheveux d'un pied de long flottant sur leurs épaules comme ceux du Faux-diable-étranger, qui tous le regardaient avec un air féroce et des yeux irrités. Voyant qu'il était en face de personnages importants, il sentit ses jambes flageoler et s'agenouilla.

— Parle debout, pas à genoux ! hurlèrent les personnages en longue robe.

Ah Q semblait avoir compris, mais il ne tenait pas sur ses jambes, et quand, bien malgré lui, il se retrouva accroupi, il en profita pour se remettre à genoux.

— Mentalité d'esclave... proférèrent avec mépris les personnages en longue robe. Mais ils ne lui ordonnèrent plus de se relever.

— Avoue toute la vérité, nous pourrons te relâcher, dit le vieillard au crâne rasé d'une voix posée et articulée en regardant Ah Q dans les yeux.

— Avoue ! répétèrent d'une voix forte les personnages en longue robe.

— Je... en fait, je voulais me rendre... bafouilla Ah Q après avoir essayé, dans son affolement, de rassembler ses idées.

— Eh bien, pourquoi n'es-tu pas venu ? demanda le vieillard avec bienveillance.

— Le Faux-diable-étranger ne m'a pas permis !

— Ne dis pas n'importe quoi ! En tout cas, c'est trop tard maintenant ! Où sont tes complices, à présent ?

— Comment ?

— La bande qui a cambriolé la maison de la famille Zhao ce soir-là.

— Ils ne sont pas venus m'appeler ; ils ont tout déménagé eux-mêmes ! Rien que d'en parler, Ah Q fut de nouveau tout indigné.

— Où sont-ils ? Dis-le et nous te relâcherons. Le vieillard se fit encore plus bienveillant.

— Je ne sais pas... Ils ne sont pas venus m'appeler...

Sur un signe du vieillard, Ah Q fut ramené derrière la porte à claire-voie. Quand il en sortit pour la seconde fois, on était le lendemain matin.

Dans la grande salle tout était comme la veille ; le vieillard au crâne rasé siégeait sur l'estrade et Ah Q se mit à genoux.

Le vieillard demanda avec bienveillance :

— N'as-tu toujours rien à dire ?

Ah Q réfléchit, ne trouva rien à dire et répondit :

— Non.

Alors un des personnages en longue robe alla placer devant Ah Q une feuille de papier et un pinceau qu'il voulut lui enfoncer dans la main. Ah Q sentit ses esprits s'envoler et ce pour une raison bien simple : c'était la première fois que sa main entrait en contact avec un pinceau ; il ne savait vraiment pas comment le tenir. Cependant, l'homme lui disait de signer à l'endroit qu'il lui indiquait.

— Je... je... ne sais pas écrire, dit Ah Q, craintif et honteux, les doigts agrippés au pinceau.

— Eh bien, ne t'en fais pas, dessine un cercle !

Ah Q voulut dessiner un cercle, mais sa main crispée sur le pinceau tremblait trop. L'homme posa la feuille de papier par terre devant lui : il se pencha et se concentra de toutes ses forces sur ce dessin.

Craignant par-dessus tout qu'on ne se moque de lui, il voulait coûte que coûte faire un cercle bien rond ; mais ce maudit pinceau était aussi lourd que désobéissant, et juste au moment où le tracé tremblant allait se refermer sur lui-même, il fit un brusque saut de côté, dessinant pour finir une sorte de graine de pastèque.

Ah Q était vraiment honteux que son cercle ne soit pas rond, mais l'homme avait déjà emporté papier et pinceau sans faire de commentaire, et on le ramena une seconde fois dans sa cellule.

Cette fois-ci, le désespoir d'Ah Q n'était plus aussi total. Il pensait qu'après tout, durant sa vie entre le ciel et la terre, l'homme est sans doute obligé, parfois, d'entrer dans un cachot et d'en sortir ou de dessiner des cercles sur un papier... Seulement il avait maintenant entaché son « passé » à cause d'un cercle mal dessiné ! Mais bientôt ce fut oublié et il se dit que seuls les demeurés peuvent dessiner des cercles parfaitement ronds. Sur ce, il s'endormit.

Cette nuit-là, en revanche, ce fut M. le Lauréat provincial qui ne dormit pas : il s'était disputé avec le capitaine. Le Lauréat estimait qu'il fallait avant tout retrouver les objets volés, le capitaine, qu'il fallait avant tout procéder à une exécution exemplaire. Le capitaine, qui depuis quelque temps tenait M. le Lauréat provincial en piètre estime, frappa sur la table :

— Un de puni, cent qui se tiennent tranquilles ! Regardez, cela fait à peine vingt jours que je suis révolutionnaire, et il y a eu plus de dix affaires de cambriolage dont aucune n'a été élucidée, je vais perdre la face ! Pour une fois qu'un cas est clair, vous voilà en train d'ergoter à perte de vue ! Cela suffit ! Cette affaire, c'est moi qui m'en occupe !

M. le Lauréat provincial se sentit touché au vif, mais s'entêta et déclara que si l'on ne retrouvait pas son bien, il démissionnerait de son poste d'administrateur civil.

— Comme vous voudrez ! lui répondit le capitaine.

Voilà pourquoi M. le Lauréat provincial ne dormit pas cette nuit, mais, heureusement, il ne donna pas sa démission le lendemain.

La troisième fois qu'Ah Q fut sorti de sa cellule, ce fut le matin qui suivit la nuit blanche de M. le Lauréat provincial. Quand il arriva dans la grande salle, le vieillard au crâne rasé siégeait comme d'habitude et, comme d'habitude, il se mit à genoux.

Le vieillard lui demanda avec bienveillance :

— As-tu encore quelque chose à dire ?

Ah Q réfléchit, ne trouva rien à dire et répondit :

— Non.

Il fut tout à coup entouré d'une foule de personnages en longues robes ou en tuniques qui lui firent enfiler une sorte de gilet en coton blanc avec des caractères noirs dessus. Ah Q sentit sa gorge se serrer, car cela ressemblait à un vêtement de deuil, ce qui lui porterait malheur. Au même moment, on lui attacha les mains dans le dos et on le traîna hors du *yamen*.

Ah Q fut placé dans une charrette découverte où prirent place avec lui quelques hommes en tuniques courtes. La charrette s'ébranla, précédée d'une escouade de soldats et de miliciens, le fusil sur l'épaule, et encadrée d'une foule de badauds ébahis, mais escortée par qui, Ah Q ne pouvait le voir. Soudain, il comprit : « Ils ne vont tout de même pas me couper la tête ? » Ses nerfs le lâchèrent, ses yeux se voilèrent et ses oreilles bourdonnèrent, comme s'il allait s'évanouir ; mais il ne s'évanouit pas tout à fait, tour à tour tremblant d'excitation ou calme et résigné. Il lui semblait dégager un sens de tout cela, c'est que, durant sa vie entre le ciel et la terre, l'homme est sans doute obligé, parfois, d'avoir la tête coupée.

Comme il connaissait la route, il se demanda avec étonnement pourquoi on n'allait pas en direction du champ d'exécution. Il ne savait pas qu'on le promenait d'abord par les rues pour faire un exemple. S'il l'avait su, cela n'aurait rien changé, simplement il aurait pu se dire que, durant sa vie entre le ciel et la terre, l'homme est sans doute obligé, parfois, d'être promené par les rues pour faire un exemple.

Lorsqu'il reprit ses esprits, il était sur la route qui fait le tour du champ d'exécution ; il n'y avait plus de doute, on allait faire « Han ! » Il regarda mélancoliquement à droite et à gauche la foule qui suivait comme une cohorte de fourmis quand, à sa grande surprise, il aperçut, parmi les gens qui faisaient la haie le long de la route, Mère Wu. S'il ne l'avait pas vue depuis si longtemps, c'est parce qu'elle travaillait en ville.

Il eut soudain honte de ne pas avoir plus de cran ; il n'avait pas chanté le moindre couplet d'opéra ! Ses idées se mirent à tourbillonner dans sa tête : *Une jeune veuve sur la tombe de son époux* n'était pas assez solennel ; « Fatale erreur… » du *Combat du tigre et du dragon*, manquait aussi de panache ; restait « Ma main brandit une masse de fer », qui allait. Mais voulant lever la main en même temps, il se rappela qu'il avait les deux mains liées et cela lui passa l'envie de chanter cet air.

« Quand vingt ans auront passé, je serai de nouveau[1]… » A force de se creuser la tête, Ah Q réussit

1. « ... un brave et beau garçon ». Phrase prononcée par les condamnés avant leur exécution.

à s'extraire sans qu'on la lui souffle cette formule qu'il avait apprise sans professeur.

« Bravo ! » Les encouragements de la foule ressemblaient à des hurlements de chacals.

La charrette avançait toujours et, au milieu des ovations, Ah Q tourna les yeux vers Mère Wu ; comme si elle ne l'avait pas vu, elle regardait fixement, fascinée, les fusils sur le dos des soldats.

Alors Ah Q regarda à nouveau les gens qui l'applaudissaient.

Au même instant ses pensées se remirent à tourbillonner dans sa tête. Il y avait de cela quatre ans, il avait rencontré au pied de la montagne un loup affamé qui l'avait suivi, toujours à la même distance, pour le dévorer. Il avait cru mourir de peur, mais heureusement, il tenait à la main une serpe qui lui donna le courage de tenir jusqu'à Weizhuang. Il n'avait jamais oublié les yeux de ce loup, à la fois cruels et craintifs, scintillants comme deux feux follets, qui semblaient vouloir le transpercer à distance. Mais, cette fois, il voyait des yeux encore plus terrifiants, tels qu'il n'en avait jamais vu, à la fois mornes et perçants, qui, après avoir englouti ses paroles, semblaient vouloir engloutir quelque chose de plus que son corps et qui le suivaient toujours à la même distance.

Il vit ces multiples yeux se fondre en un seul, et déjà son âme en avait senti la morsure.

— Au secours…

Mais Ah Q ne parla pas. Ses yeux ne voyaient déjà plus rien, ses oreilles bourdonnaient, et il sentit son corps s'éparpiller comme une fine poussière.

Parmi les réactions immédiates, il faut citer en premier M. le Lauréat provincial qui versa des larmes amères, ainsi que toute sa famille, puisque cela ne lui avait pas fait retrouver son bien. Puis la famille Zhao qui pleura tout aussi amèrement parce que le Lauréat cantonal s'était fait couper sa natte par des méchants révolutionnaires en se rendant à la ville pour porter plainte et avait dû gaspiller vingt mille sapèques de récompense. Ce jour marqua le commencement du déclin de la famille.

Quant à l'opinion publique, elle fut unanime à Weizhuang : naturellement, Ah Q était un méchant ; la preuve, c'est qu'il avait été fusillé ; aurait-il été fusillé s'il n'avait pas été un méchant ? Et, en ville, l'opinion publique ne fut pas très favorable ; la plupart des gens n'étaient pas satisfaits car, disaient-ils, c'est moins beau de voir fusiller quelqu'un que de le voir décapiter ; d'autre part, que dire d'un condamné aussi ridicule qui se laisse promener si longtemps par les rues sans chanter un seul air d'opéra : ils avaient suivi pour rien.

Décembre 1921

YE Shengtao

Une vie

(Yi sheng)

Le Riz quotidien

(Fan)

Ye Shengtao (1892-1988, connu d'abord sous le nom de Ye Shaojun), en partie autodidacte, commence par être instituteur de village, puis devient professeur d'université. Il est l'un des fondateurs, en 1921, de l'Association pour la recherche littéraire. Ses thèmes de prédilection sont l'enfance et l'enseignement. On les trouve dans ses nouvelles et dans son roman Ni Huanzhi *(1930), la tragédie d'un instituteur révolutionnaire. Après 1949, il occupe une place importante dans la hiérarchie littéraire, notamment dans le domaine de la pédagogie.*

Une vie, *qui date de 1919, est l'un de ses premiers récits.* Le Riz quotidien *est de 1921. Ils sont très représentatifs de leur auteur.*

Une vie

Fille de paysans, elle ne connut jamais le bonheur de « régner sur ses servantes » ou de « s'embellir de poudre et de rouge » ; personne non plus ne lui enseigna « les trois devoirs d'obéissance et les quatre vertus » de la femme[1] ou « la liberté et l'égalité ». Bref, c'était une créature toute simple.

Après l'avoir extraite du ventre maternel, on l'éleva jusqu'au moment où elle sut marcher et parler ; alors, elle aida ses parents à glaner des tiges de riz et à cueillir des plantes comestibles. Et dès qu'elle eut quinze ans, on la maria. Puisque, tôt ou tard, elle ferait partie d'une autre famille, chaque année supplémentaire passée chez les siens était autant de frais inutiles pour la vêtir et la nourrir ; mieux valait la marier au plus vite, pour ne pas gaspiller sa peine et son bien à constituer un capital pour autrui. Sa belle-famille travaillait dur pour cultiver ses champs et devait engager des journaliers ; même si la nouvelle bru ne permettait pas de faire l'économie d'un valet de ferme, elle valait bien un demi-bœuf de labour.

1. Obéissance au père, au mari, au frère aîné (si le mari est mort). Vertus de décence du comportement, du langage, des attitudes et des occupations.

Moins d'un an après son mariage, elle eut un enfant, sans comprendre pourquoi elle, qui la veille encore, lui semblait-il, dormait dans les bras de sa mère, elle se retrouvait soudain avec un enfant dans les siens. Son bébé n'eut ni berceau ni vêtements douillets, ni un endroit à lui suffisamment aéré et ensoleillé ; il ne pouvait être dans ses bras que la nuit, quand elle-même était couchée, tandis que le jour il dormait dans un coin obscur et malsain. Il ne vécut pas six mois. Elle pleura toutes les larmes de son corps, jamais elle n'avait éprouvé pareil chagrin. Sa belle-mère déclara que cette petite garce ne savait pas élever un enfant et lui avait massacré un beau petit-fils. Son beau-père prédit qu'il resterait sans descendance à cause de cet oiseau de malheur incapable de conserver un enfant. Quant à son mari, tout ce qu'il trouva à ajouter, c'est qu'il lui serait bien égal de perdre dix autres fils pourvu qu'il gagne à tout coup au jeu. Sans chercher à comprendre ce qu'ils disaient, elle continua à pleurer du matin au soir.

Un jour, elle eut la surprise de constater, en ouvrant son coffre, que les vêtements de coton bleu ouaté qu'elle avait apportés en dot avaient disparu. Un peu plus tard, alors qu'il était ivre, son mari se vanta de les avoir mis en gage. L'hiver serait bientôt là, déjà des rafales de vent d'ouest vous transperçaient jusqu'aux os. Rassemblant toute son audace, elle supplia son mari de dégager ses vêtements ouatés, mais reçut deux gifles pour toute réponse. C'était son lot quotidien, et elle réagissait invariablement par des larmes ; il en fut de même ce jour-là. Sa belle-mère cria :

— Encore en train de pleurer ? Tu vas nous noyer tous avec tes larmes !

Ses sanglots redoublèrent ; furieuse, sa belle-mère saisit un battoir à linge et lui en asséna quelques coups sur le dos. Son mari compléta la correction par deux gifles.

Cette fois, c'en fut trop, même pour elle. Pensant au lendemain, au surlendemain..., à tous les jours à venir, elle fut prise de panique. Le lendemain matin, levée avant le jour, elle profita de ce que son mari dormait encore pour sortir sur la pointe des pieds. Le vent d'ouest lui brûlait le visage, mais moins que les gifles de son mari, et elle préférait encore cela. Elle courut plus de dix *li* d'une traite et ne s'arrêta qu'au bord d'une rivière qu'on franchissait en bac. Après une longue attente, le bateau arriva et elle monta à bord. Les passagers, qui lui semblèrent tous la regarder avec des yeux d'hypnotiseurs, surent tout de suite qu'elle se sauvait de chez elle parce qu'on la maltraitait. Ils lui dirent :

— C'est certainement parce que tu ne fais pas de progrès qu'ils se fâchent contre toi. Et même s'ils sont injustes, tu es bien jeunette encore, il faut prendre ton mal en patience. Tu n'obtiendras rien en faisant la forte tête, tu en verras même encore de dures. D'ailleurs, sur qui comptes-tu pour vivre après t'être sauvée ? Tu ferais mieux de rentrer par le même bateau.

Comme elle gardait les yeux baissés sans répondre, les autres en furent agacés.

— Est-ce que nous savons ce qu'elle a en tête, elle a peut-être rendez-vous avec un compagnon de voyage ? dit quelqu'un, provoquant l'hilarité générale.

Mais elle ne réagit pas davantage.

Arrivée à la ville, elle trouva un placeur qui la fit engager comme domestique dans une famille. Une vie nouvelle commença pour elle ; bien qu'elle travaillât également de l'aube à la nuit, ce n'était pas aussi pénible que le labeur des champs, et personne ne la grondait ou ne la battait ; elle avait trouvé un asile, et désirait ne plus jamais en bouger. Seule ombre à son bonheur, le souvenir de son enfant mort la tirait de ses rêves en pleine nuit.

Mais sa quiétude fut troublée le jour où, faisant le marché, elle rencontra un voisin de son village. Les conséquences ne se firent pas attendre : dès le surlendemain, son beau-père apparut pour la chercher et lui dit sans préambule :

— Tu as réussi à te sauver une fois, mais maintenant que je t'ai retrouvée, crois-tu que tu m'échapperas une seconde fois ? Si tu es une fille intelligente, tu vas vite rentrer avec moi !

Trop intimidée pour répliquer, elle courut s'abriter, plus morte que vive, derrière le dos de sa patronne. La patronne cria au beau-père d'entrer et lui dit :

— La période pour laquelle votre bru s'est engagée à travailler chez moi n'est pas écoulée, il n'est pas question qu'elle s'en aille.

Devant cet argument sans réplique, il ne put que l'avertir avec hargne :

— Rentre au plus vite dès que tu auras fait ton temps. Si tu files de nouveau, c'est fini entre nous. Où que tu te sauves, nous te vendrons ou te briserons les jambes sur place.

A l'idée que son asile risquait d'être anéanti du jour au lendemain, elle sentit qu'elle ne pourrait plus vivre ailleurs. Elle pensa à l'avenir…, il était encore plus terrifiant ! Pendant quelques jours, elle eut les yeux gonflés et fut incapable de manger comme de travailler. Son patron, au courant de sa situation, se dit que, avec la législation en vigueur, il n'était pas très compliqué d'obtenir le divorce ; il lui demanda donc si elle avait envie de quitter définitivement sa belle-famille ; sur sa réponse enthousiaste, il rédigea en son nom une requête motivée par l'exposé détaillé de sa situation antérieure, avec l'intention de la recommander au magistrat local. Sa femme objecta :

— C'est bien beau de demander le divorce pour elle, mais rien ne dit qu'elle reste éternellement à notre service. Si un jour elle nous quitte et ne trouve pas une autre place, que deviendra-t-elle ? Une fois que nous aurons intercédé en sa faveur, ce sera sa famille à elle qui en aura de nouveau la charge, en a-t-elle les moyens ?

Le patron sentit sa belle ardeur se refroidir et répondit simplement :

— Oui, il n'y a rien à faire.

Quelques jours plus tard, ce fut son père qui arriva, envoyé par le beau-père.

— N'y a-t-il pas moyen d'aider votre fille ? lui demanda la patronne.

Il répondit :

— Elle est leur bru, ils sont libres de la frapper et de la réprimander comme ils l'entendent. Je n'ai rien à dire. Je viens l'avertir de la part de son beau-père qu'il faut qu'elle rentre, c'est tout.

Mais, se sentant soutenue par sa patronne, elle ne suivit pas son père. Peu après, sa belle-mère chargea un voisin qui allait en ville de lui annoncer que son mari était très malade et qu'elle devait rentrer pour le soigner. Voyant combien cette perspective lui faisait peur, sa patronne refusa en son nom.

Quatre jours plus tard, ce fut de nouveau son père :

— Ton mari est mort de sa maladie, dit-il, si cette fois tu ne reviens pas, je ne pourrai pas faire face à mes engagements. Suis-moi, il le faut.

Sa patronne se joignit à lui :

— Maintenant, tu ne peux pas faire autrement. Sinon ta belle-famille risque de venir faire du scandale jusqu'ici.

Puisque tout le monde estimait qu'elle devait rentrer, elle se dit, la mort dans l'âme, que cette fois, en effet, il lui fallait s'exécuter.

En arrivant chez elle et en voyant son mari étendu rigide sur son lit, elle en éprouva de la tristesse, mais elle se dit en même temps qu'il l'avait insultée et frappée. Au lieu de lui enjoindre de pleurer ou de prendre le deuil, sa belle-mère la conduisit dans une famille à laquelle elle l'avait vendue pour vingt mille sapèques. Son père, son beau-père, sa belle-mère, tous estimaient que c'était la chose à faire, en vertu du seul principe qu'ils connussent : si l'on ne cultive plus son champ, on vend son bœuf de labour. Comme elle n'était, pas plus qu'un bœuf, censée avoir une opinion personnelle, et qu'on n'avait plus besoin d'elle, il fallait la vendre. L'argent qu'on en retira paya les frais de l'enterrement de son mari, envers lequel elle remplit ainsi ses derniers devoirs.

14 février 1919

Le Riz quotidien

— C'est l'heure de la classe ! Où est votre maître ?

Une maison de deux pièces, vétuste et tout de guingois, comme un corps rachitique. Devant la porte, un chemin boueux menant à la lisière des champs et au village. Un temps en accord avec la Fête de la Mi-automne[1] ; une pellicule écaillée de nuages blancs en suspens çà et là dans le ciel pâle. Le soleil du matin éclairait quelques saules au feuillage encore si frais qu'il semblait baigné d'une lumière printanière. Dans les champs, à perte de vue, les épis de riz ondoyaient sous la caresse du vent, tel un plan d'eau qui se ride. Plus loin encore, des arbres encerclaient le village d'un beau rempart majestueux. On entendait vaguement des chiens aboyer. Une saison et un paysage faits pour un poète.

Mais ce n'était pas un poète qui habitait ici ! Dans cette maison se trouvaient alors six ou sept petits enfants hantés par une peur indéfinissable : les crues du début de l'automne avaient noyé les champs, et les plants de riz n'émergeaient que de quelques pouces à la surface de l'eau qui couvrait tout, de la rivière aux

1. Quinzième jour du huitième mois lunaire, soit la mi-septembre environ.

maisons. Et, toute la journée, ils entendaient leurs parents se lamenter :

— Nous allons mourir de faim ! Nous allons mourir de faim !

Les enfants s'étonnaient. Certains disaient :

— Comment pourrions-nous mourir de faim, puisque nous avons des champs à cultiver ?

A quoi leurs parents répondaient :

— Ne vois-tu pas que le riz est sous l'eau et que pas un grain ne mûrit ?

D'autres disaient :

— Le grain ne s'est pas bien vendu l'année dernière, cela en fera pour cette année !

Mais leurs parents répliquaient :

— Qui nous en vendrait ? Tu n'y comprends rien !

D'autres enfin :

— Au lieu d'aller à l'école, faisons tourner les norias à toute vitesse ; si les norias marchent, tout s'arrangera.

Et les parents :

— A quoi serviraient-elles ? La rivière est au même niveau que l'eau des champs !

Alors, les enfants furent convaincus que leurs parents en savaient plus long qu'eux. Il était sûr et certain qu'ils allaient mourir de faim. Et ils se disaient : « La mort, c'est comme le sommeil, on ne sait plus rien et on est dans le noir. Quand on est enfermé par la mort, on ne peut plus manger ni s'amuser. On ne peut même plus remuer du tout ; sans doute est-on attaché, sans savoir quand on sera enfin délivré ? »

Ils étaient d'autant plus terrifiés par l'idée de cette mort certaine qu'ils ne pouvaient deviner les sensations qu'ils éprouveraient alors. Leur comportement avait changé à leur insu : comme s'ils ne trouvaient plus d'intérêt à se courir après, ni de plaisir à chanter à tue-tête, ils restaient sagement assis dans la maison, et se racontaient, avec de pauvres petites voix angoissées et dolentes, comment ils attrapaient des grillons.

Dans la pièce de gauche se trouvait un lit avec une table nue à son chevet. Un coin était occupé par un fourneau, des bouteilles, du petit bois et autres objets hétéroclites. Le tout était plongé dans l'ombre et n'offrait qu'une image confuse. Seul un massif rayon de lumière oblique, entré par une ouverture carrée pratiquée dans le mur, éclairait un coin du sol de terre battue et soulignait son relief inégal. Une cloison de planches séparait les deux pièces. Celle de droite était beaucoup plus claire, car ses deux fenêtres étaient ouvertes. Un petit tableau noir pendait de travers à la cloison. Il n'y avait rien d'autre dans cette pièce qu'une dizaine de petites tables et chaises et une vieille table rectangulaire, disposées sans grand ordre.

Six ou sept enfants, donc, étaient assis sur ces chaises. Penchés les uns vers les autres, ils continuaient à se raconter leurs chasses au grillon. Ils avaient commencé tout bas, mais à mesure qu'ils parlaient, ils avaient oublié qu'il y avait au monde autre chose que les grillons, et la conversation s'animait. Un des enfants se mit à crier en frappant sa table :

— Un grillon énorme ! Il était à côté d'une tige de maïs, j'ai abattu ma main, et je l'ai eu ! Mais il a affreusement mordu les trois que j'avais pris avant, il…

A ce moment, quelqu'un entra par la porte qui était à côté du tableau noir. Les enfants regardèrent tous dans sa direction, et l'orateur s'interrompit aussitôt.

Ils savaient plus ou moins qui était cet homme, d'après ce qu'en disaient leurs parents : « Ce monsieur est très influent. Il fréquente le *yamen* et il rencontre souvent le magistrat du district. » Ou encore :

« Le maître dépend de lui et il en a peur. » Voilà tout ce qu'ils savaient sur lui. Mais ils ne le trouvaient pas du tout terrifiant, et le luxe voyant de sa tenue les amusait beaucoup.

L'homme s'immobilisa sur le seuil, jeta un coup d'œil distrait, puis, soudain, il fronça les sourcils et son regard, à la fois interrogateur et irrité, fit le tour de la pièce. C'est alors qu'il adressa aux enfants, sur un ton méprisant, les deux phrases qui ouvrent ce récit.

Tenant d'une main un panier de bambou tressé contenant, entre autres, du chou, de la pâte de soja et une bouteille d'huile, et de l'autre main un petit poisson salé, M. Wu arrivait à pas précipités de la lisière détrempée des champs. Son visage émacié était rouge jusqu'au cou, et il regardait fixement devant lui d'un air égaré. Il était haletant, presque à bout de souffle.

Une femme lui avait déjà appris la nouvelle :

— Dépêchez-vous, ce monsieur dont vous dépendez est là, je viens de le voir se diriger vers l'école. Il a laissé son bateau à l'extérieur du portique ouest.

Sous le choc, il se mit à trembler de tout son corps, éperdu, la tête vide. Il n'était plus le maître de ses pieds qui se déplaçaient à un rythme fou, ni de son regard effaré rivé droit devant lui.

Ce n'avait pas été chose aisée, pour M. Wu, que d'obtenir ce poste d'instituteur avec ces deux pièces. Ce fut grâce à la recommandation pressante d'un notable qu'il avait pu s'inscrire à l'inspection scolaire. Un timide espoir au cœur, il avait ensuite attendu la bonne nouvelle qui en résulterait. Il occupait alors dans l'administration du canton un petit emploi qui ne lui rapportait pour ainsi dire rien. Ses charges familiales pesaient lourd sur ses épaules et il savait qu'il ne pourrait plus les assumer sans changer de voie. Maintenant que cette nouvelle voie semblait se dessiner, pourquoi se serait-il refusé un peu d'espoir ?

Il espéra ainsi pendant un an, mais sans trop croire que son rêve se réaliserait, jusqu'au jour où il reçut une lettre de l'inspecteur le convoquant pour un entretien. La recommandation pressante du notable avait donc été efficace. Il relut la lettre à plusieurs reprises ; il n'y avait pas d'erreur possible, le mieux était d'y aller au plus vite, et pourtant, il ne pouvait se défendre d'un sentiment d'appréhension.

La troisième fois qu'il s'y présenta, ce monsieur était enfin chez lui. Il se retrouva dans un coin du salon, où brûlait une lumière parcimonieuse, assis sur une chaise, le buste penché en avant pour se maintenir dans une position stable. Comme sa vue n'était pas très bonne, et qu'il ne pensait qu'à son affaire, il ne voyait pas très distinctement ce salon et l'homme qui parlait en face de lui. L'inspecteur, en gilet de corps, était affalé dans un fauteuil de rotin, la main droite sous la nuque, et le regardait du coin de l'œil. Il éprouva soudain du mépris pour M. Wu, et, sans savoir pourquoi, eut l'impression qu'il ne lui convenait pas. Il lui dit, comme pour le décourager :

— Ce n'est pas facile de faire la classe à de petits enfants.

Suant à grosses gouttes et totalement décontenancé, M. Wu se dit qu'en effet, ce n'était pas facile ; aussi répondit-il par un simple « Non, bien sûr ! » atone et balbutiant.

— Il manque un instituteur à l'école cantonale numéro deux et j'ai pensé à vous... mais vous n'êtes pas passé par une école normale, n'est-ce pas ?

— Non...

L'amertume lui monta à la gorge, mais il fut bien obligé de répondre à cette question brutale et indiscrète.

— Voilà qui complique tout. Les élèves de l'école en question viennent tous de familles rurales ; si leur maître n'a pas de formation pédagogique, son enseignement sera inefficace.

Il y eut un instant de silence, pendant lequel M. Wu entendit les battements de son cœur. Puis, retrouvant à grand-peine l'usage de la parole, il dit avec conviction :

— Il y a certainement des manuels de pédagogie, je peux en acheter un et le consulter. De plus, je serais heureux de recevoir vos conseils.

— Nous en reparlerons.

C'est ainsi que l'inspecteur mit fin à l'entretien.

M. Wu s'en alla avec le sentiment qu'on avait tué en lui tout germe d'espoir et le renvoyait, les mains vides, à sa route sans issue. Il fut pris de panique et son seul recours fut de solliciter à nouveau le notable. Celui-ci écrivit une nouvelle recommandation. Et, grâce à elle, il se retrouva sur la même chaise dans le salon de l'inspecteur.

— J'avais tout d'abord l'intention de recruter un instituteur sorti d'une école normale, lui annonça-t-il avec une mine solennelle, mais puisque vous m'êtes recommandé, je vais tout de même vous engager.

« Je ne me trompe pas, j'ai bien entendu, il accepte ! » Trop ébloui pour pouvoir répondre, M. Wu s'inclina encore plus bas.

— Conformément au règlement, le salaire d'un instituteur non diplômé d'une école normale est de six *yuan*[1] par mois. Vous pouvez commencer après-demain.

Après quelques « Oui », M. Wu se retira. Une nouvelle vie commençait pour lui. Mais ce qui se produisit à la fin du mois ne laissa pas de l'intriguer :

1. Unité monétaire chinoise, à l'époque une pièce en argent.

lorsqu'il alla toucher son salaire chez l'inspecteur, il ne reçut que trois *yuan*, le reste devant lui être payé dix jours plus tard ; en revanche, l'inspecteur lui fit signer un reçu de dix *yuan*. Il remarqua que les chiffres ne concordaient pas, mais comme il se sentait en état d'infériorité et déjà heureux d'avoir quelque chose, il n'osa pas poser de questions. « Je ne sors pas d'une école normale, et les professeurs diplômés ne manquent pas. Six *yuan*, c'est beaucoup plus que je ne gagnais dans l'administration. » Il garda donc ses doutes pour lui et repartit avec ses trois *yuan*.

En entendant la question de l'inspecteur, trois ou quatre des enfants fournirent en chœur des réponses variées :

— Il fait ses courses... Il achète de la pâte de soja... Il achète des oignons..., tandis que d'autres riaient sous cape.

— Et il n'est pas encore rentré à l'heure qu'il est, c'est une honte ! murmura l'inspecteur entre ses dents.

Après un silence, il demanda :

— Et c'est tous les jours la même chose ?

— Tous les jours ! Il faut bien qu'il mange ! répondit un enfant avec une longue natte.

Maman lui fait quelquefois ses courses, ajouta un autre.

— Faut pas le croire...

Cet enfant, à l'air mal dégrossi, avec des anneaux d'argent aux oreilles, n'avait pas fini sa phrase que M. Wu entra d'un pas rapide. Sans doute avait-il déposé au préalable ses affaires près du fourneau, car il n'avait rien dans les mains. A la vue de l'inspecteur qui se tenait, l'air furieux, devant le tableau noir, il ne sut quelle contenance prendre. Oscillant de droite et de gauche, il le salua, les mains jointes et la tête courbée.

L'inspecteur répondit d'un signe de tête et lui dit sur un ton glacial :

— Vous arrivez alors que l'heure du cours est passée depuis longtemps.

M. Wu chercha sans succès une réponse adéquate. En le voyant danser d'un pied sur l'autre, les élèves se mirent à rire. Puisqu'il était pris sur le fait, il ne lui resta qu'à avouer d'une voix mal assurée :

— Je faisais des courses et ne pensais pas être en retard.

— Des courses ! L'inspecteur criait presque. Mais c'est l'heure, vos élèves sont tous là, à attendre que vous ayez fini vos courses.

— Bien, je n'en ferai plus, à l'avenir, laissa échapper étourdiment M. Wu.

Les élèves rirent de plus belle, et, le montrant du doigt, se chuchotèrent les uns aux autres :

— Le maître ne mangera plus, le maître ne mangera plus…

L'inspecteur avait pressenti que M. Wu serait un mauvais professeur, et cette impression défavorable fut renforcée par son peu d'enthousiasme pour l'enseignement et son manque de conscience professionnelle. Mais il se rappela que le motif de sa visite était plus important et garda son calme. Fatigué d'être debout, il prit une chaise, souffla dessus, souleva d'un geste noble le pan arrière de sa robe, de peur de la salir et de la friper, puis s'assit avec componction. La tête appuyée sur sa main droite, les sourcils légèrement froncés, il dit d'un air faussement détaché :

— Vous avez trop peu d'élèves, cela ne fait pas sérieux. Vous aurez bientôt la visite d'un inspecteur provincial, et s'il voit que vos élèves sont si peu nombreux, il pourrait en conclure que ce n'est pas une bonne école. Vous devriez, pour sauver la face, emprunter une dizaine d'enfants, peu importe lesquels, pourvu qu'ils apprennent à rester tranquilles sur leurs chaises. Cette affaire ne me concerne pas, mais j'ai voulu vous en toucher un mot par égard pour vous.

Puis il se tut et dévisagea M. Wu avec attention, tout en passant sa main gauche sur ses lèvres comme un vieillard caresse sa barbe.

Les liens invisibles qui enserraient M. Wu se dénouèrent, et il éprouva un immense soulagement. La crainte fit place à la gratitude, son exultation était indescriptible. Bien qu'il ne sût pas comment s'y prendre pour emprunter des élèves, il ne pensa pas à le demander, et se contenta de joindre les mains en murmurant :

— Je vous suis très reconnaissant pour vos précieux conseils.

Il se rappela soudain : « C'est l'occasion ou jamais. J'y suis allé deux fois sans le rencontrer, et le voilà qui vient chez moi ! » Une brusque impulsion lui fit ouvrir la bouche :

— A propos, le mois dernier…, mais aussitôt, un sentiment de honte l'arrêta net.

— Comment ?

L'inspecteur sembla touché au vif.

— Le mois dernier…

Rien à faire, M. Wu, qui n'osait pas regarder l'inspecteur en face, eut encore moins l'audace de finir sa phrase.

— Si vous avez quelque chose à dire, dites-le !

Il en avait déjà trop dit pour pouvoir s'arrêter et rassembla tout son courage :

— Pourriez-vous avoir la bonté de me verser l'autre moitié de mon salaire du mois dernier ?

Il aurait été incapable de dire un mot de plus.

— A quel usage le destinez-vous ?

— Je compte sur cet argent pour manger.

— Ne venez-vous pas de faire des achats ? Que vous faut-il de plus ?

— Il y a encore ma famille, trois personnes, qui attendent aussi, je n'ai pas que moi à nourrir.

« Manger », ce mot était parvenu aux oreilles des enfants avec une extraordinaire acuité. Le réveil fut brutal, après un moment d'oubli passé à écouter le maître parler avec son visiteur. L'élève à la longue natte tira sur le col de celui qui était devant lui et dit à voix basse :

— Tu as entendu ? La famille du maître attend que cet homme lui donne à manger, sinon elle mourra bientôt de faim !

L'enfant aux anneaux d'argent trouva cette supposition absurde et protesta :

— Le maître est bien plus riche que nous. Il aura encore le ventre bien rempli quand nos os pourriront. Ne dis pas de bêtises !

— C'est sûr que nous allons mourir de faim et que nos os pourriront ? demanda aussitôt un plus petit, les yeux agrandis par la peur.

— Aujourd'hui, tu n'auras rien à manger en rentrant chez toi : demain, tu mourras de faim ; après-demain, tes os pourriront et ne seront plus qu'un tas de boue, lui expliqua d'un air suffisant l'enfant aux anneaux d'argent.

Le petit ne posa plus de questions, il était déjà plongé dans un monde de fantasmes où le mystère avivait la peur.

M. Wu était sur des charbons ardents. Il espérait que les élèves se tiendraient tranquilles, mais ceux-ci s'agitaient, et parlaient même à tort et à travers comme s'ils étaient seuls. Il leur fit les gros yeux, sans le moindre effet. Ces enfants étaient de petites brutes, incapables de répondre au secret désir de leur maître et de patienter un instant. Il fit alors un signe de la main en bougonnant d'une voix excédée :

— Silence !

Comme une pluie d'automne qui s'espace, le brouhaha des voix enfantines s'arrêta progressivement. Tout le monde regarda M. Wu et se redressa sur les chaises qui grincèrent sous l'effet de ce mouvement.

L'inspecteur laissa retomber sa main droite, raidit le buste et souleva les paupières tandis qu'il déclarait solennellement :

— Quand un professeur n'est pas consciencieux, il est d'usage de le punir en conséquence. Pour aujourd'hui, je vous retiens deux tiers de votre salaire.

Il sortit de sa poche une pièce d'un *yuan* et la jeta négligemment sur la table. Le son argentin alluma une étrange lueur dans les yeux des enfants.

— Voici votre dû, prenez-le.

La surprise fut trop forte pour M. Wu. Malgré des velléités de se justifier, il ne put proférer un mot, ni même rassembler ses idées. Il y avait au moins, sur la table, cette grosse pièce blanche et luisante. Faisant contre mauvaise fortune bon cœur, il la prit dans sa main et la sentit, froide et dure, contre sa paume.

24 septembre 1921

SHEN Congwen

Autres temps, autres mœurs

(Xin yu jiu)

Shen Congwen est l'un des rares écrivains de sa génération à n'avoir pour ainsi dire pas été influencé par la littérature occidentale. Bien que son œuvre, très vaste, soit inégale, elle est l'une des plus originales et subtiles de l'époque.

Né en 1902 dans la province du Hunan (Sud-Ouest), il se réclamera toute sa vie de son origine campagnarde. Il raconte dans une très belle autobiographie son éducation dans une école militaire et son adolescence vagabonde à travers les garnisons de sa province. Venu à Pékin en 1922, il se lie avec des écrivains qui seront plus tard accusés d'être « droitiers ». Lui-même est très critiqué dès 1949 et surtout après les Cent Fleurs de 1956. Il n'écrit plus, si ce n'est, une fois réhabilité après la Révolution culturelle, des études d'ordre ethnographique. Il est mort en 1988.

De nombreux récits de Shen Congwen se situent dans les minorités ethniques du Sud-Ouest. L'un de ses thèmes de prédilection est l'âme pure que le malheur n'entame pas, et on le retrouve dans un roman Le Long Fleuve (Chang he) *publié en 1948.*

Un choix de récits a été traduit en français à Pékin (Panda, 1982) : le long récit Le Passeur de Chadong, Biancheng, *et son autobiographie,* Le Petit Soldat du Hunan, *ont été publiés en France en 1990 et 1992 (trad. I. Rabut, Albin Michel).*

Quand il dénonce les effets de l'aliénation sur des êtres frustes et soumis, Shen Congwen sait conférer à ses victimes la dignité de héros tragiques. Autres temps, autres mœurs *en est un exemple.*

Sous le règne de l'empereur Guangxu[1].

Un soleil d'or sombre inonde le champ de manœuvre du chef-lieu de district, où des cavaliers évoluent au galop. Devant la salle d'armes, des hommes en uniformes de toutes couleurs s'entraînent aux « dix-huit techniques de l'art militaire[2] ». Durant la période dite « Tombée du givre[3] », un inspecteur régional viendra, selon la coutume, assister aux manœuvres, réorganiser les troupes, distribuer promotions et rétrogradations, récompenses et sanctions. C'est pourquoi les soldats qui dépendent du commandement de quatre sous-préfectures de cette région de la province du Hunan s'entraînent intensivement en vue de l'épreuve. Assis devant la salle d'armes, des officiers et des instructeurs boivent du thé dans des bols à couvercle tout en pointant les noms dans un cahier rouge. Les hommes sont libres de choisir l'équipement qu'ils préfèrent ; seuls ou par deux, ils font des démonstrations au sabre et à la lance, ou filent sur leur cheval, à bride abattue, en un va-et-vient rapide

---

1. 1875-1908.

2. Tradition remontant à l'Antiquité.

3. L'une des vingt-quatre divisions de l'année lunaire, se situe au milieu de l'automne.

comme le vent. Pour prouver leur adresse, les cavaliers piquent leur lance sur des cibles ou décochent des flèches en se retournant, « sans rater une feuille de chêne à cent pas ». Et selon leurs performances, ils récoltent applaudissements ou quolibets.

Yang Jin-biao appartient à la deuxième compagnie de la garnison Miao[1]. Après avoir, à cheval, touché une série de cibles, il vient dans la salle d'armes en quête d'un partenaire pour une joute dite « Deux sabres percent deux boucliers ». Celui qui manie les sabres s'avance sur lui dans une attitude terrifiante, mais il se contorsionne à terre en tenant ses deux boucliers de cuir si rapprochés qu'il semble impossible d'y introduire une lame, ou même une goutte d'eau. Au plus fort du combat, un messager en uniforme rouge arrive au pas de course et s'arrête sous l'auvent pour annoncer :

— Yang Jin-biao, il y a une mission pour toi au *yamen*. Sois à midi trois quarts à l'extérieur de la porte ouest de la ville et attends les instructions !

A cette nouvelle, Yang Jin-biao s'interrompt en pleine action et se jette à terre, comme terrassé par son adversaire ; puis, en toute hâte, il lâche ses boucliers et s'avance pour répondre. Après le départ du messager, il va se reposer un instant au-dehors. Tout le monde fond sur lui comme un essaim de guêpes, car on sait qu'il y aura un « procès » à midi ce jour-là, et que s'il est convoqué à l'extérieur de la porte ouest, c'est pour couper une tête. En effet, tout en exerçant le métier des armes, cet homme est également employé par le *yamen* ; aussi excellent cavalier que fantassin, il est en outre le meilleur bourreau de la région.

---

1. Minorité ethnique du sud-ouest de la Chine.

Après avoir mangé, le soldat met son bel uniforme et un turban de crêpe, prend le sabre court réservé aux exécutions et se rend à l'extérieur de la porte ouest. A midi, trois coups de canon retentissent à l'intérieur des remparts et, bientôt, un détachement de cavaliers amène un homme hébété de terreur qui s'agenouille, face à l'ouest, au milieu du terrain vague, attendant que son sort soit tranché. Dissimulant son sabre sous son bras, le soldat s'approche de la tente où siège le « juge » et le salue d'une génuflexion pour solliciter ses instructions. A un signal donné, il va se placer derrière le coupable, calcule son mouvement, effleure la nuque de l'homme : on entend un bruit sourd, et la tête roule sur le sol. Les militaires applaudissent en chœur (en connaisseurs, pour la précision du coup). Mais Yang Jin-biao a encore une affaire à régler, et, indifférent à ce qui se passe ici, il se sauve, tête baissée, en direction du Temple du dieu de la cité [1].

Selon une tradition bien établie, aussitôt arrivé dans le temple, il exécute trois *ketou* [2] sonores devant le Pusa puis va se cacher sous l'autel, et, sans souffler mot, attend la suite des événements.

Au bout d'un moment, selon la même tradition bien établie, un bruit de gongs fait le vide dans les rues et le magistrat du district arrive avec une escorte pour offrir de l'encens.

La cérémonie accomplie, un éclaireur survient, rapide comme le vent, et s'agenouille pour annoncer :

— J'informe respectueusement le Père du district qu'à l'extérieur de la porte ouest, près de la rivière, un homme du peuple a été tué. Sa tête a été séparée de

1. Cheng Huang, divinité tutélaire d'une ville, qui exerce sur le plan religieux le rôle du magistrat local.

2. Prosternation traditionnelle, tête contre terre.

son corps, le sol est couvert de sang, mais on ignore où se trouve l'assassin.

C'est bien entendu le magistrat du district qui, peu avant, a de sa propre main apposé un sceau vermillon sur une sentence d'exécution capitale, mais à présent, comme à l'accoutumée, il feint la stupéfaction la plus totale. Frappant un coup de sa baguette de juge, il s'écrie avec l'accent de Pékin :

— Une chose pareille, en plein jour, c'est inconcevable !

Il ordonne aussitôt de fouiller la ville de fond en comble et décrète que le coupable doit être attrapé sur l'heure. Puis il fait installer une table d'audience pour interroger le criminel en présence du dieu dès qu'il sera là. A ce moment, le bourreau, estimant que le magistrat est prêt, s'extrait de dessous l'autel et va s'agenouiller devant lui pour implorer son pardon. Il décline ses noms et qualités, déclare que c'est lui qui a tué et que son sabre ensanglanté en fournit la preuve.

Le magistrat frappe un nouveau coup de sa baguette, et, avec une mine de circonstance, prend son accent le plus officiel pour rendre sa sentence. De son côté, le bourreau se justifie de son mieux et demande grâce à grand renfort de *ketou*. Pour conclure, le magistrat fait pleuvoir les coups de baguette et ordonne d'une voix tonitruante :

— Administrez quarante coups de bâton à ce rustre ignare !

Un exécutant ligote le bourreau et l'étend sur les dalles glaciales : « Cinq, dix, quinze, vingt… » Après l'avoir frappé huit fois, il annonce que la bastonnade est terminée. Un employé du *yamen* remet au magistrat un petit paquet que celui-ci jette à côté du bourreau. Après avoir ramassé sa récompense, le bourreau se prosterne devant le magistrat et l'accable de louanges :

— O noble bienfaiteur, puisse votre rang s'élever et votre fortune prospérer !

Lorsque toutes les formalités ont été accomplies dans les règles, avec le dieu pour témoin, le magistrat repart pour son *yamen*.

Telle est l'une des nombreuses méthodes utilisées dans cette lointaine région frontalière pour maintenir en tutelle les minorités ethniques.

Cette mise en scène de tragédie a sa raison d'être, et ne fait pas mentir le dicton : « Les mandarins jouent comme des comédiens. » En mêlant étroitement les rites de la loi et de la religion, on crée une illusion théâtrale et on parvient à la même catharsis. La raison en est que l'autorité a été établie dans cette région écartée grâce à une coopération entre les dieux et les hommes, et ne peut être maintenue que grâce à elle. Les habitants de la ville et le bourreau lui-même attachent la plus grande importance à une affaire de ce genre ; la bastonnade infligée au bourreau après l'exécution frappe grandement les esprits. Il faut que les dirigeants créent chez la population l'impression qu'un bourreau, même au service de l'Etat, se rend coupable en procédant à une exécution et porte sa part de responsabilité vis-à-vis du mort. Toutefois, comme on prend le dieu à témoin de ce crime, quarante coups de bâton symboliques suffisent à l'effacer. Erigé en coutume locale, ce système pouvait se perpétuer avec succès jusqu'au moment où la société ferait table rase de ses anciennes structures.

Quand le bourreau a coupé la tête d'un innocent, on lui remet le tiers d'une once d'argent. Ayant empoché sa récompense, il rentre à la caserne, où il lui faut acheter du vin et de la viande pour régaler ses frères d'armes. Ce sont alors des discussions sans fin sur le maniement du sabre, sur l'état de la victime avant et après, etc. Et, pour amuser son public, Yang Jin-biao imite l'accent mandarin du magistrat :

— Yang Jin-biao, ne sais-tu pas que si un prince lui-même viole la loi, il doit être puni comme un homme du peuple ? Comment toi, un soldat, as-tu eu le front de tuer quelqu'un en plein jour ?

— Que notre très sage magistrat me permette de lui dire…

— Que les esprits te pardonnent !

— Que notre très sage magistrat me permette de lui dire…

Sur ce, en poussant des cris, tous s'empoignent et se mettent à frapper au hasard avec les baguettes qui leur servent à manger.

Yang Jin-biao vient d'avoir vingt-quatre ans, et il est encore célibataire. Sain de corps et d'esprit, il vit dans une heureuse insouciance et, comme il est débrouillard, tout lui réussit. Il fait des rêves de gloire pour l'avenir. « Une tour haute de dix mille pieds doit partir du sol », disent de lui ses camarades, qui pensent aussi que ce garçon ira loin.

An dix-huit de la République (1929).

Les temps ont changé, l'empire de Xuantong[1] a été renversé par le « Parti de la révolution ». Du temps de la dynastie des Qing, le célèbre bourreau de la ville a coupé six têtes d'affilée sans une bavure, mais ce prodige ne peut plus se renouveler. Les temps ont changé, la cour s'appelle maintenant « gouvernement », les procédés des dirigeants locaux sont encore plus barbares ; quand on exécute des condamnés, c'est

1.Plus connu en Occident sous le nom de Pu Yi. Chassé de son trône par la révolution de 1911. Empereur du Mandchoukouo. « Rééduqué » après 1949 par le gouvernement de Pékin.

par huit ou dix et avec une arme à feu. Ainsi, les plus vaillants ne sont mêmes plus capables de couper correctement une pastèque. Au lieu de décapiter, on fusille, et Yang Jin-biao n'est plus qu'un vieux soldat à la retraite, tout juste bon pour pousser et retirer les verrous de la porte nord de la ville. Son temps de gloire est révolu ; à mesure que les saisons se succédaient, les habitants de la cité ont peu à peu oublié cet homme et ses exploits.

Il a soixante ans déjà, et vit seul dans une petite pièce près du rempart. Deux boucliers, un crochet à deux têtes, un pistolet de Canton et une paire de sabres sont suspendus à la cloison de planches, précieuse panoplie qui l'aide à revivre ses hauts faits d'antan. Il y a encore deux cannes à pêche, un harpon et une nasse pour prendre des poissons ; et une calebasse souvent remplie à moitié d'alcool de sorgho. Quant à son plus cher trésor, le sabre d'exécution, il est accroché à son chevet. (A ce qu'on disait, il y a trente ans, une marque prémonitoire apparaissait sur le sabre la veille du jour où le *yamen* décidait une exécution ; depuis l'avènement de la République, puisque le sabre n'a plus d'emploi, il n'y a plus non plus de présage.) Mais maintenant encore, quand on le sort de son fourreau, son éclat glacial est toujours terrifiant, comme si son inactivité lui pesait. Sa lame porte encore de nombreuses virgules de sang que rien ne peut effacer. N'ayant rien à faire de la journée, le vieux soldat monte parfois sur les remparts avec son sabre, qu'il contemple et caresse en se chauffant au soleil, assis sur le vieux canon de bronze d'un bastion ; et s'il se sent en forme, il esquisse quelques figures.

La tour de guet abrite une section de l'armée régulière chargée de garder les remparts. Il y a longtemps que les troupes de la ville ont été réorganisées. Mais le vieux n'en continue pas moins à se prévaloir de sa qualité de soldat et à se rendre à la fin du mois à la garnison Miao pour y toucher près de deux onces d'argent et un bon de céréales. Il échange l'argent contre de la monnaie courante et le bon de grains contre huit boisseaux et demi de millet. Ses fonctions consistent à verrouiller la porte des remparts le soir et à enlever les verrous le matin.

Il ne refuse jamais un verre de vin, et va souvent bavarder devant l'étal de Yang, le boucher, où il arrose de vin un bouillon de moelle de porc. Il passe aussi à l'occasion chez Sha, le boucher musulman, et en revient avec une tête ou de la panse de mouton. Comme il s'y connaît un peu en plantes médicinales, tout le monde, à la moindre éruption, lui demande un remède et il est content de sortir de la ville pour aller cueillir des simples. Habile pêcheur à la ligne, il va souvent, seul, au bord du grand lac de retenue près du barrage. Puis il rentre faire cuire son poisson, le met dans un bol et monte chez les soldats de la tour pour manger et boire en leur compagnie, dans un échange de propos bruyants et oiseux.

Pendant la canicule de juin, où l'on a l'impression de cuire à l'étuvée, il s'étend dans un coin aéré de la tour pour faire un petit somme. Quand les soldats font de la boxe et autres exercices traditionnels et qu'il sent sa main le démanger, il apporte son antique bouclier et exécute seul sur les remparts le « rapt de la lance » et autres vieilles figures.

Une rivière coule au bas des remparts et une multitude de femmes les franchissent chaque jour avec des hottes de bambou pleines de linge à laver. Accroupies au bord de l'eau, elles frappent le linge en cadence de leurs battoirs, ou bien, retroussant leur pantalon sur leurs mollets blancs, elles pataugent au milieu du courant pour tremper des cotonnades. Un peu en amont, un gué de pierres branlantes a l'air d'un mille-pattes traversant la rivière. Tous ceux qui viennent des villages Miao pour faire du commerce, vont à la campagne pour encaisser les fermages, ou à la ville pour dire la bonne aventure, les faucheurs, les marchands d'alevins, les messagers, les collecteurs d'excréments se relayent toute la journée sans interruption sur le gué. Il y a sur l'autre rive un potager exploité par des Miao et cette étendue d'un beau vert intense, divisée en carrés réguliers, est un plaisir pour l'œil. Il s'étend jusqu'à une colline couverte d'arbres au feuillage sombre. Deux routes mènent aux villages Miao, l'une en contournant la montagne, l'autre en longeant la rivière.

Juste au pied des remparts se trouve un petit terrain vague où se fait le commerce du bois et de la paille, avec des éventaires où l'on achète des tripes de bœuf, des galettes et de l'alcool de riz glutineux. Quelques forgerons y ont installé leur fourneau et proposent des faucilles, des serpes et des couteaux « en queue d'anguille » aux campagnards venus à la ville vendre du bois et de la paille.

Quand le vieux soldat n'est pas à la pêche ou en train de boire chez le boucher Yang, il est assis sur le vieux canon en haut du rempart et contemple l'animation à ses pieds. S'il tourne ses regards vers l'intérieur des remparts, il peut voir tout ce qui se passe dans la cour et la salle de classe d'une école primaire tenue par un jeune couple. Les enfants semblent beaucoup aimer leurs maîtres qui leur témoignent eux aussi une grande affection. La jeune femme les emmène parfois jouer sur les remparts, où, en voyant un jour le bouclier du vieux soldat, elle l'a prié d'en montrer le maniement aux écoliers. (Ceux-ci ont été aussi impressionnés que séduits par ce bouclier de cuir orné d'un tigre, et, depuis qu'ils en connaissent l'existence, certains font un rapide détour à l'aller ou au retour de l'école pour aller chez lui voir son bouclier.) Les enfants jouent quelquefois au ballon dans la cour et si le vieux est sur les remparts, il ne manque pas d'encourager de la voix les perdants.

Un jour, précisément peu avant la période de la « Tombée du givre », le vieux, levé de bon matin, constate qu'il fait très beau et que, selon la coutume locale, on fait le ménage en grand dans beaucoup de maisons. Il décide d'en faire autant, retrousse ses manches, s'enroule un foulard de coton imprimé autour de la tête, sort tous les meubles de la pièce et va puiser de l'eau à la rivière pour lessiver ses cloisons de planches. A peine a-t-il achevé son travail que le chef de la section de garde au rempart vient lui dire de se rendre au plus vite, avec son sabre court, au *yamen* où on le demande pour une affaire urgente. Quand il arrive, un sous-officier de service lui pose quelques questions et demande à voir son sabre, puis lui ordonne d'aller rapidement à l'extérieur de la porte ouest.

Tout est si précipité, si bouleversant que le vieux soldat croit rêver. Comme dans un songe, il ne peut rassembler ses idées ni s'informer plus précisément, et il se retrouve en train de courir en direction de la porte ouest. Mais une fois là-bas, il ne voit pas le moindre préparatif d'exécution, ni de badauds attirés par le spectacle. A part quelques chiens qui se mordent, il n'y a sur le terrain vague qu'un teinturier à la palanche chargée de tissu blanc qui se repose près d'un tas de bouse de vache séchée. Rien n'indique qu'on se prépare à tuer quelqu'un. Il regarde le ciel ensoleillé : une pie passe au-dessus de sa tête en criant.

« On ne décapite plus de nos jours, je rêve, il n'y a pas de doute ! » Le terrain vague est parcouru par un petit ruisseau dans lequel des écoliers ramassent des cailloux et cherchent des écrevisses, leur cartable posé sur le tas de bouse séchée. Le vieux les reconnaît, ce sont des élèves de l'école de la porte nord, et il va leur parler.

— Dites, les enfants, vous feriez mieux de partir en vitesse, on va tuer quelqu'un ici.

Des enfants lèvent la tête et se mettent à rire :

— Quoi ? Tuer quelqu'un ? Qui vous l'a dit ?

Le vieux est de plus en plus persuadé qu'il rêve. Voyant le teinturier déployer son tissu pour le faire sécher au soleil, il se dirige vers lui :

— Emportez votre tissu, maître teinturier, ne le faites pas sécher ici, il va y avoir une exécution.

— Quelle exécution ? Qu'en savez-vous ?

« Je rêve, décidément, se dit le vieux, qu'est-ce que j'en sais, qu'on va tuer quelqu'un aujourd'hui ? Eh bien, puisque c'est un rêve, si quelqu'un se présente, je peux tranquillement le tuer. »

Il se dispose à rentrer en ville pour se renseigner, mais il n'a pas encore franchi la porte qu'il entend un clairon sonner la charge, ce qui effectivement annonce une exécution. Un détachement sort de la ville et avance en décrivant un arc de cercle. Pris de vertige, le vieux court au centre du terrain vague, où il est bientôt rejoint par le détachement. En silence, les hommes prennent rapidement leurs distances pour former un grand cercle, puis, l'arme à la main, chacun s'immobilise tourné vers l'extérieur. Au centre sont agenouillés deux jeunes gens ligotés, un homme et une femme, au visage d'une pâleur cadavérique. Il leur jette un coup d'œil ; ces visages lui semblent familiers, mais pris dans ce tourbillon, il ne peut se rappeler d'où il les connaît. Un officier à cheval, posté devant un monticule hors du cercle pour surveiller l'exécution, tient à la main la flèche qui doit donner le signal. Croyant encore à un rêve, à demi conscient, le vieux soldat se dirige vers lui pour attendre ses instructions. Mais un soldat le tire par la main :

— Allons, vieux père, un coup par tête, et fais vite !

Il va se poster à côté des condamnés, on entend coup sur coup deux sifflements, et les deux têtes tombent sur le sol. A la vue du sang qui gicle, il sent que la fin du rêve approche et la force de l'habitude aidant, il se rappelle l'ancienne tradition : sans même tourner la tête, il se sauve du plus vite qu'il peut. Quand il arrive au Temple du dieu de la cité, il y trouve des femmes en train de faire leurs dévotions tandis que le gardien du temple agite bruyamment des fiches de bambou dans un cornet[1]. Sans se laisser intimider, il se rue dans le temple et, après une série de *ketou*, se glisse sous l'autel. L'assistance, qui a vu dans sa main un sabre ruisselant de sang, en déduit que si ce n'est pas un assassin qui a prémédité son acte, c'est un fou qui a tué sa femme. Prises de panique, les dévotes se précipitent dans la rue pour ameuter le voisinage.

Les autres, qui s'étaient lancés à sa poursuite, arrivent sur ces entrefaites et font chorus avec les badauds. Tout le monde sait qu'il est le gardien de la porte nord et se dit qu'il a perdu la raison pour tuer ainsi deux personnes. L'ancien gardien du temple est mort depuis longtemps, comme tous les gens assez âgés pour se souvenir, et personne ne pense à cette ancienne tradition locale pour la bonne raison qu'on en ignore tout.

---

1. Méthode de divination.

Puisque l'homme est fou et qu'il a encore l'arme du crime à la main, entrer dans le temple, c'est s'exposer à recevoir un mauvais coup. On ferme les portes pour se laisser le temps de trouver un moyen de le capturer.

Blotti sous l'autel, le vieux soldat entend les clameurs confuses au-dehors sans comprendre ce qui les provoque. Il attend un long moment, mais, ne voyant toujours pas arriver le magistrat du district, il commence à s'affoler et ne sait plus s'il ferait mieux de sortir ou de rester où il est.

Un moment se passe encore, puis il entend le cliquetis d'un fusil qu'on arme et de la balle qui s'engage dans le canon ; peu après une voix féminine qu'il connaît s'écrie :

— N'entrez pas, il a un sabre !

A quoi un officier répond :

— Ne craignez rien, nous avons des fusils. Nous n'aurons qu'à abattre le fou dès qu'il se montrera.

Le vieux, aux abois, cherche en vain une issue, mais il est obsédé par une idée fixe : « Ce rêve est à vous donner des sueurs froides ! »

Quelqu'un ouvre alors la porte du temple et crie quelque chose du seuil, sans entrer, puis épaule son fusil comme pour tirer. Il entend nombre de voix familières, entre autres celle d'un tanneur.

Puis c'est de nouveau l'officier qui parle :

— En avant, abattez ce fou !

Eperdu, le vieux se met à crier :

— Dieu père de notre ville, qu'est-ce que cela veut dire ? Que me veulent-ils ?

Mais les autres font trop de bruit pour l'entendre.

Les soldats poussent des cris féroces, mais ils savent qu'on n'a qu'une vie et aucun n'est assez téméraire pour s'engouffrer le premier dans le temple.

Une voix qu'il ne peut identifier monte de la foule :

— Jette ton sabre, vieux fou, sinon nous tirons !

« Ce rêve n'en finit pas, je n'en peux plus ! » Le vieux n'a pas envie d'être fusillé, même en rêve. Il est à bout, et jette son sabre qui tombe avec un bruit de ferraille sur le bord d'une marche. Bravant le danger, un soldat se précipite pour le ramasser. Quant aux autres, voyant que l'on tient l'arme du crime et qu'ils n'ont plus rien à craindre, ils envahissent le temple en rangs serrés.

Le vieux est empoigné, étourdi de coups, ligoté mains dans le dos et suspendu à un pilier de soubassement. Il contemple cette foule, ces gens massés par centaines autour de lui, lui semble-t-il, et il ne comprend toujours pas quelle est sa faute et pourquoi on le croit fou. Il se demande surtout comment cela va finir. C'est une preuve, en tout cas, qu'il ne rêve pas et qu'il a tué pour de bon. Et puisqu'il n'y a pas eu d'exécutions de ce genre ici depuis des années, il se demande si, effectivement, il n'est pas fou. Il est assailli de doutes mais n'arrive pas à trouver d'explication satisfaisante. Et voilà que quelqu'un lui verse subrepticement dans le dos un seau d'eau sale qui l'inonde de la tête aux pieds. Au milieu de l'hilarité générale, il a un sursaut de colère et tourne la tête pour voir qui lui a joué ce tour ; c'est Wang le bossu, un marchand de soja fermenté, qui ricane maintenant d'un air satisfait. Hors de lui, le vieux répond à l'outrage par l'outrage :

— Chien lubrique, tu n'as pas honte d'insulter notre vénérable ancêtre dans son temple ?

La foule rit de plus belle. En l'entendant parler, l'officier se dit que l'eau froide lui a fait reprendre ses esprits ; il s'approche et lui demande pourquoi, après avoir tué ces gens, il a couru comme un dément dans le Temple du dieu de la cité, si des démons lui sont apparus ou si des influences pernicieuses ont pris possession de lui.

— Pourquoi ? Ne connaissez-vous pas la tradition ? Vous m'avez ordonné de régler cette affaire, et après avoir obéi, je suis venu ici, selon la tradition, pour me dénoncer. Mais vous m'avez poursuivi, vous avez voulu me fusiller, et pour un peu, vous m'auriez tiré dessus pour de vrai. C'est du beau, ce que vous avez fait ! Me prendre pour un fou ! C'est vous, les démons, il n'y en a pas d'autres ! Je vous demande un peu…

La force armée locale a simplement voulu se divertir. Pour exécuter deux communistes, au lieu de les fusiller, elle a imaginé un procédé original et a voulu que l'ancien bourreau, gardien de la porte nord, les décapite, donnant ainsi un spectacle salutaire à la population. Mais le vieux soldat n'a pas compris pourquoi le *yamen* a voulu qu'il tue ces deux jeunes gens. C'étaient, comme il se l'est rappelé ensuite, les deux instituteurs de l'école de la porte nord.

Ils n'ont pas encore de successeurs, et le poste de préposé aux verrous de la porte nord est également vacant, car le vieux soldat est mort. Tout le monde, civils comme militaires, connaît la bonne histoire du « dernier bourreau », qui s'est répandue dans toute la ville. De plus, le bruit court que le pauvre hère serait mort de peur à force de voir, dans sa démence, des démons en plein jour.

Pékin, 1930, revu en 1957.

YU Dafu

Le Moine Calebasse

(Piao'er hesheng)

Ce récit, écrit en 1932, se situe à une période cruciale de la vie de Yu Dafu (1896-1945) : désaffection pour un engagement idéologique, d'ailleurs pétri de contradictions, et bientôt pour la littérature ; besoin de fuir l'agitation des villes et bientôt la Chine.

Cet écrivain qui a acquis une solide formation classique (comme en témoignent ses poèmes) part pour le Japon à l'âge de dix-sept ans. Il y est, avec Guo Moruo, l'un des fondateurs de la Société de la création mais la quitte en 1928 lorsqu'elle se radicalise. En 1938, il est rédacteur en chef d'un journal à Singapour. A l'arrivée des Japonais en 1942, il va à Sumatra où il sera tué par la police japonaise.

L'œuvre de Yu Dafu, presque intégralement écrite avant 1936, est d'inspiration en majeure partie autobiographique (journaux intimes et récits de voyages y tiennent une grande place). Bien qu'elle ait scandalisé certains par l'importance accordée à la sexualité, elle a frappé par son ton neuf et personnel. L'un de ses premiers récits, Le Naufrage *(*Chen-lun, *1921), raconte les humiliations et le suicide d'un étudiant chinois au Japon. Il semble maintenant d'une sentimentalité mal dominée mais a eu un grand retentissement sur la jeunesse chinoise de l'époque (trad. dans* De la révolution littéraire à la littérature révolutionnaire, *L'Herne, 1970). Un choix de récits a été publié en français à Pékin (Panda, 1983).*

C'était au temps où, fasciné par de vieux livres ridiculement désuets, tels que *Les Chroniques de Lin'an, Le Millet des rêves* ou *Vestiges des Song du Sud*[1], je passais les jours, n'emportant qu'un ou deux volumes, un crayon et une demi-livre de pain, à explorer les monts du Phénix et du Séjour nuageux, le col des Dix mille pins, Jianggan et autres sites autour de Hangzhou, avec l'ambition d'établir une « carte impériale des Song du Sud » relativement complète, ce qui était une façon comme une autre de me distraire durant de longs mois de maladie et de désœuvrement. Parfois même, à mon propre étonnement, une simple allusion lue dans un de ces vieux livres m'entraînait jusqu'aux Quatre Cantons ou autres lieux aussi lointains.

Comment se faisait-il qu'en cet âge d'or de la Chine en ce XXe siècle cannibale, où tous étaient engagés dans des luttes de pouvoir et d'intérêt, je fusse le seul à jouir de tels loisirs ? Il y avait à cela, entre autres, une raison d'un comique presque excessif.

---

1. Les deux premiers ouvrages datent des Song du Sud (1127-1279), dont la capitale était Lin'an, aujourd'hui Hangzhou, au bord du lac de l'Ouest (région côtière au sud de Shanghai). Les éditions anciennes sont constituées de petits volumes cousus.

Après le succès que l'on sait de la révolution en 1927 et le divorce qui s'ensuivit entre nationalistes et communistes, certains Chinois, qui avaient toujours appartenu comme les autres à la race jaune, se retrouvèrent badigeonnés de couleurs variées dont la plus nocive était le rouge, couleur ardente selon les uns, mais sanguinaire selon les autres. Quoi qu'il en fût, tous ceux dont la teinte approchait du rouge étaient rangés dans le camp de la subversion et, pour peu que l'on ne fût pas tout blanc, on finissait dans la peau d'un traître. Il suffisait d'appliquer l'étiquette « suspect même sans preuves » à n'importe quel honnête travailleur pour impliquer toute sa famille jusqu'au dix-huitième degré de parenté. Et si je jouissais alors, bien malgré moi, de cette heureuse insouciance, c'était pour des raisons du même ordre, parce que la revue du cercle littéraire auquel j'appartenais avait commenté l'actualité et calomnié les princes qui nous gouvernaient.

Après son interdiction, je passai d'abord quelques mois à travailler occasionnellement pour des Occidentaux de Shanghai tout en me donnant des airs de bourgeois fortuné. Mais je fus la victime d'une attaque si imprévisible et si inconcevable que j'en vins à penser qu'on ne pouvait pas compter entièrement sur la protection des Occidentaux. Après cette culbute, j'allai me réfugier dans la belle ville de Hangzhou où je passais mes journées à feuilleter d'anciens livres, jouant à la perfection le rôle d'un riche et oisif survivant de l'époque féodale.

Se recueillir ou pleurer devant la résidence impériale des Song du Sud était, sous les Yuan[1], semble-t-il,

1. (1279-1368). Dynastie fondée par les Mongols après leur victoire sur les Song du Sud.

un crime passible de mort ; mais à présent que la révolution avait triomphé, cela pouvait servir de talisman contre les soupçons. Ma quête des vestiges d'un monde disparu et mon ambition d'établir une « carte impériale des Song du Sud » avaient en grande partie pour effet de me constituer un *camouflage*[1].

Par un bel après-midi d'automne doux et ensoleillé, je marchais au hasard, comme depuis quelques jours, du côté du fleuve. Assis devant une théière dans un estaminet au bord de l'eau, j'appris en consultant mes livres que l'Autel de Shanchuan se trouvait à deux pas de là et plusieurs monastères du flanc sud du mont du Phénix un peu plus loin en amont. Je payai mon thé et demandai le chemin ; partant du sud-ouest du Champ des huit trigrammes, je suivis les levées de terre qui traversaient les champs vers le nord-est. Le temps était on ne peut plus beau ; bien que la Fête du Double Yang[2] fût déjà passée, ma robe doublée d'un tissu léger était trop chaude pour marcher, même avec le soleil dans le dos. J'arpentai un long moment en tous sens les chemins de champ, je m'arrêtai un long moment au pied de la colline à regarder vers l'est et le sud en me guidant sur un livre, mais je ne pus déceler le moindre vestige d'un Autel de Shanchuan. Tel un vieillard cupide qui ne veut pas s'éloigner d'un trésor, je tournai en rond parmi les herbes folles de champs en jachère et ne me résolus à abandonner ma recherche qu'à l'approche du soir. Je me dirigeai vers le monastère du Ciel bouddhique ; mais quand j'y arrivai et voulus entrer pour voir le Puits d'or, celui de l'Anguille merveilleuse et la relique du corps du

1. En français dans le texte.
2. Neuvième jour du neuvième mois lunaire, associé à des ascensions en montagne.

Bouddha, la porte du vieux monastère solitaire était déjà cadenassée. Je dus me contenter de promener la main sur la pagode de pierre, devant la porte, avant de remonter sur la colline. Comme j'arrivais à un sentier creux à l'est, je rencontrai des paysans qui redescendaient, chargés de fagots ; tout en m'écartant pour les laisser passer, je leur demandai :

— Où est le monastère de la Bonne Rétribution, est-ce loin d'ici ?

Le dernier, un homme qui approchait la cinquantaine, entendit ma question et déposa son fardeau pour me renseigner :

— Tout près, contre cette falaise sur la colline, c'est là. Vous avez juste à monter un bout de chemin. Vous allez voir le moine Calebasse ?

Je murmurai une réponse évasive et lui demandai :

— Comment est-il, ce moine Calebasse ?

— Oh, le moine Calebasse, tout le monde le connaît, dans les Quatre Monts. Cela fait déjà plusieurs années qu'il s'est retiré ici. Il est très gentil, il ne fait que lire des soûtras et prier du matin au soir. Quand il nous voit passer, il nous offre toujours du thé ou de l'eau ; il sourit, mais il n'est pas causant, juste une ou deux phrases pour demander comment ça va, jamais autre chose. Il descend chercher de l'eau avec deux grandes calebasses, et puis il a une grosse cicatrice au milieu du menton qui le fait ressembler à un « marchand de calebasses » (c'est ainsi qu'on appelle à Hangzhou les enfants qui étirent la bouche pour pleurer), alors tout le monde l'appelle le moine Calebasse.

Tout en parlant, le paysan s'était mis à rire. Je le remerciai pour son amabilité et après un « au revoir, à l'occasion », je suivis vers le nord le sentier qui montait au sommet.

Le soleil était déjà caché par un contrefort du mont du Phénix, à ma gauche, et la vallée reposait dans l'accalmie du soir. L'herbe presque entièrement desséchée semblait un tapis brun parsemé de jaune. Les feuilles des quelques arbres disséminés le long du sentier étaient prêtes à tomber. A mi-pente, dans un hameau de quatre ou cinq chaumières entourées de haies de bambou, les portes de branchages étaient closes tandis que les petites cheminées recourbées crachaient de faibles volutes de fumée. Derrière le hameau s'étendait une plantation de pêchers, bien entendu secs et malingres. Le sentier devait être longé par un torrent qui n'était alors plus qu'un souvenir ; il n'y avait sans doute pas coulé un filet d'eau depuis les pluies de printemps, car la mousse qui couvrait ses pierres avaient été presque toute roussie par le soleil. Le seul endroit encore un peu animé était un pan de ciel derrière le mont ; le soleil ne devait pas être tout à fait couché car un nuage rouge pâle s'enroulait à la jonction du ciel et de la terre. Tandis que je gravissais la pente qui menait aux ruines du monastère de la Bonne Rétribution, les dernières touches de rouge, de plus en plus diluées, disparurent et je distinguai à peine ce qui m'entourait, stoûpas, socles de colonnes, bosquets de bambous, sentiers étroits serpentant sur les pentes. Arrivé au sommet, je découvris enfin, parmi des chaos de pierres et des arbres morts, trois ou quatre bâtiments terriblement délabrés. Sur le flanc occidental du mont, une petite salle de trois travées, penchée de guingois face à l'est, avait un peu meilleur aspect mais ses deux portes étaient closes et elle était obscure et silencieuse, sans même le halo d'une lampe ou une ombre humaine. A une quarantaine de pas vers l'est, au bas de la falaise dressée comme un paravent, il y avait enfin une porte entrouverte, celle d'une cabane qui donnait sur le fleuve de la vallée au sud.

Je marchai jusqu'à cette porte et risquai la tête à l'intérieur de la cabane qui me sembla presque aussi clair que le dehors. Etonné, je regardai plus attentivement et découvris que la lumière pénétrait par l'auvent de la façade postérieure dont le mur était effondré. Il y avait au centre, accroché en hauteur, un socle de statue bouddhique, du côté ouest un lit en piteux état, et du côté est une petite porte pratiquée dans le mur de terre menait à un appentis. Non loin de la petite porte, au bout de la table placée contre le mur, était assis un moine qui lisait un soûtra, le dos tourné à la porte d'entrée.

Le moine savait sans aucun doute que j'étais devant la porte et avais jeté un coup d'œil à l'intérieur ; mais il ne tourna pas la tête et n'esquissa pas le plus léger mouvement. Après l'avoir observé en silence un moment, je fus pris d'une vague inquiétude et toussai pour attirer son attention. Il tourna enfin lentement la tête ; il eut d'abord un sourire qui lui donnait l'air de pleurer, un vrai sourire de « marchand de calebasses », puis, aussitôt, une expression de frayeur intense ; mais après m'avoir fixé une minute avec de grands yeux, il se ressaisit, me fit un signe de la tête en souriant et reprit sa position initiale pour poursuivre sa lecture.

Comme le paysan rencontré au bas de la montagne m'avait parlé du comportement singulier du moine, je n'en fus pas surpris ; cependant, quelque chose ne laissait pas de m'intriguer. Selon le paysan, le moine était d'habitude très accueillant pour les passants et leur offrait du thé ou de l'eau. Pourquoi se montrait-il si peu aimable envers moi seul ? Serait-ce pour manifester son refus de frayer avec un intellectuel bourgeois qui portait encore la robe ? Ou bien son soûtra était-il si captivant qu'il ne pouvait en détacher ses pensées ? A en juger par son indifférence absolue à la présence de quelqu'un à sa porte, la seconde supposition devait être la plus exacte ; il était sans doute totalement absorbé dans sa lecture. S'il en était ainsi, je ne voulais pas repartir sans savoir quel soûtra le fascinait à ce point. Résolu à en avoir le cœur net, que cela lui plaise ou non, je fis un pas, puis deux, franchis la porte et allai me poster à côté de lui qui gardait la tête penchée sur son soûtra. Un regard jeté sur la marge du livre ouvert sur la table me permit de savoir que c'était le *Commentaire de Lengyan*, un des ouvrages fondamentaux du Grand Véhicule[1]. A voir le moine abîmé dans une lecture aussi difficile, ma curiosité initiale fit place à une autre ; j'eus très envie de m'entretenir avec lui et surtout de l'écouter parler.

— Puis-je vous demander, maître, d'où vous êtes originaire ?

Telles furent les premières paroles que je prononçai. Il releva la tête à demi et ses yeux me semblèrent exprimer de l'effroi, puis il se mit à sourire et me répondit d'une voix à peine perceptible, comme pour esquiver ma question :

— Un homme qui est entré en religion n'est plus originaire de nulle part.

Ce fut à mon tour d'être effrayé au point de ne pouvoir poursuivre la conversation. En effet, même si la cicatrice du menton restait cachée, la partie supérieure du visage et un accent du Hunan très caractéristique bien que discret m'évoquèrent, en un éclair, le moine Calebasse tel qu'il était autrefois. Ce ne pouvait être personne d'autre que Qin Guozhu, mon rival en amour du temps de nos études à l'étranger. Muet de

1. Mahayana, forme évoluée du bouddhisme, la plus répandue en Chine. Cette doctrine vise à entraîner les autres vers le salut.

stupéfaction, le souffle coupé, je le dévisageai durant plusieurs minutes avec de grands yeux. Il savait, bien entendu, que je l'avais reconnu ; aussi se leva-t-il, calme et souriant, et, tout en me tendant la main, me dit le plus posément du monde :

— Tu m'as donc reconnu, nous sommes en effet de vieux amis. Dès que je t'ai observé de loin tandis que tu montais, je me suis douté que c'était toi, et quand tu as toussé devant la porte, j'en ai eu la certitude ; mais j'hésitais à ouvrir la bouche car j'ignorais tes sentiments à mon égard. Pouvons-nous revenir de plus de dix ans en arrière ?

En l'entendant, en regardant sa physionomie qui était vraiment celle d'un moine, en me rappelant ce que le paysan m'avait dit de son surnom, je sentis ma frayeur se dissiper. Aussitôt ma tension se relâcha et mes nerfs se détendirent tandis que j'étais pris d'un irrésistible fou rire. Je répétai son nom tout en tenant sa main, riant à en pleurer, longtemps incapable de prononcer une phrase cohérente. Puis nous cessâmes, moi de rire, lui de sourire, nos mains se séparèrent et nous retrouvâmes une contenance normale. Mais à peine étais-je calmé qu'avec mon emportement coutumier, je le soumis à un feu roulant de questions :

— Et Jiang Guiying ? Quand es-tu venu ici ? Depuis combien d'années es-tu moine ? Tu étais général de brigade, à ce que j'ai appris, que s'est-il passé ?...

Et ainsi de suite, sans lui laisser le temps de placer un mot. Toujours calme et souriant, il m'invita à m'asseoir et finit par répondre posément :

— Je te raconterai tout cela peu à peu, assieds-toi en attendant ; nous allons d'abord nous faire du thé.

Il se dirigea lentement vers un réchaud installé dans un angle du côté ouest et, tandis qu'il cassait du bois pour allumer le feu, je perdis à nouveau patience, me levai et allai le rejoindre. Il était accroupi, absorbé par la préparation du feu, et moi, debout derrière lui, je lui reposai les questions auxquelles il n'avait pas encore répondu :

— Jiang Guiying, notre belle compatriote, qu'est-elle devenue ?

Je m'obstinai à l'interroger en premier sur ce qui avait été notre pomme de discorde. Jiang Guiying faisait partie de notre groupe à l'étranger ; bien qu'elle fût de notre région, elle ne fréquentait que des étudiants d'autres provinces. Aussi quelques-uns d'entre nous lui adressèrent-ils un avertissement public la menaçant, si cela continuait, de la dénoncer pour mauvaise conduite au gouvernement et faire supprimer sa bourse. C'était ma jalousie qui était à l'origine de cet avertissement et ses signataires étaient de jeunes célibataires tout aussi désireux que moi de goûter à ce morceau de choix qui leur était refusé. Or, à la stupéfaction générale, elle se fiança quelques jours plus tard avec notre ami Qin Guozhu qui devait être diplômé d'une école militaire à la fin du semestre suivant. La nouvelle me plongea dans le désespoir et, tel le protagoniste du *Journal d'un homme de trop* de Tourgueniev, je ne suivis pas un seul cours de plusieurs semaines. Plus tard, après mon retour en Chine, chaque fois que je lisais dans un journal les faits d'armes de Qin Guozhu, lors des victoires de 1920 sur la clique Anfu et de 1921 sur celle de Fengtian, ou de la bataille du pont de Tingsi en 1926[1], ces informations m'inspiraient une rancœur secrète. Et voilà que

1. Allusions à divers épisodes des guerres civiles de l'époque ; la dernière concerne l'« expédition du Nord », entreprise par le Guomindang contre les « seigneurs de la guerre », au cours de laquelle Chiang Kai-shek se retourna contre les communistes.

ce moine Calebasse, naguère victorieux à la guerre comme en amour, me répondit, en me tournant le dos et en riant comme si de rien n'était :

— Notre belle compatriote ? Celle-là, il y a longtemps qu'elle a trouvé mieux pour se caser… Pourquoi t'intéresses-tu encore à ces vieilles histoires ? Tu n'es tout de même pas venu pour te venger, après si longtemps ?

On aurait cru, au ton sur lequel il parlait, que ce n'était pas lui que cette histoire concernait. Je continuai à le presser de questions mais, comme je ne pus obtenir de lui la moindre information sur Jiang Guiying, je passai aux questions suivantes. Tout en attisant le feu avec un éventail de joncs, il me répondit, du même ton posé :

— Cela fait déjà plusieurs années que je suis à Hangzhou… Je me suis fait moine après la campagne de 1926… Mieux vaut être moine que général si l'on veut vivre en paix…

Quand l'eau fut bouillante et qu'il eut répondu, de façon aussi vague que réticente, à mes questions, la cabane était déjà envahie par la nuit. Comme il n'y avait pas de fenêtre, seules la porte entrouverte et les fentes des murs de terre et de planches laissaient ruisseler à travers elles des rayons de lune qui éclairaient l'humble pièce d'une lumière cristalline de rêve au milieu d'un rêve.

Après avoir préparé deux bols d'un thé pur et fort, il disparut par la petite porte, resta un instant dans l'appentis et en rapporta une boîte de petits gâteaux blancs et gluants. Il m'en donna quelques-uns et se mit à en manger un tout en me disant :

— C'est l'essentiel de ma nourriture, je les fabrique avec de la farine de puérarias ; goûte un peu, comment les trouves-tu, comparés aux biscuits à la crème ?

J'en mis un dans ma bouche et tandis que je le mâchais, je sentis un parfum très frais qui rappelait celui du benjoin. Après avoir bu une gorgée de thé et avalé le gâteau, j'avais encore la bouche emplie de ce parfum.

— C'est délicieux, que mets-tu dans ces gâteaux, dont le parfum est aussi subtil que tenace ? demandai-je en buvant mon thé.

— C'est une espèce de rotang vert qui pousse au pied du mont Heng[1]. Il y en a beaucoup dans notre région et, tous les étés, je demande à quelqu'un de m'en rapporter une brassée que je fais sécher pour l'utiliser peu à peu. Si tu veux, je peux t'en donner.

Quand nous eûmes bien mangé et conversé, je me levai pour m'en aller. Il retourna dans l'appentis et en revint avec une botte de brindilles de rotang dans une main et quelques feuilles de papier dans l'autre. Il prit mes livres et mon crayon, les enveloppa, puis en fit autant du rotang, posa le second paquet sur le premier et les attacha avec une ficelle.

Une fois sorti, je m'arrêtai devant la porte ; je regardai les lumières qui brûlaient au sud, l'eau de la Qiantang éclairée par la lune et les ombres dessinées par les montagnes à l'ouest. Il m'avait suivi et, debout derrière moi, me dit doucement :

— Ce paysage est vraiment admirable, je crois qu'il n'en est pas de plus beau dans toute la région du lac de l'Ouest. Malheureusement, je ne vais pas pouvoir demeurer encore longtemps ici. A ce qu'il paraît, on collecterait des fonds un peu partout pour reconstruire le monastère de la Bonne Rétribution. Je risque d'être chassé de la montagne d'un jour à l'autre,

1. Un des cinq monts sacrés, celui du sud, dans la province du Hunan.

même si je ne sais pas quand. Nous n'aurons sans doute plus jamais l'occasion de contempler la lune d'ici, tu peux la regarder un peu plus longtemps ce soir.

Il rit, franchement cette fois, et, riant aussi, je répondis :

— Cela mériterait de figurer dans *Les Belles Histoires du lac de l'Ouest*[1], non ? Je ne suis pas Song Zhiwen[2] mais toi, tu as un peu quelque chose de Luo Bingwang[3]… Mieux vaut en rire !

Décembre 1932

---

1. Recueil d'anecdotes sur des personnages ayant vécu ou voyagé au lac de l'Ouest, dont ceux qui sont cités ici.

2. Poète (656-712) qui se suicida en prison.

3. Poète (né en 640). Après l'échec d'une révolte contre l'impératrice Wu Zitian des Tang, il se serait suicidé ou fait moine.

MAO Dun

L'Histoire de Grand Nez

(Dabizi de gushi)

L'Histoire de Grand Nez *est certes représentative d'une œuvre qui dissèque les mécanismes sociaux et économiques, mais elle s'en distingue un peu par son humour et sa pointe d'optimisme final.*

Mao Dun (1896-1981) s'appelle de son vrai nom Shen Yanbing ; il adopte ce pseudonyme en 1927 lorsque, déjà connu comme essayiste, il se met à la fiction. Il est l'un des fondateurs de l'Association pour la recherche littéraire en 1921 ; ses maîtres, dans la littérature étrangère, sont Dickens, Zola et Tolstoï. Dès 1923, il se consacre à la propagande politique dans l'enseignement, le journalisme et des organismes culturels. Après 1949, il garde une place de premier plan dans la hiérarchie officielle des lettres.

Si ses premières œuvres reflètent encore un pessimisme noir, ses romans ultérieurs décrivent la société chinoise selon des critères marxistes tout en donnant de la réalité une image assez complexe. Les plus célèbres ont été publiés en français : Minuit, Ziye, *1933 (R. Laffont, puis Pékin, 1984)*, Les Vers à soie du printemps, Chuncang, *récits, 1932 (trad. C. Vignal, Acropole, 1980)*, L'Arc-en-ciel, Hong, *1930 (trad. B. Rouis et J. Tardif, Acropole)*, L'Eclipse, Shi, *1928 (3 vol., trad. sous la direction de M. Loi, Blandin, 1992).*

1

Le héros de cette histoire était sans doute l'un des derniers des derniers parmi les trois millions d'êtres qui peuplaient Shanghai et ses faubourgs.

De temps à autre, on le voyait passer furtivement le portail de fer laqué de noir des « résidences » ou « villages », comme on appelait ces ensembles d'immeubles à trois étages dotés de tout le confort moderne ; il filait droit à la caisse de ciment où l'on déposait les ordures et, s'y agrippant, il fouillait dedans pour y pêcher quelque « trésor » moisi, en compagnie de chiens abandonnés. Quand il réussissait à s'emparer d'un os qu'ils se disputaient, il l'inspectait rapidement ; si la poussière collée dessus ne recelait rien de comestible, mieux valait pour lui l'abandonner à ces adversaires plus forts. En revanche, s'il trouvait une pomme gâtée ou la moitié d'un vieux navet que les chiens avaient rejetée après l'avoir reniflée, ses doigts maigres et noirs tremblaient de joie en se l'appropriant. Puis, tout en mangeant, il retournait dans la mêlée avec un courage accru. Comme les chiens également, il se tapissait sur le sol pour introduire son petit visage émacié dans l'ouverture pratiquée au bas de la caisse de ciment. A l'occasion, il apercevait quelque objet brillant, soit une vieille bouteille soit le jouet cassé d'un Petit Monsieur ou d'une Jeune Demoiselle ; il en oubliait sa faim pour un instant et allongeait le bras avec convoitise, regrettant de ne pouvoir s'introduire tout entier dans la caisse à ordures. Mais bien souvent, à ce moment-là, une épaisse botte de cuir s'abattait sur ses fesses : il savait de longue expérience que ce coup de botte était une gratification du policier de garde de la « résidence », et il ne lui restait qu'à se sauver mélancoliquement avec les chiens errants qui filaient la queue entre les pattes, pour aller poursuivre ailleurs ses « entreprises périlleuses ».

Avec un peu de chance, il réussissait à déjouer la vigilance du policier en faction et à se glisser jusqu'à la porte de service d'un de ces immeubles ; si, par une chance plus grande encore, la porte était ouverte et qu'une cuisinière était juste en train de jeter les restes de la veille dans le seau réservé à cet usage, il s'agissait alors d'ouvrir la bouche ; peu importe s'il parlait trop faiblement pour se faire comprendre, puisque la cuisinière savait ce qu'il demandait. Selon les cas, il obtenait en réponse un demi-bol de soupe aigre, un regard méprisant ou quelques paroles compatissantes mais inopérantes :

— Va-t'en, je ne peux rien te donner, nous vendons tous les restes à forfait à un ramasseur.

La scène se répétait presque chaque jour de bon matin, à l'heure où les Petits Messieurs et les Jeunes Demoiselles dormaient encore sous leurs couvertures parfumées.

Un peu plus tard, c'est à un coin de rue animé qu'on pouvait le rencontrer ; il emboîtait le pas à des bourgeois bedonnants ou à de sveltes dames en longues robes moulantes et souliers à hauts talons, tout en murmurant d'une voix mourante :

— Monsieur, Madame, à votre bon cœur !

On le retrouvait aussi à l'entrée du grand pont en béton de la Rivière de Suzhou ; se faufilant comme un rat hors de la foule, d'un bond, il rejoignait un tireur de pousse qui s'engageait sur le pont pour l'aider dans la montée ; et, tout en tirant, il implorait la personne assise dans le pousse :

— Monsieur (Madame), à votre bon cœur !

C'était ainsi qu'il essayait de gagner sa nourriture en travaillant, mais si par hasard cela lui rapportait quelque chose, c'était tout au plus une sapèque.

Cette manière de monnayer son travail était également une « entreprise périlleuse ». Si un agent de police l'apercevait, il pouvait le rappeler à l'ordre à coups de bâton. Et même si parfois il « avait bon cœur » et faisait semblant de ne pas le voir, notre héros avait des confrères aux deux extrémités du pont, c'est-à-dire des garçons dans la même situation que lui mais plus âgés qui, défendant avec intransigeance leur privilège d'ancienneté, le rouaient de coups et lui refusaient la liberté de monnayer son travail.

Ainsi, même ce genre d'« entreprises périlleuses » étaient monopolisées par quelques privilégiés qui se partageaient le terrain et avaient chacun un patron en coulisse ; l'accès à la profession n'était pas ouvert à n'importe qui.

Mais notre héros connaissait aussi des moments d'intense satisfaction.

Ils se situaient en général à l'heure où les lumières au néon rouges et vertes brillaient dans les grandes rues animées tandis qu'une unique ampoule jetait sa lueur blafarde à l'entrée des ruelles désertes. Si l'occasion s'en présentait, notre héros se joignait à cinq ou six, ou même une dizaine de camarades de son âge ; ils faisaient le guet dans une de ces ruelles solitaires, à l'entrée de laquelle pouvait apparaître un livreur de restaurant ; celui-ci, qui avait comme eux dans les douze ou treize ans, portait une palanche avec les restes d'un repas commandé par un magasin. Il n'y avait sans doute dans le panier, à l'avant, que quelques plats vides couverts d'une mince pellicule de sauce grasse, et dans le pot de cuivre rouge, à l'arrière, un fond de riz froid insuffisant pour une personne. Mais, avec un peu de chance, il restait encore quelques cuillerées de bouillon figé ou des os et quelques feuilles de légumes confites au fond des plats, et le riz froid du pot de cuivre aurait suffi à nourrir un gros chien. Comme la force se trouvait du côté de notre héros et de ses camarades, le petit livreur ne leur opposait jamais de résistance. Savourant ce bonheur de courte durée, ils léchaient la graisse des plats, puis partaient en criant et en sifflant.

Cependant, l'« ordinaire » de notre héros consistait le plus souvent en insultes et en coups de botte et de bâton ; un chien abandonné n'aurait pas voulu échanger sa vie contre la sienne.

2

Combien y a-t-il, parmi les trois millions d'habitants du « Grand Shanghai », d'enfants semblables à notre héros ? Vraiment, nous l'ignorons. Inversement, combien d'enfants y dorment sous des couvertures parfumées et jettent à la poubelle les jouets qu'ils ont cassés ou pris en grippe mais qui attirent notre héros vers les boîtes à ordures au risque de se faire botter le derrière ? Nous ne le savons pas davantage. Peut-être leur nombre est-il à peu près égal, peut-être celui des enfants gâtés est-il légèrement inférieur, nous ne trancherons pas pour le moment.

En revanche, sur un point, nous possédons des statistiques sûres : parmi ces trois millions d'habitants, trois à quatre cent mille enfants de l'âge de notre héros se font pomper tout leur sang par des machines, de six heures du matin à six heures du soir, dans des fabriques de soieries, d'allumettes, d'ampoules électriques ou autres articles manufacturés. C'est bel et bien leur sang, nous n'exagérons pas, qui nourrit les enfants aux couvertures parfumées et leurs parents.

Notre héros avait déjà vu ces enfants, réduits par le travail à l'état d'automates de cire, sortir lentement des grandes portes des fabriques. Si, à ce moment, son ventre criait famine, il les enviait d'avoir au moins, une fois sortis de là, une « maison » (même si ce n'était qu'une cabane) où rentrer, une grosse galette à se mettre sous la dent et quelque chose comme un toit sous lequel dormir jusqu'à cinq heures du matin.

Bien entendu, il ne pouvait se douter que ces petits contemporains, qu'il enviait tant, seraient totalement pressurés par les machines en quelques années, et, une fois inutilisables, recrachés et jetés à la rue, trop faibles pour disputer un os à un chien, ou « faire le buffle » sur un pont, ou… Mais nous n'avons pas à traiter ici cet aspect de la question, revenons plutôt à notre héros.

Il n'était pas de ces enfants qui, même à leur naissance, n'ont jamais eu de « maison ». Mais il avait oublié comment elle était. Il ne se rappelait vaguement qu'une chose : l'année où il y eut soudain la guerre à Shanghai, lorsque de « grands oiseaux de fer » lâchèrent un nombre incalculable de bombes, quelques-unes tombèrent sur de grands immeubles, mais la plupart sur les taudis au milieu desquels se trouvait sa « maison » ; c'est ainsi qu'il la perdit.

Il perdit en même temps son père et sa mère. Il ne savait pas comment c'était arrivé, et il avait même oublié le visage de ses parents, car il n'avait alors que sept ou huit ans. D'ailleurs, même de leur vivant, il n'avait jamais bien distingué leurs traits ; ils sortaient avant le jour et ne rentraient qu'à la nuit, puisqu'ils servaient eux aussi de pâture à des machines.

N'empêche qu'il avait eu des parents, un jour, et n'oublierait jamais dans quelles circonstances il en avait été privé. Il se rappelait aussi comment, après leur disparition, il avait été pris dans une foule de vieilles femmes et d'enfants, et parqué quelque part où on leur distribuait un peu de soupe de riz ou une galette moisie. Six mois environ passèrent, puis, un beau jour, un monsieur à l'air respectable les avait convoqués pour les interroger un à un. Il se souvenait encore de son interrogatoire :

— As-tu un domicile ?

Il avait fait « non » de la tête.

— As-tu de la famille ?

Même réponse.

Alors le monsieur avait lui aussi hoché la tête et fait une marque au crayon sur une feuille de papier. Puis il avait appelé le numéro suivant.

Quelques jours plus tard, sans comprendre ni pourquoi ni comment, il avait été jeté à la rue et s'était associé à une bande d'enfants comme lui. Ils s'entendaient très bien ou se chamaillaient selon les moments, et ses rapports avec les chiens errants passaient par les mêmes fluctuations. Il s'était fait à cette vie qui était la sienne depuis plusieurs années, et sentait confusément que l'espèce à laquelle il appartenait ne pouvait en avoir d'autre.

3

D’après ce qui a été dit plus haut, la vie de notre héros pourrait sembler exceptionnelle, mais elle était en réalité des plus banale.

Malgré les dangers auxquels il s’exposait quotidiennement, les reporters, pourtant toujours à l’affût du sensationnel, ne l’estimaient pas digne de figurer dans leurs colonnes de faits divers locaux.

Eh bien, c’est donc à nous qu’il incombe de relater, pour commencer, l’une des « aventures extraordinaires » de cette existence aussi exceptionnelle que banale.

La date ne peut en être établie avec certitude ; en tout cas, c’était par une de ces belles journées ni chaudes ni froides, sans soleil, ni vent, ni pluie. Et si elle fut marquée par l’une des « aventures extraordinaires » qui jalonnent la vie de notre héros, voici pourquoi :

Il était environ deux heures de l’après-midi, et notre héros faisait la sieste, vautré au pied d’un mur de cabinets publics. Ce coin était son fief, il l’avait lui-même découvert puis conquis en versant son sang. Il faut ici ouvrir une parenthèse pour évoquer cet épisode, déjà ancien : la première fois qu’il aperçut ce coquet édifice de construction si soignée, il en fut très intrigué ; était-ce une habitation privée ou le siège d’une société ? Juste à ce moment, un monsieur bedonnant vêtu d’une longue robe noire y pénétra, bientôt suivi par un agent de police avec un revolver à sa ceinture, puis par un monsieur vêtu à l’occidentale ; c’étaient tous des riches, de ces gens qui avaient le droit de lui donner à tout moment un coup de pied, et il n’osa pas s’approcher de trop près. Il en conclut que l’édifice était pour le moins un bureau et se sentit pénétré d’un profond respect.

Mais soudain, il vit en sortir par une autre porte une femme qui ne ressemblait pas aux femmes de riches, puis y entrer un enfant dans son genre. Scandalisé, puis enhardi par cette découverte, il s'approcha sur la pointe des pieds, jeta un coup d'œil à l'intérieur et eut une révélation : voilà l'« affaire » que ces riches venaient traiter ici ! Il eut l'impression qu'on l'avait berné, intimidé à dessein par malveillance, et décida de se venger. Suivant sa première impulsion, il allait s'introduire dans ce lieu si noble pour y pisser à son tour, lorsqu'il vit quelqu'un donner en entrant une sapèque à la vieille qui gardait la porte ; flairant quelque embûche, il préféra ne pas s'y risquer. Il obliqua, donc, et se contenta d'éjecter un énorme crachat en direction de l'intimidant édifice, puis, pour mieux le profaner, il alla s'accroupir au pied du mur non loin de la porte.

Il ne lui serait pas encore venu à l'idée de considérer ce coin de mur comme son fief. Tout à coup, l'enfant qu'il avait vu entrer ressortit et vint s'accroupir à côté de lui, dans la même position, le dos contre le mur et les jambes écartées en forme de caractère « huit[1] ». Nouveau sujet de scandale et d'indignation.

— Pouah, d'où sort ce fils de tortue ? grogna-t-il entre ses dents.

— Tu en as après qui, petit pouilleux ? dit l'autre, ne voulant pas être en reste.

Et ils se jetèrent l'un sur l'autre. Bien que les deux adversaires fussent de la même force, la tête de notre héros fut par hasard projetée contre le mur. Voyant le sang couler, l'autre, qui craignait d'avoir des ennuis et s'estimait sans doute victorieux, s'enfuit à toutes jambes. Resté seul sur le terrain, notre héros devint l'occupant incontesté de ce coin de mur.

1. Ressemble à un accent circonflexe.

A présent notre héros avait sur ces cabinets publics des connaissances si approfondies qu'on pouvait le considérer comme « diplômé » en la matière. Il semblait également que des rapports amicaux s'étaient établis entre lui et la vieille gardienne du lieu. Et maintenant, revenons à cette belle journée ni chaude ni froide, sans soleil ni vent ni pluie, où il faisait la sieste, béatement vautré dans son fief.

C'était une heure creuse pour les cabinets publics ; soudain, la vieille remua ses lèvres minces comme si elle mâchonnait quelque chose, mais elle cherchait en fait à émettre quelques paroles à l'intention du « souverain » du coin de mur.

— Eh, Grand Nez ! Viens me remplacer un instant, je serai tout de suite de retour.

Quoi ? Grand Nez ? Qui était ce Grand Nez ? Encore assoupi, il leva la tête et regarda autour de lui, ne se doutant pas que c'était lui qu'on appelait. Mais la vieille répéta :

— Viens me remplacer un instant, Grand Nez, je serai tout de suite de retour, tu serais gentil.

En comprenant que Grand Nez n'était autre que lui-même, il fut très fâché. Quand ses parents vivaient encore, il avait eu un joli nom qu'il savait prononcer ; c'était après être devenu un petit vagabond qu'il avait perdu son identité. Au début, il avait encore dit ce nom que lui avaient donné ses parents à ses amis mais, à sa grande surprise, ceux-ci l'avaient trouvé trop compliqué et écorché de toutes les manières, si bien qu'à la longue il l'avait lui-même oublié. N'empêche que jamais aucun de ses camarades ne l'avait appelé Grand Nez. Son nez était peut-être un peu plus long que la normale, mais pas au point d'attirer l'attention. D'ailleurs il existait entre ses camarades et lui une convention en ce qui concernait les noms : toute allusion à une particularité physique était considérée comme insultante. Ainsi, par exemple, il y avait parmi eux un enfant appelé en général « Petit Mao » qui avait une maladie de la peau et qu'ils appelaient « Galeux » quand ils se disputaient avec lui.

Voilà pourquoi il fut fâché d'entendre la vieille l'appeler Grand Nez ; mais par ailleurs, il n'était pas si fâché que ça, car jamais personne ne l'avait encore traité en être humain à qui on peut confier une tâche.

— Vous remplacer ? D'accord ! Mais revenez vite, moi aussi, j'ai à faire, dit-il en faisant l'important, puis il s'étira paresseusement et se leva.

La vieille lui remit un paquet de papier hygiénique et partit ; mais au bout de quelques pas, elle se retourna pour lui crier :

— Il y a vingt-cinq feuilles, Grand Nez, tu entends, vingt-cinq !

— Je veux bien, mais il faut que je les compte, dit-il, et sans lever la tête, il se mit effectivement à les compter.

Moins de dix minutes plus tard, il commença à s'ennuyer. Lui qui d'habitude pouvait rester à bayer aux corneilles à un coin de rue ou au bord d'une route jusqu'à une demi-heure sans s'en lasser, ici, il en avait déjà assez.

— Elle m'a eu, la garce ! En voilà des manières de me faire faire le pied de grue, je vais partir, pour lui apprendre !

Estimant que ces responsabilités étaient une entrave à sa liberté, il allait se lever, lorsque quelqu'un entra et lui jeta une sapèque. En lui remettant une feuille de papier, il éprouva un plaisir inconnu : il « tenait un commerce », ce qui lui conférait un certain prestige, car personne, sans cette feuille de papier, ne pouvait entrer ici traiter son « affaire ».

Il posa méticuleusement la sapèque à côté du paquet de papier dont il rectifia l'alignement par la même occasion.

Apparemment, même les cabinets publics ont des « périodes de pointe » à heure fixe, et c'en était une qui commençait. Des gens de toute sorte se succédèrent, et, l'une après l'autre, cinq ou six sapèques tombèrent en sonnant dans la boîte où était le papier. Notre gérant improvisé ne savait plus où donner de la tête. Premièrement, il était encore novice dans le « commerce », et deuxièmement, il n'avait jamais eu une telle fortune entre les mains.

Il profita d'un moment de répit pour faire une pile avec les pièces ; après en avoir empilé trois, il garda la quatrième dans sa main, en la soupesant, comme s'il ne pouvait se résigner à la lâcher. Mais il la posa tout de même sur les autres, puis y ajouta la cinquième et la sixième.

Les gens continuèrent à affluer, et le nombre des sapèques se monta finalement à douze ; mais ce record ne fut pas battu, car ensuite, notre gérant se retrouva désœuvré.

Douze sapèques ! Une colonne de bronze d'un pouce de haut ! Comme un chat jouant avec une souris, il la déplaçait sans cesse d'une poussée de la main ; il en enleva la moitié, la soupesa dans le creux de sa main, replaça une pièce sur la pile et approcha sa main (avec les pièces qu'elle contenait) de la poche de sa chemise déchirée. Mais comme le chat qui recrache la souris après l'avoir à moitié avalée, il reposa brusquement les sapèques sur la pile pour reconstituer la colonne.

Puis il recommença son jeu mais, sans perdre de temps à soupeser les pièces, d'un geste expert, porta directement sa main à sa poche ; là, il marqua un temps d'arrêt, et regarda celles qui étaient empilées. Sans doute les aurait-il à nouveau recrachées, si la vieille n'était pas revenue juste à ce moment.

— Tiens, grand-mère, vous voilà de retour ! dit-il, quelque peu pris au dépourvu, tout en faisant glisser doucement les sapèques dans sa poche.

Trop essoufflée pour parler, la vieille ne fit que remuer ses lèvres minces tandis que ses yeux se dirigeaient aussitôt vers le paquet de papier qui avait diminué et les quelques pièces qui se trouvaient dessus.

— Regardez si j'ai bien travaillé ! Vous me remercierez demain ! Et, avec un clin d'œil, il se leva et partit.

Quand il tourna la tête au bout de quelques pas, il vit la vieille qui, après avoir compté les pièces, vérifiait le nombre des feuilles de papier. Il pensa d'abord déguerpir au plus vite, puis se dit que ce n'était pas nécessaire, et lui cria même :

— Grand-mère, le vent a emporté quelques feuilles dans la fosse, vous n'avez qu'à les repêcher, une fois sèches, elles pourront encore servir !

Mais la vieille, qui avait calculé la différence entre le nombre de sapèques et celui des feuilles manquantes, réussit à articuler laborieusement :

— Tu n'es pas bien honnête, Grand Nez !

— C'est ma faute, peut-être, si le vent les a emportées ? répondit-il d'un air offusqué. Puis il tourna les talons et fila. Mais presque aussitôt, il se retourna pour crier en levant son poing fermé : Grand-mère, si vous devinez ce que j'ai dans la main, c'est pour vous ! Ahahah ! Et, tout en riant, il gagna d'un bond l'autre côté de la rue.

4

Notre héros cessa bientôt de courir et se mit à marcher tranquillement tout en comptant du bout des doigts les pièces qui étaient dans sa poche.

Il y en avait cinq. C'était bien la première fois qu'il en possédait autant à la fois. Pour lui, c'était un véritable capital qui pourrait être consacré à de multiples usages. Il ralentit encore le pas pour mieux se concentrer : « Qu'est-ce qui pourrait faire plaisir à mon précieux ventre ? » Il pensa tout de suite à un bonbon pour en reconnaître le goût. Car pour ce qui était d'assouvir sa faim, ses camarades et lui avaient des opinions bien arrêtées : il ne faut pas dépenser d'argent pour tout ce qui peut être obtenu soit par la mendicité soit par des procédés plus énergiques (comme, par exemple, intercepter dans une rue déserte les restes rapportés par un livreur de restaurant). Celui qui achetait de la nourriture était un imbécile. Mais les bonbons, c'était autre chose. En mendier, c'était s'exposer à recevoir une gifle, et il n'y en avait jamais dans les paniers contenant les restes d'un repas. Notre héros opta donc sans hésiter pour des bonbons ; d'autant plus que depuis le jour où il avait eu l'occasion d'en manger la moitié d'un, cette friandise le tentait prodigieusement.

Il s'arrêta. Au coin d'une ruelle malpropre, quelques enfants, certains guère plus reluisants que lui, entouraient un éventaire. Ce n'était pas un marchand de bonbons, mais une de ces « bibliothèques des rues » qui louent des bandes dessinées. Il y avait longtemps que ces petits livres fascinaient notre héros. Il en avait déjà souvent regardé à la dérobée par-dessus l'épaule de quelqu'un, mais on tournait toujours la page au moment où il commençait à comprendre un peu. Cette fois, il en louerait lui-même quelques-uns pour s'en délecter tout à son aise.

— Vous en donnez vingt pour une sapèque, c'est bien ça ? Je les lis sur place et les rends aussitôt, dit-il au libraire sur le ton du vieil habitué.

Celui-ci lui jeta un coup d'œil méprisant en disant à voix basse :

— Fiche-moi le camp, petit pouilleux !

— Comment ? On insulte un client ? J'ai de l'argent, regardez ! Il ouvrit sa main où luisaient cinq pièces humides de sueur.

Le libraire allongea la sienne pour les prendre en bloc :

— C'est une sapèque les cinq livres, mais pour cinq sapèques, je te fais un prix ; tu en auras trente !

— Je ne marche pas. J'en veux quinze pour une sapèque ! Eh bien, cela ne vous va encore pas ?

Il fit glisser les pièces dans sa poche et se mit à regarder du coin de l'œil les livres des autres clients.

Le marché fut conclu à dix volumes pour une sapèque. Il n'en donna que deux et choisit vingt petits livres. Ils étaient pleins de taoïstes lançant des épées volantes et de femmes maniant des sabres. Puisqu'il ne savait pas lire les légendes des dessins, il les interprétait au gré de son imagination. Ils illustraient des histoires suivies, mais comme le dessinateur n'était pas très doué, il était souvent difficile de comprendre grâce aux seules images.

Il n'en poursuivit pas moins sa lecture avec persévérance. Sur une image, quelques hommes à la mine féroce (dont des taoïstes) encerclaient pour les attaquer une femme et un enfant menacés de surcroît par une épée planant dans les airs. Lui qui en général était émerveillé par les épées volantes, il fut horrifié par celle-ci :

— Bon sang ! Mais ça s'appelle « taper sur un chien qui se noie », quels sales types !

Tout en les insultant entre ses dents, il tourna la page. Là, la femme et l'enfant, vaincus, fuyaient vers une forêt, poursuivis par les hommes et par l'épée volante.

Très inquiet pour leur sort, il tourna vite une autre page. Ouf ! Arrivée à la lisière de la forêt, la femme se retournait pour faire front à ses assaillants. Mais cette image représentait un nouveau personnage, un bonze qui, sabre au poing, semblait accourir de loin pour se jeter dans la mêlée.

« Le bonze vient à la rescousse de qui ? » se demanda-t-il, le cœur battant, en tournant la page. Si ce bonze était un brave bonze, il aiderait certainement la femme et l'enfant, comme il l'aurait fait à sa place. Mais les mêmes personnages, toujours au complet y compris le bonze, ne se battaient plus et semblaient discuter. Ah, s'il avait su lire, il aurait pu savoir ce qu'ils se disaient, et à quel camp appartenait le bonze ! Car il était en train de parler, comme l'indiquaient les deux traits encadrant des caractères d'écriture qui sortaient de sa bouche.

Déçu, il passa à l'image suivante mais elle ne lui fournit pas davantage la clé de l'énigme. Le combat était bel et bien terminé, et c'était de la bouche de la femme que sortaient deux traits encadrant des caractères.

Puis, il ne resta plus que la femme et l'enfant ; ils n'étaient plus à la lisière d'une forêt, mais dans une maison, et la femme, qui n'avait plus de sabre, était assise au bord d'un lit, la tête penchée, avec un air las et pensif. L'enfant, debout devant elle, avait à son tour deux traits qui lui sortaient de la bouche, encadrant ces sempiternels et maudits caractères.

De plus en plus perplexe, il en voulut au dessinateur :

« Quand ça devient palpitant, il ne sait pas le faire comprendre par ses dessins et il triche en mettant de l'écriture ! » Il trouvait aussi la femme et l'enfant vraiment décevants de se réfugier si vite chez eux ; mais, en même temps, il se réjouissait qu'ils soient rentrés sains et saufs car il devinait que c'était ce qu'ils cherchaient à faire depuis le début. En tout cas, il prenait très à cœur leur « histoire indéchiffrable », convaincu que c'étaient des bons. Il aurait donné cher pour connaître la suite de leurs aventures et ne s'intéressa plus désormais qu'aux images sur lesquelles ils figuraient. Quand ils livraient de nouveaux combats, il inventait une explication et cherchait à établir un lien avec le début du récit. A ce rythme, il eut bientôt fini de parcourir les vingt petits livres.

— Eh, je vous rends ces vingt-là. En avez-vous d'autres qui parlent de la femme et de l'enfant ? dit-il au loueur de livres, tout en frottant son ventre qui criait discrètement famine.

Occupé à servir un autre petit « lecteur », le libraire prit au hasard une série de fascicules dont la couverture représentait une femme et les tendit à notre héros. Mais cette femme n'avait rien de commun avec l'autre, cela se voyait rien qu'à son accoutrement. Elle n'avait ni sabre ni lance, et paradait tout au long des pages avec des airs de grande dame.

Après avoir rapidement feuilleté ces livres, notre héros fut très mécontent ; puis, se rappelant tout à coup qu'il n'avait pas encore donné d'argent, il les remit promptement en pile et les rendit au libraire.

— Aucun intérêt, dit-il avec une parfaite assurance, bien décidé à partir sans payer.

— Et l'argent ? dit le libraire en comptant les volumes. Je te les fais aussi à deux sapèques, ça va ?

— Quoi ? Il faut payer même pour examiner la marchandise ?

— Tu ne m'as pas dit que c'était à l'essai, mais dans ce cas, on se contente d'un exemplaire, et tu viens d'en regarder toute une série. N'essaye pas de m'estamper, donne-moi deux sapèques !

— Je voudrais savoir qui estampe qui... Notre héros se sentait en mauvaise posture mais ne pouvait se résoudre à lâcher ses deux pièces. Eh bien, mettez-le sur mon compte, et demain...

— Est-ce que je sais d'où tu sors, petit bâtard ? Pas de crédit !

— Comment, vous ne me connaissez pas ? Je suis Grand Nez, vous pouvez demander à la gardienne des cabinets publics, elle le sait bien, elle ! Mais, tout en parlant, notre héros avait déjà pris le large, selon la technique qu'il avait mise au point pour se sortir de ce genre de situations.

Il avait économisé deux sapèques et en même temps admis spontanément qu'il était Grand Nez. Il se dit qu'après tout ce n'était pas mal de s'appeler ainsi, puisque ses camarades et lui considéraient le nez comme une partie noble de l'anatomie. D'ailleurs, quand l'un d'eux voulait montrer qu'il était « régulier », ne posait-il pas un doigt sur son nez ?

5

Notre héros – appelons-le dorénavant Grand Nez puisqu'il en a lui-même décidé ainsi – accomplit encore des exploits beaucoup plus remarquables.

Comme toujours, on ne dispose pas de dates précises ; sans doute qu'une année au moins s'écoula entre cette nouvelle « aventure extraordinaire » et celle qui vient d'être relatée.

C'était par une chaude journée où pluie et soleil alternaient, peu avant l'heure du déjeuner, et les rues étaient noires de monde. Notre Grand Nez, posté à un point stratégique, guettait, tel un chat, les gens « heureux » pour recueillir quelques miettes de leur bonheur. Soudain, d'un bond léger, il alla se placer derrière un jeune couple élégant et implora d'une petite voix :

— Madame, Monsieur, une petite pièce, par bonté !

L'expérience lui avait appris qu'il suffit souvent d'un peu de persévérance pour obtenir quelque chose. Si, par exemple, la femme faisait une moue excédée en disant « qu'il est assommant, ce sale môme », l'homme pouvait sortir de sa poche une ou même deux sapèques pour acheter à la fois sa propre tranquillité et la reconnaissance de sa compagne.

Cette fois, pourtant, il les suivit un bon bout de chemin sans parvenir à ses fins. L'homme et la femme marchaient en se tenant par le bras et en se parlant à l'oreille sans faire attention à rien d'autre. Ils s'engagèrent dans une rue latérale. Mais comme un agent de police se tenait au tournant, Grand Nez préféra s'arrêter et les laisser prendre de l'avance avant de passer devant lui d'un pas nonchalant. Après avoir contourné cet obstacle, il chercha fiévreusement à repérer son objectif. Hélas, le couple était déjà loin, même trop loin peut-être pour qu'il puisse le rattraper. Mais il reprit espoir en le voyant s'arrêter.

Il se mit à courir, puis remarqua une autre femme en train de leur parler. Soudain, les deux femmes se jetèrent l'une sur l'autre et échangèrent des coups, tandis que l'homme s'interposait avec une nervosité visible et essayait de les calmer à tour de rôle. Quand Grand Nez les rejoignit, il s'était déjà formé un cercle de badauds qui donnaient leur avis tous à la fois. Mais il fut le seul à voir tomber sur le sol un petit paquet (c'était une de ces pochettes utilisées dans les magasins chic pour rendre la monnaie et qui peuvent contenir une douzaine de sapèques). N'écoutant que sa « conscience », il le ramassa aussitôt et le fourra sans cérémonie dans sa poche ; puis il se fraya un passage entre les jambes des spectateurs et traversa la rue en sifflant.

Grand Nez était toujours hardi en de telles occasions. Ce qui lui manquait c'était d'avoir appris à aller se servir directement dans la poche des gens. Il savait également se montrer résolu. Et si, lors de son « aventure extraordinaire » où il avait escamoté cinq sapèques à la vieille gardienne des cabinets, il avait pu paraître timoré et hésitant, ce n'était pas parce qu'il n'était encore qu'un blanc-bec, mais parce qu'il ne voulait pas trahir tout à fait la confiance qu'on lui avait accordée : il avait des scrupules à confisquer entièrement ce qu'on lui avait confié comme à un ami.

6

Quand il faisait doux, Grand Nez pouvait élire « domicile » un peu n'importe où. Comme tous ceux de son espèce, il avait des habitudes étranges ; le jour, on pouvait le rencontrer presque à tout moment dans les rues, mais personne ne savait où il dormait la nuit. Il était cependant certain qu'il ne quittait pas le territoire du « Grand Shanghai » et ne pouvait pas s'envoler.

Peut-être avait-il, comme les rats, un domicile souterrain ? N'ayant pas fait d'enquête à ce sujet, nous laisserons la question en suspens. Mais, nous nous en portons garants, l'un des nombreux gîtes provisoires de Grand Nez ne se trouvait ni dans le ciel ni sous la terre.

Nos lecteurs connaissent certainement le quartier nord du « Grand Shanghai », à la périphérie de la ville chinoise et des concessions étrangères ; après avoir reçu le baptême du feu le 28 janvier 1932[1], ce quartier n'était plus, depuis quelques années, qu'un champ de ruines envahi d'herbes folles et perpétuait ainsi le souvenir de cette journée historique. Cependant, sur cette cicatrice vénérable se dressaient encore quelques pans de murs qui défiaient l'anéantissement. Près d'un de ces murs, une boîte à ordures en ciment, survivance d'une époque de splendeur, sur laquelle s'étaient amoncelés de la boue et des débris de tuiles et de briques, ressemblait de loin à un monticule de terre.

On ne sait ni quand ni comment Grand Nez découvrit cet antre original, mais il le trouva tout de suite à son goût et se donna même sans doute beaucoup de mal pour l'arranger et en faire son « palais d'hiver ». Le fait est attesté, car on l'a vu sortir à quatre pattes, très grand seigneur, de ce domicile qui n'avait rien de céleste mais n'était pas non plus sous la terre.

En ce jour mémorable, c'était la fin du mois de janvier, et il ne faisait pas chaud, bien que le froid ne fût pas excessif.

En ce jour mémorable, il n'y avait pas de soleil, pas un rayon de soleil, le ciel était en deuil depuis le matin.

---

1. Jour de l'attaque de Shanghai par les Japonais.

En ce jour mémorable, en divers points de Shanghai, bien des gens respectables se levèrent soudain de leur siège confortable pour observer « trois minutes de silence » avant de se rendre, qui à son administration, qui à son bureau.

En ce jour mémorable, enfin, une foule en colère déferla sur une grande artère nord-sud de Shanghai, et poussa des clameurs à ébranler ciel et terre pour faire écho aux coups de canon qui avaient ébranlé la ville quatre ans auparavant.

Notre Grand Nez venait de sortir de « chez lui » et se dirigeait vers le sud à la recherche d'un petit déjeuner.

En tombant sur cet imposant cortège, il pensa tout d'abord que c'étaient de somptueuses funérailles. « Quel faux frère, ce Petit Ling, il y a aujourd'hui un bel enterrement et il n'est même pas venu me prévenir ! » se dit-il, persuadé d'avoir perdu une occasion de se faire un petit extra. Il s'arrêta au bord de la rue, dans l'espoir de repérer ce faux frère de Petit Ling parmi les porteurs de banderoles funéraires et de couronnes. Mais il ne vit rien de tout cela, ni de « divinités frayant la voie » ou de « chevaux avant-coureurs ». En tête du cortège marchaient des messieurs en longues robes ou en costumes occidentaux, des dames en robes chinoises, avec ou sans manteau, des gens en vestes courtes qui avaient l'air d'étudiants, d'ouvriers ou d'apprentis, etc., qui tous tenaient un petit drapeau.

Leur troupe gigantesque progressait sans qu'on en vît la fin ; et d'ailleurs, cette fin s'allongeait constamment, grossie en cours de route par une foule innombrable, hommes et femmes, jeunes et vieux, en vestes ou en longues robes.

Quelques personnes, dont des cyclistes, encadraient le défilé, distribuant des tracts et prenant à partie les spectateurs. Soudain une immense clameur monta jusqu'au ciel :

— Vive la lutte de libération du peuple chinois !

Ce cri fut poussé à l'unisson par des centaines de milliers de voix fondues en une seule. Grand Nez ne saisit pas le sens de ces paroles mais il comprit qu'il ne pouvait pas s'agir d'un cortège de funérailles ; malgré sa déception, il trouva ce spectacle très divertissant. Juste à ce moment, quelqu'un lui fourra un papier dans la main en lui disant :

— Marche avec nous, ami ! Participe à la manifestation patriotique !

Grand Nez ne voyait pas ce qu'il y ferait, puisqu'il n'y avait pas de banderoles funéraires ou de couronnes à porter, mais, comme il réagissait toujours avec hardiesse et résolution dans les situations mouvementées, il leur emboîta le pas.

Le défilé continuait à avancer. Devant Grand Nez marchaient quelques jeunes gens et jeunes filles qui parlaient de choses incompréhensibles et employaient parfois, à ce qu'il lui sembla, des mots étrangers. Il avait toujours détesté les gens qui parlaient des langues étrangères, car c'étaient par eux qu'il se faisait rosser ; mais des « Nez Plats » qui employaient par-ci, par-là des mots étrangers lui avaient aussi tapé dessus et encore plus fort que les « Longs Nez » qui ne s'exprimaient que dans une langue étrangère.

A ce moment, Grand Nez reçut une bouffée de vent glacial ; il sentit un picotement dans son nez, au fond pas si grand que ça ; quelque chose en sortit, qu'il recueillit avec ses doigts et projeta discrètement sur le dos d'un des jeunes gens qui employaient des mots étrangers. Personne ne l'avait vu, et il se sentit vengé.

Comme si la morve était douée d'une vie autonome, stimulée par ce premier succès, elle jaillit avec une force accrue. Au moment où Grand Nez portait la main à ses narines pour prélever de nouvelles munitions, la tête du cortège sembla rencontrer un obstacle et des clameurs confuses se propagèrent vers l'arrière. Tout le monde s'arrêta, mais les cris d'indignation, loin de se calmer, fusèrent de toute part autour de lui. Indifférent à cette agitation, il secoua sa main d'un geste calculé, et la morve se posa sur les cheveux flottants d'une jeune fille ; celle-ci eut un bref mouvement de tête comme si elle avait senti quelque chose, puis se remit à hurler à gorge déployée :

— En avant ! A bas les traîtres ! A bas les vendus !

Grand Nez flairait la bagarre, mais ne pouvait détacher son regard ravi des filaments tremblants accrochés comme des cristaux de glace aux cheveux de la jeune fille ; c'était vraiment trop drôle !

Le cortège s'ébranla à nouveau. Des cris belliqueux parvenaient de l'avant et déferlaient comme des roulements de tonnerre sur ceux de l'arrière :

— Mort aux traîtres ! Vive l'esprit du vingt-huit janvier ! A bas…

Silence soudain ! Il se passait quelque chose à l'avant. Mais ceux qui suivaient enchaînèrent :

— A bas l'impérialisme [1] !...

Grand Nez répéta avec eux. Au même moment, il aperçut le cordon d'une bourse qui sortait de la poche du pardessus déboutonné et flottant au vent d'un étudiant. Ayant acquis depuis peu des aptitudes nouvelles, il sut tout de suite que cette poche l'invitait à se servir. Et, tandis que sa bouche fustigeait les traîtres, ses jambes le portèrent aux côtés du jeune homme.

Il estimait le moment propice à l'action lorsque des policiers fondirent sur eux comme des génies

1. Les slogans « censurés » sont antijaponais.

malfaisants et confisquèrent sans ménagement les petits drapeaux des manifestants en beuglant :

— Les slogans sont interdits ! Interdits !

Grand Nez, qui n'avait pas la conscience tranquille, se glissa entre les jambes d'un grand type pour filer vers l'avant. Mais il eut le temps de voir l'étudiant en pardessus et la jeune fille avec de la morve dans les cheveux se battre contre les policiers pour défendre leurs drapeaux. De nombreux manifestants vinrent à leur secours, les cyclistes foncèrent à l'avant en actionnant leurs sonnettes, les premiers du cortège firent demi-tour pour leur prêter main-forte. Ce fut une mêlée indescriptible.

La foule scandait des encouragements et Grand Nez se mit à crier avec elle. Cette fois, il comprenait parfaitement ce qui se passait. Un laborieux syllogisme s'élabora dans sa tête : « Je me fais souvent battre par les agents de police ; or l'étudiant et la jeune fille se font aussi battre par eux. Je suis un brave garçon, donc ce sont aussi de braves gens. Or les braves gens doivent s'entraider, donc je vais les aider. »

Il ramassa un drapeau tombé à terre et l'agita de toutes ses forces. Le calme se rétablit peu à peu, et le cortège repartit. Les deux jeunes gens, qui avaient dû abandonner un drapeau, se trouvaient à côté de lui. Il tendit son drapeau à l'étudiant :

— Ne vous en faites pas, en voici un, c'est sans doute le vôtre.

L'étudiant lui sourit avec gentillesse. Puis, se tournant vers son voisin qui avait aussi l'air d'un étudiant, il lui dit quelques mots que Grand Nez ne comprit pas. Surmontant son irritation, il demanda, comme s'il venait seulement d'y penser :

— Où allez-vous ?

— A Miaohang !

— Pour quoi faire ? Et à quoi servent les drapeaux ?

— Dis, petit, intervint la jeune fille, tu te rappelles bien qu'il y a eu la guerre à Shanghai, il y a quatre ans, avec des canons et des avions qui ont détruit tant de maisons avec leurs bombes ?

— Bien sûr que je me rappelle ! répondit-il, en jetant un regard furtif sur les cheveux de la jeune fille.

— Bon ! Nous devons nous venger, tu ne trouves pas ?

Cela, Grand Nez le comprit, et il fit une grimace expressive. Mais ses yeux tombèrent à nouveau sur les cheveux de son interlocutrice, et, avec un curieux sentiment de honte, il détourna rapidement la tête.

— Vive la lutte de libération du peuple chinois !

A nouveau, la clameur monta vers le ciel. Grand Nez répéta du mieux qu'il le put, tout en observant à la dérobée la chevelure en question et en souhaitant qu'un coup de vent emporte cette souillure au plus vite.

— A bas l'impérialisme !...

— Vive l'esprit du vingt-huit janvier !

Les voix s'enflaient autour de lui comme une mer en furie. Il ne comprenait que quelques mots, mais les hurlait à tue-tête. A côté de lui, l'étudiant en pardessus gesticulait si fort en criant que sa bourse tomba de sa poche. Grand Nez fut le seul à s'en apercevoir ; il la ramassa prestement, la soupesa et…

— A bas les traîtres ! A Miaohang !

... D'une main experte, il la replaça dans sa poche d'origine. Transporté d'enthousiasme, il se mit à crier lui aussi en agitant les bras :

— A bas les... ! Salauds ! A Miaohang !

Où était ce Miaohang, qu'était-ce au juste ? Il n'en avait pas la moindre idée, mais il était convaincu que l'étudiant et la jeune fille ne pouvaient pas le tromper, qu'il devait y aller. Et il sentait confusément que c'était pour son bien qu'il y allait.

— Vive la lutte de libération du peuple chinois !

A ce moment, le défilé traversa le champ de ruines où se trouvait la « maison » de Grand Nez. Et la foule, électrisée, cria à nouveau, comme un seul homme :

— Vive la lutte de libération…

27 mai 1936

BA Jin

Chien

(Gou)

Ba Jin (né en 1904) est l'un des écrivains chinois les mieux connus en France. De son vrai nom Li Feigan, il a forgé son pseudonyme de Ba Jin à partir des noms de Bakounine et Kropotkine. C'est la seule trace qui subsiste de ses tendances anarchistes de jeunesse, car les autres ont été éliminées des rééditions de ses œuvres. Il séjourne en France de 1927 à 1929, et c'est là qu'il commence à écrire. C'est un écrivain prolifique. Ses premiers romans sont des variations passionnées sur le thème de l'individu face à la société traditionnelle et à l'engagement révolutionnaire. Les plus tardifs donnent une image très sombre de la société durant la guerre sino-japonaise. Après 1949, il n'écrit plus rien de notable. Mais il continue à publier régulièrement des reportages ou des articles, même encore actuellement, après être sorti vivant des épreuves de la Révolution culturelle.

On peut lire en français : Famille, Jia *(trad. Li Tchehoua, Flammarion, 1979) et* Printemps, Chun *(trad. E. Simar-Dauverd, Flammarion, 1982), deux volets d'une trilogie,* Le Torrent, Jiliu, *1933-1940 ;* Nuit glacée, Hanye, *1946 (trad. M.-J. Lalitte, Gallimard, 1978) ;* Le Jardin du repos, Qiyuan*, 1944 (trad. M.-J. Lalitte, Gallimard, 1981) ;* Vengeance, Baochou, *nouvelles (trad. P. Bourgeois et B. Lelarge, Seghers, 1980) ;* Destruction, Miewang, *1928 (trad. A. Pino et I. Rabut, Bleu de Chine, 1995).*

Chien *est extrait du recueil de nouvelles* Lumière *(*Guangming, *1931). Dans un commentaire de 1958, Ba Jin rappelle l'écriteau apposé devant les parcs des concessions étrangères de Shanghai : « Interdit aux Chinois et aux chiens. » Selon lui, son personnage n'est pas un fou mais s'exprime avec la logique de l'opprimé.*

1

Je ne sais ni mon nom, ni mon âge. J'existe depuis le jour où j'ai été jeté comme une pierre dans ce monde. Je ne connais ni mon père ni ma mère. Je suis un objet trouvé. J'ai la peau jaune, les cheveux et les yeux noirs, le nez plat, et je suis de petite taille. Je suis un être humain entre des millions d'autres, et mon destin est de vivre parmi eux.

Tout le monde a une enfance ; moi aussi, mais la mienne ne ressemble à aucune autre. Je ne sais pas ce que c'est d'avoir chaud ou d'être rassasié, et je ne sais pas non plus ce qu'on appelle l'« amour ». Tout ce que je connais, c'est le froid et la faim.

Un jour, je ne sais plus lequel, bref, un jour, un grand vieillard maigre et ridé s'est planté devant moi et m'a dit d'un ton sévère :

— Un garçon de ton âge devrait aller à l'école. L'étude est ce qu'il y a de plus important dans la vie.

Je me suis mis en route. J'en ai oublié la faim et le froid. Cherchant dans toutes les directions, j'ai découvert des édifices majestueux et de simples maisons qui étaient, paraît-il, de ces choses qu'on appelle écoles.

J'y suis entré la tête haute, me rappelant que l'étude est ce qu'il y a de plus important dans la vie.

— Va-t'en ! Tu n'as rien à faire ici !

Dans les beaux édifices comme dans les simples maisons, que le visage entrevu sur le seuil fût bon ou méchant, partout, j'ai entendu la même phrase. Elle me cinglait comme un coup de fouet, et je repartais la tête basse. Le rire des enfants, à l'intérieur, me poursuivait longtemps. C'est alors que pour la première fois, je me suis demandé si j'étais bien un être humain.

Mes doutes augmentaient de jour en jour. Même quand je ne voulais pas y penser, j'entendais une voix me souffler à l'oreille :

— Crois-tu vraiment que tu es un être humain ?

Un temple en ruine abritait encore la statue d'un dieu. Ce dieu sait tout, et tout est en son pouvoir, me suis-je dit. Comme il n'y avait pas de tenture devant sa niche, sa face grave s'offrait aux regards. Il avait perdu sa dorure et avait été amputé d'une main, mais, n'importe, un dieu reste toujours un dieu. J'ai prié devant l'autel délabré :

— Je t'en supplie, révèle-moi si je suis, oui ou non, un être humain.

La bouche du dieu restait close ; il n'a pas même daigné se manifester à moi dans un rêve. Mais j'ai fini par trouver moi-même la réponse : « S'il réagit ainsi, comment prétendre encore que je suis un être humain ? N'ai-je pas outragé le vénérable dieu par ce mot ? » Alors, j'ai compris que je n'étais pas un être humain.

J'en ai conclu que ma vie était ce qu'elle devait être ; je mendiais des bribes de nourriture, comme un chien demande un os. Je n'étais pas un être humain, mais une simple chose, comme un chien.

Un jour, je me suis dit : « Je peux me vendre, si je suis une chose. Puisque je n'arrive pas à vivre par moi-même, il vaut mieux me vendre à un autre et le laisser organiser ma vie ; si quelqu'un veut bien m'acheter, je peinerai pour lui comme une bête. » J'ai donc décidé de me mettre en vente. Une tige de paille[1] accrochée dans le dos, j'ai parcouru tous les marchés, calmes ou animés, marchant la tête haute et à pas lents, m'offrant à tous les regards, pour trouver un acquéreur. Je ne demandais pas d'argent, je voulais simplement que quelqu'un me recueille et me donne quelques os à ronger, pour en échange le servir comme un chien fidèle.

Mais du lever au coucher du soleil, personne n'est venu vers moi pour s'enquérir. Ce n'étaient partout que des visages narquois. Seuls deux ou trois enfants se sont approchés de moi pour jouer avec la tige de paille.

J'étais épuisé et j'avais faim. Il ne me restait qu'à rentrer dans mon vieux temple. J'ai ramassé au bord de la route un demi-*mantou* poussiéreux ; il était dur et noir, mais j'ai finalement réussi à l'avaler. J'étais content d'avoir un estomac de chien.

Le temple en ruine était silencieux. Je me suis dit : « On n'a pas voulu m'acheter, même comme une chose. Je veux bien ne pas être un être humain, mais c'est dur d'être une chose dont personne ne veut ! » J'ai pleuré ; au moins, les larmes sont précieuses, tandis qu'une chose inutile ne vaut pas une sapèque.

J'ai pleuré, à genoux devant l'autel. J'avais envie de pleurer tout mon saoul, puisque j'avais encore des larmes, et que c'était tout ce qui me restait. Puis je suis allé pleurer à la porte des riches.

Je me suis blotti dans un coin de mur devant une belle demeure, transi et affamé. J'ai pleuré pour avoir

1. Indiquant qu'un objet est à vendre.

mes larmes à avaler et mes sanglots à écouter, ce qui m'empêchait d'entendre la faim gronder dans mon ventre.

Un jeune homme en élégant costume occidental est sorti, sans me jeter un regard. Un homme plus âgé avec une belle robe chinoise est entré, sans me jeter un regard. Et les nombreux passants n'ont pas davantage fait attention à moi, à croire que je n'étais pas là, contre ce mur.

Enfin, un grand gaillard est sorti de la maison. Lui, il m'a remarqué, et s'est approché de moi, pour m'insulter :

— Fiche-moi le camp ! Ce n'est pas un endroit pour pleurer !

Sa voix a résonné comme un coup de tonnerre, et j'en ai eu le vertige. Il m'a donné un coup de pied, comme à un chien. Je me suis arrêté de pleurer et suis parti en me tenant la tête à deux mains. Je n'ai rien dit, car je n'avais rien à dire.

Rentré au temple, je me suis allongé, à bout de forces. Etendu par terre, j'ai hurlé comme un chien blessé. Les yeux graves du dieu, abaissés vers moi, caressaient mon corps endolori.

Je n'avais plus de larmes. Je me suis redressé pour m'agenouiller devant l'autel, éperdu de gratitude :

— Je ne suis pas un être humain, mais on m'a mis dans ce monde et il faut bien que je continue à vivre. Je suis né sans père ni mère, sans famille, je suis un objet trouvé. Ne voudrais-tu pas, dieu généreux, me tenir lieu de père ? Je ne suis pas un être humain, et je ne trouve personne pour m'aimer parmi les hommes.

La bouche du dieu restait close ; il n'a pas protesté. Désormais, j'avais un père, ce dieu, ce dieu généreux à la main coupée.

2

Je continuais comme d'habitude à sortir chaque jour pour aller chez les hommes mendier quelques os ; mais dès que j'avais obtenu quelque chose pour calmer ma faim, je rentrais, puisque maintenant j'avais, comme tout le monde, un père chez moi. Bien sûr, ce « chez moi » était un temple en ruine, et mon père, un dieu à la bouche toujours close, qui ne me disait jamais un mot de réconfort, mais il était le seul au monde à bien vouloir me garder avec lui. Il était toute ma famille.

Malgré le froid et la faim, le temps passait vite, et je grandissais.

Une chose étrange se développait peu à peu en moi. J'avais compris que je n'étais pas un être humain et je n'avais garde de l'oublier. Mais je n'y pouvais rien, des désirs humains se développaient en moi. Je n'avais qu'une envie, être comme les autres : bien manger, avoir une grande maison, de beaux vêtements et un lit bien chaud.

« Ce sont des désirs humains. Tu n'es pas un être humain, pourquoi aurais-tu tout cela ? » C'est ainsi que je me rappelais à la réalité quand je me surprenais à avoir ces idées étranges.

A quoi bon ? Des aspirations humaines grandissaient en ce chien que j'étais. J'avais beau flairer le danger, je ne pouvais les refouler.

Les marchandises exposées aux devantures commençaient à me fasciner. Un jour, j'ai vu, sur le trottoir, une paire de jolies jambes roses. Parfois elles marchaient, ou plutôt, dansaient légèrement ; elles bouchaient souvent mon horizon, comme deux grandes colonnes. Parfois, elles reposaient sur un pousse-pousse, au milieu de la rue, l'une sur l'autre, appuyées de biais contre le siège.

Dès que j'apercevais ces jambes au loin, je me dirigeais dans leur direction, mais une fois arrivé près d'elles, une pensée me crispait le cœur : « Attention, tu n'es pas un être humain ! » Et tout mon courage s'évanouissait.

Un jour, j'ai vu, à côté des jambes, un petit chien blanc qui se frottait le museau contre elles et avançait avec elles en sautillant. « On n'a pas besoin d'être un homme pour en avoir le droit, si c'est permis à un petit chien », me suis-je dit, et j'ai couru vers ces belles jambes, mais je ne les avais pas encore rattrapées qu'une main venue de je ne sais où m'avait empoigné et jeté à terre.

— Tu es aveugle ?

C'est tout ce que j'ai entendu avant de sentir ma tête éclater et de voir des étoiles danser devant mes yeux. J'ai perdu conscience.

Quand je me suis relevé, j'étais entouré de visages hilares et les jambes avaient disparu. Des rires bizarres me faisaient mal. Je me suis sauvé en me bouchant les oreilles.

J'avais enfin compris. J'étais encore trop heureux de me prendre pour un chien, ou une chose de ce genre. Maintenant, je savais que je n'étais même pas l'égal d'un chien.

Le cœur lourd, je suis rentré dans mon vieux temple. Je me suis assis sous l'autel pour méditer en silence. Je revoyais le petit chien blanc se frotter affectueusement aux belles jambes ; je le voyais vivre à son aise dans une belle maison, avec une bonne nourriture, une couche douillette et de tendres caresses. Une jalousie féroce me tenaillait le cœur. Je me suis mis à marcher à quatre pattes, agitant la tête, remuant l'arrière-train et hurlant « Oua-oua ! », histoire de voir si je pouvais ressembler à un chien.

J'aboyais et les sons qui sortaient de ma bouche étaient assez canins. Je savais très bien faire le chien ! J'étais heureux et satisfait. Je n'arrêtais pas de courir à quatre pattes.

Mais à la longue, mes jambes se sont dépliées et mes mains en ont eu assez de traîner par terre. J'étais désespéré : « Non, je n'ai même pas le bonheur d'être un chien ! » Je me suis allongé sur le sol et j'ai pleuré.

Les yeux encore pleins de larmes, j'ai prié à genoux devant l'autel :

— Dieu, dieu qui me sers de père, je te supplie de me changer en chien, un chien qui ressemble exactement au petit chien blanc.

La bouche du dieu restait close.

Tous les jours, je marchais à quatre pattes et j'aboyais. Mais c'était encore un trop grand bonheur pour moi que d'être un chien.

3

J'ai la peau jaune, les cheveux et les yeux noirs, le nez plat et je suis de petite taille.

Mais d'autres, en ce monde, ont la peau blanche, les cheveux clairs, les yeux verts, le nez long, et sont très grands.

Ceux-là, ils marchent à grands pas, seuls, par deux, par trois, dans les rues et sur les trottoirs ; ils regardent autour d'eux, la tête haute, ils chantent, ils crient, ils rient comme bon leur semble, comme s'ils étaient seuls. Les gens les côtoient craintivement ou les évitent du plus loin qu'ils peuvent.

J'ai fait une découverte. Ceux que l'on appelle êtres humains se divisent en deux catégories. Au-dessus de ceux que je vois d'ordinaire, il y a une espèce supérieure.

Ils portent des chapeaux blancs, des pantalons blancs à bord bleu, leurs cols sont ouverts et laissent voir leur peau velue. Ils vont par deux, trois, quatre. Ces êtres supérieurs, j'en ai rencontré plus d'une fois.

Ils sont toujours en train de rire, de chanter, de crier ; il leur arrive de taper sur quelqu'un avec une bouteille ou de toucher le visage d'une femme. Et parfois, j'en ai vu assis dans des pousse-pousse, avec de jolies jambes roses sur leurs genoux. Ils parlent une langue que je ne comprends pas.

Les gens s'écartent respectueusement de leur chemin et moi, j'ose encore moins les approcher, car ce sont des êtres supérieurs.

Je ne fais que les regarder de loin, les vénérant dans l'ombre et les félicitant pour leur bonheur. Je suis heureux qu'il y ait en ce monde des êtres aussi magnifiques, j'en oublie même ma propre misère…

Je les vénérais dans l'ombre, les félicitais pour leur bonheur. Mais je me raisonnais constamment ; il ne fallait pas les approcher de peur de les souiller. Et pourtant, j'ai fini par m'en approcher.

C'était le soir, j'avais faim et j'étais fatigué ; incapable de faire un pas de plus, je m'étais assis contre un mur en bordure de la rue et je massais mes pieds nus couverts de sang et de boue. La faim me tenaillait ; mes yeux papillotaient et je ne distinguais plus nettement ce qui m'entourait : je n'ai pas vu arriver un de ces êtres supérieurs. Lorsque je l'ai aperçu, j'ai voulu m'éloigner, mais trop tard.

Un pied s'est abattu sur mon bras gauche, si extraordinairement pointu que j'ai cru qu'il m'avait sectionné la main. J'ai eu si mal que j'ai roulé sur la chaussée. « Chien ! » C'est bien ce mot, sans erreur possible, que j'ai entendu sortir de la bouche de l'être supérieur.

Tout en caressant ma blessure, je tournais et retournais ce mot dans ma bouche.

J'ai fini par rentrer au temple. Surmontant ma douleur, j'ai marché à quatre pattes, agitant la tête, remuant l'arrière-train et aboyant. Je me sentais un chien pour de bon. J'étais heureux, je riais, et riais et pleurais à la fois. J'avais compris que maintenant j'étais un chien, un vrai. Je me suis agenouillé avec gratitude devant l'autel :

— Dieu, dieu qui me sers de père, je ne sais comment te remercier. Maintenant, je suis un chien. Un être supérieur, un de ces hommes qui sont au-dessus des autres hommes, m'a appelé chien !

La bouche du dieu restait immuablement close.

Je ne faisais plus que marcher à quatre pattes et aboyer, car j'étais un chien.

4

J'ai revu dans la rue les jambes roses, elles se dirigeaient vers moi, flanquées d'un petit chien blanc.

C'est à peine si j'ai eu la patience d'attendre qu'elles passent devant moi. J'éclatais de joie d'être un chien, moi aussi.

Le bruit des semelles de cuir se rapprochait. Tout à coup, le petit chien blanc s'est jeté sur moi en aboyant et a mordu mes haillons. Je me suis mis à quatre pattes, j'ai refermé mes bras sur lui et nous sommes restés enlacés, à nous mordre l'un l'autre.

— Fiche le camp, chien !

Tandis que la voix claire me parlait, une jambe rose m'a donné un coup de pied. J'ai roulé avec le petit chien blanc dans mes bras. J'entendais un murmure de voix tandis que des mains me tiraillaient, me frappaient. Mais ils auraient pu me tuer, je n'aurais pas lâché le petit chien blanc.

5

Depuis que j'ai repris connaissance, je suis dans un trou noir. Je n'entends pas une voix, l'air est pesant, je n'arrive pas à respirer. Je ne sais pas où je suis, mais je me rends bien compte que ce n'est pas dans une niche à chien. Je voudrais marcher à quatre pattes et aboyer, mais tout mon corps me fait mal, et, de plus, je suis ligoté, incapable de faire un mouvement.

Je pense au temple en ruine, où un dieu à la main coupée, un dieu généreux, un dieu qui me tient lieu de père est assis impassible sur son socle. Il m'attend, il faut que je rentre. Peu m'importe le reste, je veux rentrer dans mon vieux temple.

Tant pis si j'ai si mal, je suis un chien, enfin ! J'ai envie de hurler, j'ai envie de mordre, j'ai envie de couper mes cordes avec mes dents et de courir tout droit dans mon vieux temple abandonné.

1931

LAO She

Le Croissant de lune

(Yueyar)

Plus qu'un* yuan *en poche

(Mo yi kuai qian)

Il n'est plus nécessaire de présenter longuement Lao She (1899-1966) dont on a déjà eu le bonheur de lire de nombreuses œuvres en français.

Rappelons brièvement que Lao She, de son vrai nom Shu Qingchun, est d'origine mandchoue, qu'il est né à Pékin et que son style doit une partie de sa séduction au fait qu'il écrit une langue pékinoise très pure. Un séjour en Angleterre, de 1924 à 1930, et l'influence du roman anglais ont confirmé chez lui un sens inné de l'humour qui est la note dominante de beaucoup de ses livres. L'un des rares de sa génération à avoir écrit après 1949, et avec succès, il est mort victime de la Révolution culturelle ; sa mort est selon toute vraisemblance un meurtre maquillé en suicide.

On peut lire de lui en français : Le Pousse-pousse, Luotuo xiangzi, *1936 (trad F. et A. Cheng, Picquier, 1995) ;* La Cité des chats, Maocheng ji, *1932 (trad. F. François-Poncet, POF, 1981) ;* Gens de Pékin, *choix de nouvelles et récits (Gallimard, 1982) ;* La Cage entrebâillée, Lihun, *1933 (trad. P. Bady et Li Tche-houa, Gallimard, 1986) ;* L'Enfant du Nouvel An, Zheng hongqi xia, *rédigé à partir de 1961, inachevé, publié en 1979 (trad P. Bady et Li Tche-houa, Gallimard, 1986) ;* Un fils tombé du ciel, Niu tianci zhuan, *1934 (trad. Lu et Mel, Arlea, 1989) ;* Quatre générations sous un même toit, Si shi tong tang, *1946 (3 vol., I trad. Xiao, II et III trad. Chen-Andro, Mercure de France, 1996, 1998, 2000).*

Les deux nouvelles traduites ici montrent l'ampleur du registre de Lao She. Elles sont issues du même recueil, La Mer de cerisiers (Yinghai ji), *publié en 1935.* Le Croissant de lune *a été repris dans un recueil qui porte son nom.*

Le Croissant de lune *est un extrait, réécrit en nouvelle, d'un roman dont le manuscrit fut détruit dans un incendie. Il correspond, a dit Lao She, à une prise de conscience.*

Plus qu'un *yuan* en poche *est classé, par Lao She lui-même, dans ses premières nouvelles qui ne soient pas un simple amusement et ne comportent pas d'emprunts divers : « L'intrigue et les personnages sont purement imaginaires, nés entièrement d'une idée* [1]*.»*

1. *Lao niu poche (La Vieille Carriole)*, présenté et traduit par P. Bady, PUF, 1974.

Le Croissant de lune

1

Oui, je revois enfin le croissant de lune, froide faucille d'or pâle. Combien de fois, ô combien de fois ne l'ai-je pas déjà vu, fidèle et immuable ? Il est lié pour moi à tant d'émotions, tant de scènes différentes : assise à le contempler, je le retrouve, accroché de biais aux nuages, au fil de mes souvenirs, qu'il réveille comme le vent du soir effeuille une fleur qui voudrait dormir.

2

A la première apparition de ce froid croissant de lune, je connus vraiment le froid et l'amertume ; son pâle éclat brilla sur mes larmes. Je n'avais que sept ans, fillette vêtue d'une courte veste ouatée rouge et d'un bonnet que Maman m'avait fait en coton bleu imprimé de fleurs, je m'en souviens. Je regardais la lune, appuyée à la borne du seuil. Dans notre petite chambre, il y avait des odeurs de décoction et de fumée, les larmes de Maman, la maladie de Papa. Seule, sur les marches, je regardais la lune ; personne ne pensait à me faire à dîner. Je comprenais la désolation qui régnait dans la chambre, car on disait que la maladie de Papa était… ; mais je ressentais encore plus vivement mon propre chagrin, j'avais froid et faim, personne ne se souciait de moi. Je restai plantée là, jusqu'au moment où la lune se coucha. Il ne me resta alors plus rien, et je pleurai. Mais le bruit de mes pleurs fut étouffé par ceux de Maman ; Papa s'était tu, son visage était couvert d'une étoffe blanche ; je voulus la soulever pour le revoir, mais je n'osai pas. Il remplissait entièrement la chambre, si petite. Maman mit des vêtements blancs et me fit porter par-dessus ma veste ouatée rouge une tunique blanche dont les bords n'étaient pas ourlés, je m'en souviens parce que j'en tirais constamment les fils. Tout le monde s'affairait et pleurait à fendre l'âme, tout en discutant bruyamment, ce qui semblait inutile, car il n'y avait pour ainsi dire rien à faire. On mit Papa dans un cercueil de planches minces fissurées de partout. Puis cinq ou six personnes l'emportèrent. Maman et moi suivions en pleurant. Me rappeler Papa, c'est me rappeler cette caisse de bois où tout s'est terminé pour lui : chaque fois que je pense à lui, je me dis que je ne peux plus le revoir à moins d'ouvrir cette caisse. Mais, bien que je connaisse l'endroit, hors de la ville, où elle est enfouie sous la terre, il me serait aussi impossible de la retrouver qu'une goutte de pluie absorbée par le sol.

3

Maman et moi étions encore en blanc lorsque je revis le croissant de lune. Il faisait froid. Munie d'une mince liasse de papiers à brûler, Maman m'emmena sur la tombe de Papa, hors de la ville. Elle fut particulièrement gentille avec moi ce jour-là, me portant un bout de chemin quand je ne pouvais plus marcher ; à la porte de la ville, elle m'acheta des châtaignes grillées. Tout était froid, sauf les châtaignes ; je ne pouvais me décider à les manger et me réchauffai les mains avec. Je ne sais plus quelle distance nous parcourûmes, mais ce dut être loin, très loin ; plus loin qu'il ne m'avait semblé le jour de l'enterrement, sans doute parce qu'il y avait beaucoup de monde. Cette fois, nous étions seules, Maman ne parlait pas et je n'en avais pas envie non plus. Tout était silencieux ; les chemins étaient déserts à perte de vue, la nuit tombait vite. Je me rappelle la tombe : un petit tertre, et au loin, quelques buttes de terre jaune au-dessus desquelles le soleil s'inclinait. Comme si je ne comptais plus pour elle, Maman me déposa à côté de la tombe qu'elle étreignit en pleurant. Je restai assise là, à jouer avec des châtaignes. Après avoir pleuré, elle brûla l'argent pour les morts, et les cendres voletèrent devant mes yeux avant de se reposer paresseusement sur le sol. Il n'y avait presque pas de vent, mais il était très froid. Maman se remit à pleurer. Je pensais aussi à Papa, mais n'avais pas envie de pleurer à cause de lui ; pourtant, je pleurai, apitoyée par les larmes de Maman. Je lui pris la main pour la consoler ; mais ses sanglots redoublèrent tandis qu'elle me serrait contre elle. Le soleil allait se coucher. Il n'y avait personne d'autre alentour que nous deux. Comme si elle avait aussi un peu peur, les yeux encore humides, Maman m'emmena. Alors que nous étions déjà loin, elle regarda en arrière. Je me retournai aussi : on ne distinguait déjà plus la tombe, perdue au milieu de tous les petits tertres qui se succédaient jusqu'au pied des dunes. Maman soupira. Nous continuâmes à marcher, plus ou moins vite, et nous n'étions pas encore à la porte de la ville lorsque je vis le croissant de lune. Tout était obscur et silencieux, seule la lune émettait un froid faisceau lumineux. J'étais fatiguée, et Maman me prit dans ses bras. Je ne sais plus comment nous arrivâmes jusque dans la ville, mon seul vague souvenir est ce croissant dans le ciel.

4

A huit ans, j'avais déjà appris à mettre des affaires en gage. Je savais que nous n'aurions rien à manger le soir si je n'en tirais pas d'argent. Maman ne pouvait faire autrement ; chaque fois qu'elle me confiait un petit paquet à emporter, je pouvais être sûre qu'il ne restait pas un grain de riz au fond de la marmite, qui était bien souvent aussi nette qu'une veuve vertueuse. Ce jour-là, ce fut un miroir que j'emportai, le seul objet dont nous pensions encore pouvoir nous passer, bien que Maman s'en servît tous les jours. C'était le printemps, et les vêtements ouatés que nous venions de quitter avaient déjà pris le chemin de la boutique du prêteur sur gages. Je savais qu'il fallait porter ce miroir avec autant de soin que de célérité, car la boutique fermait de bonne heure. J'avais peur de sa grande porte rouge et de son haut et long comptoir. Je sentais mon cœur battre à la vue de cette porte, mais j'entrais, il le fallait, en enjambant, pour ainsi dire, le seuil surélevé ; et j'avais besoin de toute ma force pour tendre l'objet à bout de bras et crier :

— Je l'engage !

Puis, serrant avec précaution l'argent et le bulletin, je me dépêchais de rentrer car Maman était inquiète. Mais cette fois-ci, on ne voulut pas du miroir et me dit d'y ajouter un autre « article ». Je savais ce que cela signifiait. Serrant le miroir contre moi, je courus à la maison. Maman pleura ; elle ne trouva pas un second « article ». J'étais habituée à notre petite chambre et la croyais remplie d'objets ; c'est en aidant Maman à chercher quelque chose de monnayable que je compris combien nous étions démunies. Maman ne m'y renvoya pas. Comme je lui demandais comment nous allions manger, elle me tendit en pleurant son épingle à chignon, le seul objet en argent qu'elle possédât. Elle l'avait déjà retirée plus d'une fois sans jamais pouvoir se décider à la mettre en gage. C'était un cadeau de mariage de ma grand-mère. Elle me la donna donc, en me disant de laisser le miroir. Je me hâtai de toutes mes forces vers la boutique de prêt, mais la grande porte redoutable était déjà hermétiquement fermée. L'épingle dans les mains, je m'assis sur le rebord du seuil ; je n'osai pas pleurer trop fort. Je regardai le ciel et, de nouveau, le croissant de lune brilla sur mes larmes. Je pleurais depuis longtemps quand Maman apparut dans l'obscurité et me prit la main. Oh, comme sa main à elle était chaude ! Réconfortée rien qu'à son contact, j'en oubliai mon désespoir et même ma faim. Je dis en réprimant un sanglot :

— Maman, rentrons dormir, je reviendrai demain matin.

Elle ne répondit pas. Après avoir marché un moment je poursuivis :

— Regarde la lune ! Le jour où Papa est mort, elle était tout aussi oblique. Pourquoi est-elle toujours de travers ?

Maman ne répondit pas davantage ; sa main tremblait légèrement.

5

Toute la journée, Maman faisait la lessive pour des étrangers ; j'aurais voulu l'aider mais en étais incapable ; tout ce que je pouvais faire, c'était de lui tenir compagnie et de l'attendre pour aller me coucher. Parfois, elle s'échinait encore à perdre haleine lorsque la lune se levait. Les chaussettes puantes dures comme du cuir, apportées par des commis de boutiques, lui coupaient l'appétit. J'étais assise à côté d'elle et regardais la lune ; dans ses rayons passaient et repassaient fugitivement des chauves-souris, telles de grosses châtaignes d'eau enfilées sur un cordon d'argent, avant de disparaître dans l'ombre. Plus Maman me faisait peine, plus j'aimais le croissant de lune, qui me consolait un peu. C'était en été que je le préférais, car il était frais comme de la glace. J'aimais les ombres évanescentes qu'il projetait sur le sol, légères et indistinctes, et bientôt disparues. A ce moment, le sol devenait d'un noir intense, mais les étoiles avaient un éclat et les fleurs un parfum tout aussi intenses. Il y avait chez nos voisins des arbres en fleurs, et celles d'un grand acacia retombaient de notre côté, comme une couche de neige.

6

Comme Maman avait les mains gercées par les lessives, je lui demandais de me frotter le dos pour soulager mes démangeaisons mais je n'osais pas le faire trop souvent, car c'était à force de laver que ses mains étaient calleuses. Elle maigrissait, puisque l'odeur des chaussettes lui coupait l'appétit. Je me doutais qu'elle cherchait une solution ; il lui arrivait souvent de repousser le linge et de regarder dans le vide ou elle se mettait à parler toute seule. Quelle idée avait-elle en tête ? Je ne pouvais le deviner.

7

Maman me recommanda de ne pas me buter et de l'appeler gentiment « Papa » : elle m'avait retrouvé un père. C'en était un nouveau, je le savais, puisque l'autre était dans une tombe. Tout en me raisonnant, elle détourna ses yeux remplis de larmes :

— Je ne peux pas te laisser mourir de faim !

C'était donc pour cela ! Ne comprenant pas très bien, j'eus un peu peur et en même temps un peu d'espoir : nous allions cesser d'avoir faim. Comme par coïncidence, le croissant de lune était dans le ciel lorsque nous quittâmes notre petite chambre. Mais il était plus net et plus angoissant que d'habitude : j'abandonnais un univers familier. Maman partit dans un palanquin rouge, précédée de quelques musiciens qui jouaient mal ; je suivais avec un monsieur qui me tenait par la main. La pâle lueur de cette lune angoissante semblait trembler dans la fraîcheur du vent. Les rues étaient désertes, seuls quelques chiens errants rôdaient autour des musiciens. Le palanquin avançait très vite. Où allait-il ? Emportait-il Maman hors de la ville, vers la tombe ? L'homme me traînait, essoufflée et réprimant des sanglots ; sa main était moite de sueur et froide comme un poisson. J'aurais voulu appeler Maman mais je n'osai pas. Au bout d'un moment, alors que le croissant de lune ressemblait déjà à un œil près de se fermer, le palanquin entra dans une ruelle.

8

Je ne crois pas avoir revu le croissant de lune pendant trois ou quatre ans. Mon nouveau père était très gentil avec nous. Il avait deux pièces : Maman et lui occupaient celle du fond, j'avais un lit de planches dans la première. Au début, j'aurais voulu dormir avec Maman, mais au bout de quelques jours, j'aimais bien « ma » petite chambre, aux murs blancs, où il y avait aussi une table et une chaise. Tout cela semblait m'appartenir ; ma couverture était plus épaisse que l'ancienne. Maman reprit du poids, elle avait meilleure mine et ses gerçures aux mains disparurent. Il y avait longtemps que je n'étais pas allée à la boutique de prêt. Mon nouveau père m'envoya à l'école. Parfois, il jouait un moment avec moi. Pourquoi n'aimais-je pas l'appeler « Papa », alors que je le trouvais charmant ? Il semblait d'ailleurs s'en rendre compte ; il me souriait souvent et ses yeux étaient alors très beaux. Maman me suppliait en cachette de l'appeler « Papa » et je ne voulais pas la contrarier. Je comprenais que si nous mangions à notre faim, c'était grâce à lui… Non, je ne me souviens pas d'avoir vu la lune durant ces trois ou quatre ans ; peut-être que si, mais je l'ai oublié. Le croissant de lune qui brillait pour la mort de Papa, celui qui éclairait le palanquin de Maman, jamais je ne les oublierai. Cette faible lumière glaciale restera toujours dans mon cœur, plus pure et fraîche que tout, comme un morceau de jade, que je croirais pouvoir effleurer de la main.

9

J'aimais l'école, et elle me semblait pleine de fleurs bien qu'en réalité il n'en fût rien. Mais, en y pensant, je vois des fleurs, comme en pensant à la tombe de Papa, je vois le croissant de lune, oblique dans la brise des champs. Maman aimait les fleurs ; elle ne pouvait en acheter mais si on lui en offrait une, elle se la piquait, toute contente, dans les cheveux. Quand j'en avais l'occasion, j'en cueillais une ou deux pour elle. Avec une fleur fraîche dans les cheveux, elle semblait encore très jeune, vue de dos. Elle était heureuse, donc je l'étais aussi, et c'est sans doute parce que je l'étais également à l'école que son souvenir est associé pour moi à des fleurs.

10

Pendant ma dernière année d'école primaire, Maman me renvoya mettre des affaires en gage. Je ne sais pourquoi mon nouveau père était soudain parti. Maman ne semblait pas savoir où ; persuadée qu'il reviendrait bientôt, elle continua à m'envoyer à l'école. Les jours passèrent, et rien ne vint, pas même une lettre. J'étais très triste à l'idée que Maman devrait de nouveau laver d'immondes chaussettes. Mais elle n'y songeait pas, et continuait à soigner sa toilette et à porter des fleurs dans ses cheveux. Chose curieuse, loin de pleurer, elle souriait toujours. Je ne comprenais pas. Plus d'une fois, en rentrant de l'école, je la vis debout à la porte. Bientôt, des hommes me hélèrent dans la rue ;

— Eh, va donner ce mot à ta mère !

— Et toi, tendron, es-tu aussi à vendre ?

J'avais le visage en feu et aurais voulu rentrer sous terre. Je compris, sans être plus avancée pour autant. Je ne pouvais interroger Maman, impossible. Elle était très gentille avec moi, et me répétait gravement :

— Instruis-toi, profite de tes études !

Elle-même ne savait pas lire, pourquoi m'exhortait-elle de la sorte à apprendre ? J'eus des soupçons : ferait-elle des choses pareilles à cause de moi ? Mais que pouvait-elle faire d'autre ? Quand j'éprouvais ces soupçons, je l'aurais volontiers maudite, puis, après y avoir réfléchi, je ne pensais qu'à l'embrasser, la supplier de ne plus le faire. Je m'en voulais d'être inutile et me demandais si je le serais moins après l'école primaire. Je me renseignai auprès de mes camarades ; les unes me dirent qu'un bon nombre des diplômées de l'an dernier étaient devenues des concubines ; d'autres me dirent que certaines se prostituaient. Sans bien comprendre, je devinais, à la manière dont elles en parlaient, que ce n'était pas très bien. Elles semblaient savoir à quoi s'en tenir, mais ne discutaient pas moins en cachette de ces choses qu'elles savaient choquantes, rouges d'excitation et de plaisir. Je ne m'en méfiais que davantage de Maman : attendait-elle que j'aie fini l'école pour… ? Quand il me venait des idées pareilles, je n'osais pas rentrer à la maison, craignant de me retrouver face à face avec elle. Je ne dépensais pas l'argent qu'elle me donnait parfois pour un gâteau ; j'allais le ventre vide au cours de gymnastique où j'avais souvent des étourdissements ; et quand je voyais les autres manger des gâteaux, l'eau me venait à la bouche. Mais il fallait que je fasse des économies pour me sauver au cas où Maman voudrait que je… En fait, je ne possédais jamais plus de quelques sous. A ces moments-là, même le jour, je regardais le ciel pour y chercher mon croissant de lune. Si mon chagrin pouvait se comparer à quelque chose, c'était à ce croissant de lune solitaire, en suspens dans le ciel bleu-gris, dont la faible lueur allait être bientôt engloutie par les ténèbres.

11

Le plus triste pour moi fut d'en arriver peu à peu à détester Maman. Mais, automatiquement, je la revoyais alors me porter pour aller sur la tombe de Papa, et je ne pouvais plus la détester. Puis, ma haine était de nouveau plus forte que moi. Mon cœur était comme le croissant de lune qui s'allume fugitivement dans un océan de ténèbres. Il venait souvent des hommes chez Maman, elle ne s'en cachait plus. Ils me regardaient comme des chiens qui salivent et tirent la langue ; j'étais encore plus appétissante à leurs yeux. Je compris en très peu de temps bien des choses. Il fallait que je me tienne sur mes gardes ; je pressentis que mon corps recelait un trésor et je perçus en moi une odeur qui me faisait honte, me mettait en émoi. Je disposais de forces qui pouvaient me protéger comme me détruire. Je me raidissais ou me laissais aller tour à tour, sans savoir quand j'avais raison. Je ne demandais qu'à aimer Maman ; mais au moment même où j'aurais voulu lui poser des questions, être rassurée, il fallait que je l'évite, que je la déteste. Sinon, je n'aurais pas pu survivre. Durant mes insomnies, je pensais à elle avec plus de lucidité et lui trouvais des excuses ; elle avait à nous nourrir toutes les deux. Mais j'avais alors envie de refuser cette nourriture. Plein de contradictions, mon cœur était comme une bise hivernale qui se calme un instant pour souffler avec une violence accrue. J'attendais tranquillement la prochaine bouffée de colère que je ne pourrais refouler.

12

Je n'avais pas encore trouvé de solution lorsque les choses s'aggravèrent. Maman me demanda :

— Eh bien ? ajoutant qu'il était temps que je l'aide si je l'aimais. Sinon, elle ne pourrait plus s'occuper de moi.

Je n'en crus pas mes oreilles, mais Maman ne mâcha pas ses mots :

— Je serai bientôt vieille. Dans deux ans, même à l'œil, personne ne voudra plus de moi.

C'était hélas vrai. Depuis quelque temps, ses rides se voyaient malgré une épaisse couche de poudre. Elle voulait faire un pas de plus et se mettre à la disposition exclusive d'un seul homme, n'ayant plus le courage d'en servir plusieurs à la fois. Elle avait trouvé un amateur éventuel, un marchand de *mantou*, mais il fallait qu'elle aille chez lui sur-le-champ. Comme j'étais déjà une grande fille, il n'allait plus de soi que je suive son palanquin. Il faudrait que je me débrouille toute seule. En revanche, si j'étais disposée à l'« aider », à être son gagne-pain, elle n'aurait pas à faire ce pas. Je ne demandais pas mieux que de l'entretenir, mais je tremblais à l'idée de gagner ainsi notre vie. Comment me demander, inexpérimentée comme je l'étais, de me comporter comme une femme mûre ? Maman était impitoyable, mais l'argent l'était plus encore. Elle ne m'y obligeait d'ailleurs pas, j'avais le choix : soit je l'aidais, soit mère et fille irions chacune notre chemin. Maman n'avait pas de larmes dans les yeux, il y a longtemps qu'ils étaient secs. Qu'allais-je faire ?

13

J'en parlai à la directrice de l'école. C'était une quadragénaire replète, pas très intelligente, mais qui avait bon cœur. J'étais à bout d'expédients, sinon comment aurais-je pu me résoudre à dire à une quasi-inconnue ce que Maman… Quand je me mis à parler, chaque mot me brûla la gorge comme un charbon incandescent et je restai muette un bon moment avant de pouvoir continuer. La directrice fut disposée à m'aider. Elle ne pouvait me donner d'argent, mais me nourrir et me loger à l'école où j'habiterais avec une vieille domestique. Elle me demanda de faire des travaux d'écriture au secrétariat, mais un peu plus tard, quand j'aurais amélioré ma calligraphie. Deux repas quotidiens et un toit : un grand problème était résolu. Je ne serais pas à la charge de Maman. Elle-même, cette fois, ne partit pas en palanquin, mais dans un pousse, et à la nuit tombée. Elle me remit ma literie en me quittant et s'efforça de ne pas pleurer, mais les larmes qui lui gonflaient le cœur finirent par déborder. Elle savait que je ne pourrais pas aller la voir, moi, sa propre fille. Quant à moi, j'avais oublié ce que c'est de pleurer ; ma bouche restait ouverte, à sangloter, tandis que mes larmes coulaient d'elles-mêmes. J'étais sa fille, son amie, sa consolatrice. Mais je ne pouvais pas l'aider à moins de me résoudre à l'inacceptable. Je me dis, après ces adieux, que nous étions comme deux chiens abandonnés. Nous devions endurer tant de souffrances parce que nos ventres criaient famine, comme si nos corps n'étaient qu'un ventre qui nous obligeait à vendre tout le reste. Je ne détestais plus Maman, oh non ! Elle n'était pas coupable, la coupable, c'était cette nourriture dont nous ne pouvions pourtant pas nous passer. La séparation fut pire que ce que j'avais déjà enduré. Le croissant de lune, qui comprenait le mieux la raison de mes larmes, ne se montra pas. La nuit était sombre, sans même une luciole. Maman avait disparu dans les ténèbres comme un fantôme, sans projeter une ombre. Même si elle devait mourir tout de suite, je ne pourrais pas l'enterrer auprès de Papa, et ne saurais jamais où se trouve sa tombe. Je n'avais qu'elle, elle était ma seule amie. Je restais seule au monde.

14

Je pensais ne jamais la revoir, et l'amour mourut en moi comme une fleur précoce tuée par le gel. Je travaillais consciencieusement ma calligraphie afin de pouvoir aider la directrice de l'école par de menus travaux de copie. Il fallait que je me rende utile puisqu'on me nourrissait. Je n'étais pas comme mes camarades qui passaient leur journée à observer ce que les autres mangeaient, portaient sur le dos ou disaient. Je ne m'occupais que de moi, mon ombre était ma seule amie. Mon cœur était toujours plein de moi-même puisque personne d'autre ne m'aimait. Donc, c'était moi qui m'aimais, me plaignais, m'encourageais, me grondais. Je me connaissais de l'extérieur, comme si j'étais une autre. Je voyais mon corps se transformer, sans comprendre, sans savoir s'il fallait m'en inquiéter ou m'en réjouir. Je prenais soin de moi comme d'une fleur délicate. Je ne pouvais me soucier que de l'instant présent, je n'avais pas d'avenir et n'osais y réfléchir sérieusement. Nourrie par des étrangers, je savais quand c'était midi ou le soir, sinon je n'aurais eu aucune notion du temps : sans espoir, le temps n'existe pas. J'étais comme clouée à un endroit où il n'y avait ni jours ni mois. Le souvenir de Maman me rappelait que j'avais un passé de plus de dix ans derrière moi. Quant à l'avenir, je n'attendais pas, comme mes camarades, les vacances, les jours de fête, le nouvel an, cela ne me concernait pas. Mais mon corps ne s'en développait pas moins, augmentant mon trouble et mon inquiétude. Ma seule consolation était de voir que j'embellissais. La beauté aurait pu m'assurer une meilleure place dans la société, mais comme je n'y avais pas ma place au départ, la douceur de cette consolation tournait à l'amertume qui, à son tour, se muait en orgueil : pauvre, mais belle ! Et pour finir, c'était de nouveau la peur : Maman aussi était loin d'être laide !

15

Depuis longtemps, je n'osais plus regarder le croissant de lune malgré l'envie que j'en avais. Bien qu'ayant passé mon certificat d'études primaires, j'habitais toujours à l'école, seule avec deux vieux domestiques, un homme et une femme. Ils ne savaient pas comment se comporter avec moi, qui n'étais ni une élève, ni un professeur, ni à proprement parler une domestique. Quand je me promenais dans la cour, le soir, il me fallait souvent rentrer, de peur de voir le croissant de lune. Mais il me poursuivait en pensées dans ma chambre, surtout quand soufflait une brise qui semblait porter ses rayons jusque dans mon cœur pour me rappeler le passé et augmenter mon chagrin présent. Mon cœur était comme une chauve-souris au clair de lune qui reste noire même dans la lumière. Je n'avais pas d'espoir, j'étais sombre et taciturne, mais ne pleurais pas.

16

Je gagnais de petites sommes par-ci par-là en tricotant pour les élèves, avec l'autorisation de la directrice. Mais cela ne me rapportait pas grand-chose, car elles savaient aussi tricoter et n'avaient recours à mes services que lorsqu'elles étaient trop pressées ou voulaient une paire de gants ou de chaussettes pour quelqu'un de leur famille. C'était bien peu, mais assez pour me redonner goût à la vie. Je me disais même que j'aurais pu entretenir Maman si elle n'était pas partie. En fait, il me suffisait de compter ma fortune pour savoir que ce n'était qu'une illusion, aussi réconfortante fût-elle. J'avais très envie de revoir Maman et j'étais persuadée qu'elle me suivrait en me voyant ; nous pourrions nous débrouiller, m'imaginais-je sans y croire tout à fait. En tout cas, je pensais à elle et la voyais souvent dans mes rêves. Un jour, j'étais allée me promener avec les élèves dans les environs de la ville et comme il était plus de quatre heures, nous prîmes un raccourci pour rentrer. C'est là que je revis Maman. Il y avait dans une ruelle une boutique de *mantou* avec devant la porte un panier[1] surmonté d'un énorme *mantou* en bois blanc. Maman était assise contre le mur, se courbant et se redressant tour à tour pour actionner un soufflet. Je les aperçus de loin, le grand *mantou* et Maman, que je reconnus de dos. Je voulus me précipiter vers elle et l'embrasser, mais n'osai pas, de peur que les élèves ne se moquent de moi et ne soient choquées par ma mère. En approchant, je baissai la tête et lui jetai un coup d'œil à travers mes larmes. Elle ne me vit pas, et ne sembla pas trop nous remarquer quand nous la frôlâmes au passage, trop occupée à actionner son soufflet. De loin, je tournai la tête : elle continuait son travail. Je ne distinguai pas ses traits et vis seulement que des mèches de cheveux lui tombaient sur le front. Je notai le nom de la ruelle.

---

1. Littéralement, panier « en forme de *yuanbao* », lingot aux bords légèrement relevés.

17

Le désir de revoir Maman me rongeait le cœur comme un ver. Juste à ce moment, notre école changea de direction. La grosse directrice me dit de prendre une décision ; je n'avais pas à m'inquiéter pour ma nourriture et mon logement tant qu'elle serait là, mais elle ne pouvait prendre d'engagements au nom du nouveau directeur. Je comptais mes économies, qui se montaient à moins de trois *yuan*. C'était assez pour ne pas avoir faim pendant les premiers jours, mais où aller ? Je ne pouvais rester assise à ressasser mes idées noires, il fallait que je trouve une solution. Ma première pensée fut d'aller chez Maman. Mais pouvait-elle me recueillir ? Si elle ne le pouvait pas, ma venue risquerait de provoquer une dispute avec le marchand de *mantou*, et en tout cas, elle serait très malheureuse. Il fallait que je me mette à sa place, elle était encore ma mère, même si la pauvreté avait dressé un obstacle entre nous. Après mûre réflexion, je renonçai à mon projet. Il fallait que je vienne seule à bout de mes difficultés. Comment ? Je n'en avais aucune idée. Le monde me semblait exigu, sans une place pour m'accueillir avec mon maigre baluchon. J'étais moins qu'un chien, qui trouve un coin pour dormir. Moi, je n'avais pas le droit de coucher dans la rue, j'étais un être humain, c'est-à-dire plus mal lotie qu'un chien. Si je faisais des difficultés pour m'en aller, le nouveau directeur ne me chasserait-il pas ? Je ne pouvais attendre d'être mise à la porte. C'était le printemps. Je voyais les fleurs s'ouvrir et les arbres reverdir, mais je ne sentais pas la chaleur ; les fleurs rouges n'étaient que des fleurs rouges, les feuilles vertes n'étaient que des feuilles vertes : ces couleurs ne signifiaient rien pour moi. Le printemps mourait et se glaçait dans mon cœur. Je ne voulais pas pleurer, mais mes larmes coulaient d'elles-mêmes.

18

Je cherchai du travail. Je n'allai pas chez Maman, je ne voulais dépendre de personne pour ma subsistance. Je passai deux jours entiers au-dehors, partant pleine d'espoir, rentrant barbouillée de poussière et de larmes. Il n'y avait pas de travail pour moi. Je compris enfin Maman et l'excusai tout à fait. Elle avait au moins lavé des chaussettes puantes, je n'en étais même pas capable. Elle s'était engagée dans la seule voie qui s'offrait. Les connaissances et les principes moraux que l'on m'avait appris à l'école étaient une plaisanterie, une fantaisie réservée à ceux qui mangent à leur faim et ont des loisirs. Mes camarades auraient été choquées par ma mère, elles qui parlaient avec ironie des prostituées ; rien de plus naturel, elles mangeaient à leur faim. J'étais presque résolue : pourvu que quelqu'un me donne à manger, je ferais n'importe quoi. Maman était admirable. Je décidai de ne pas mourir, bien que l'idée m'en eût effleurée. Non, je voulais vivre. J'étais jeune et belle, je voulais vivre. Ce n'était pas moi qui avais inventé l'infamie.

19

Dans cet état d'esprit, je m'imaginais avoir déjà trouvé un travail. J'osais me promener dans la cour, j'appréciais la beauté du croissant de lune printanier qui se détachait sur un ciel bleu sombre sans nuages. Il illuminait tendrement les saules qui, agités par une brise du sud parfumée, projetaient par intermittence leur ombre sur un pan de mur éclairé. Le clair-obscur et le vent, tout était doux, ensommeillé, et animé d'un mouvement indolent. Deux étoiles, souriantes comme les yeux d'une immortelle, se moquaient du croissant de lune oblique et des saules tremblants. Près du mur, un arbre en fleur éclairé d'un côté par la lune, à demi blanc comme neige, à demi gris mat, offrait une image d'une incroyable pureté. Cette fois, me dis-je, le croissant de lune m'apporte l'espoir.

20

Je retournai chez la grosse directrice, mais elle n'était pas chez elle. Un jeune homme me fit entrer. Il était beau garçon et fort aimable. J'avais en général peur des hommes, mais celui-ci ne m'inspira aucune crainte. Il m'invita à parler et j'aurais eu mauvaise grâce à ne pas le faire, attendrie par son sourire. Je lui dis les raisons de ma visite ; il sympathisa et promit de m'aider. Le soir même, il m'apporta deux *yuan*, et comme je les refusais, il dit que c'était de la part de sa tante, la directrice de l'école. Il ajouta qu'elle m'avait trouvé un logement où je pourrais m'installer dès le lendemain. Je n'osai pas mettre en doute ses paroles, comme j'aurais dû. Son sourire me pénétrait jusqu'au cœur, il aurait été désobligeant de ne pas croire quelqu'un d'aussi aimable et charmant.

21

Ses lèvres souriantes étaient sur mon visage et, au-dessus de ses cheveux, je voyais le croissant de lune qui souriait aussi. La brise printanière était comme ivre et déchirait les nuages pour laisser voir la lune et un ou deux couples d'étoiles. Au bord de la rivière, les saules s'agitaient mollement, des grenouilles chantaient amoureusement, le parfum des jeunes roseaux flottait dans l'air tiède du soir. J'écoutais le murmure de l'eau, source de force et de vie pour les tendres roseaux dont j'imaginais l'allègre croissance. La sève des jeunes pousses montait du sol chaud et humide jusqu'aux feuilles et aux fleurs. Tout dans ce coin de terre fécondé et transfiguré par le printemps répandait un parfum de fleurs épanouies. J'avais perdu conscience d'être moi-même, livrée toute au printemps comme la végétation alentour ; je n'existais plus, fondue dans la brise et le pâle clair de lune. Mais la lune fut soudain cachée par un nuage et je revins à moi. J'avais perdu le croissant de lune et je m'étais perdue moi-même. Je me retrouvai comme Maman.

22

Je regrettais, puis me consolais, j'avais envie de pleurer ou j'étais heureuse, sans savoir quand j'avais raison. Je voulais me sauver, ne jamais le revoir, puis je pensais à lui et me sentais seule. J'avais deux petites pièces, où il venait tous les soirs, toujours aussi séduisant, aussi affectueux. Il me nourrissait et m'habillait. Je voyais comme j'étais belle avec ces nouveaux vêtements, et même si je les détestais parfois, je n'aurais plus pu les quitter. Je n'osais pas réfléchir, et me sentais trop paresseuse pour cela. Je m'étourdissais et me mettais du rouge. Je n'avais pas envie de soigner ma toilette, mais j'étais bien obligée, par désœuvrement. En me faisant belle, je m'attendrissais sur moi-même ; une fois parée, je me détestais. Je pleurais pour un rien, mais arrivais à refouler mes larmes, d'où le charme de mes yeux toujours humides. Je l'embrassais parfois comme une folle, puis le repoussais et l'injuriais. Il souriait toujours.

23

Dès le début, je savais que je n'avais rien à espérer. Il avait suffi d'un nuage pour cacher le croissant de lune, mon avenir était sombre. En effet, mon rêve du printemps fut bref et s'acheva avec la venue de l'été. Un jour, vers midi, une jeune femme se présenta chez moi. Elle était belle, mais d'une beauté insipide comme une statuette de porcelaine. Aussitôt entrée, elle se mit à pleurer. Je n'eus pas à l'interroger pour comprendre. Voyant qu'elle ne venait pas pour me faire une scène, je ne me préparai pas à lutter. Elle avait bon caractère et, toujours en larmes, elle me prit la main :

— Il nous a trompées toutes deux.

Je l'avais d'abord prise pour une « amie », comme moi, mais non, elle était sa femme. Sans me faire de scène, elle me supplia sans relâche de le quitter. Partagée entre des sentiments divers, j'eus pitié d'elle et le lui promis. Elle sourit ; elle me parut assez sotte et incapable de comprendre quoi que ce soit, sauf qu'elle voulait son mari.

24

J'arpentai les rues pendant des heures. C'était facile de faire des promesses, mais qu'allais-je devenir ? Je ne voulais plus des affaires qu'il m'avait offertes, la rupture devait être radicale. Mais que me resterait-il si je renonçais à ces menues possessions ? Où aller ? Comment manger le soir même ? Bien, je les garderais, rien à faire. Je déménageai clandestinement. Je ne regrettais rien, mais me sentais poussée dans le vide comme un nuage. Je m'installai dans une petite chambre et dormis toute une journée.

25

Je savais être économe, ayant appris toute petite la valeur de l'argent. Sans être entièrement démunie, j'étais désireuse de trouver tout de suite du travail. Je n'espérais rien, au moins je ne risquais rien. Mais j'avais beau avoir deux ans de plus, ce ne fut pas plus facile. Je m'obstinai, en pure perte, simplement parce que j'estimais qu'il le fallait. C'était vraiment difficile pour une femme de gagner de l'argent ! Maman avait raison, il n'y avait pas d'autre voie que la sienne. Je me refusais à m'y engager immédiatement tout en sachant que je le ferais tôt ou tard. Plus je me débattais, plus j'avais peur. Mon espoir était comme la nouvelle lune, si vite évanouie, et il se trouva bien amenuisé au bout d'une ou deux semaines. Finalement, je me présentai dans un petit restaurant ; le patron, un colosse hors de proportion avec la taille de l'établissement, passait en revue une série de jeunes filles, toutes jolies, toutes instruites. Chacune de nous attendait, ainsi qu'une faveur impériale, d'être distinguée par ce géant décati comme une pagode vétuste. Ce fut moi qu'il choisit. Je ne lui en sus pas gré mais, sur le moment, je fus contente. Les autres me regardèrent avec envie ; en s'en allant, certaines pleurèrent, d'autres crièrent des jurons. Une femme n'a décidément aucune valeur marchande.

26

Je me retrouvai seconde serveuse dans ce petit restaurant. Apporter des plats et les disposer sur la table, faire l'addition, réciter la carte, j'étais inexperte en tout cela et pleine d'appréhension. Mais la « première » me dit de ne pas m'affoler ; elle ne le savait pas mieux, c'était Xiao Shun qui s'occupait de tout. Notre rôle consistait à servir le thé aux clients, à leur présenter des serviettes chaudes et à leur apporter l'addition. Le reste n'était pas notre affaire. Chose curieuse, les manches de la « première » étaient roulées très haut, et leur doublure blanche toujours immaculée. A son poignet était noué un mouchoir de soie blanche sur lequel était brodé « Petite sœur, je t'aime ». Elle rectifiait constamment son maquillage et ses lèvres peintes avaient l'air d'une grenade rouge sang. Quand elle allumait la cigarette d'un client, elle pressait son genou contre sa jambe, et quand elle servait de l'alcool, elle en prenait parfois une gorgée. Il y avait ceux pour qui elle avait des attentions particulières et ceux qu'elle ignorait ; quand elle baissait les paupières en faisant semblant de ne pas voir quelqu'un, c'était à moi de m'en occuper. J'avais toujours aussi peur des hommes. Mon peu d'expérience avait suffi pour me mettre en garde ; amour ou pas, les hommes étaient redoutables. Surtout ceux qui fréquentaient ce restaurant. Ils affectaient la plus exquise politesse, se battant presque pour se céder la place ou s'inviter. Ils jouaient avec passion au *caiquan* [1] tout en vidant coupe sur coupe. Ils dévoraient comme des loups, mais trouvaient à redire à tout et rabrouaient tout le monde. Quand, la tête baissée, je leur servais le

1. Analogue au « jeu de la mourre » et très populaire en Chine.

thé et leur présentais les serviettes chaudes, j'avais le visage en feu. Ils me racontaient n'importe quoi pour chercher à me faire rire. Mais je n'avais pas le cœur à plaisanter. Lorsque je terminais mon travail, à neuf heures passées, j'étais épuisée ; arrivée dans ma chambre, je me couchais sans me déshabiller et dormais jusqu'à l'aube. Je me réveillais de meilleure humeur, pensant que je subvenais à mes besoins par mon travail. Et de très bonne heure, j'allais prendre mon service.

27

La « première » n'apparaissait pas avant neuf heures, alors que j'étais là depuis deux bonnes heures. Elle était condescendante avec moi, mais me faisait la leçon sans aucune hostilité :

— Tu n'as pas besoin de venir si tôt, qui mange à huit heures ? Et puis, ne fais pas toujours cette figure d'enterrement, tu es serveuse, on ne te demande pas de jouer les pleureuses ! Si tu baisses la tête, on ne te donnera pas de pourboire. Tu es ici pour gagner de l'argent, non ? Ton col est trop bas, les filles comme nous doivent avoir des cols très montants et des mouchoirs de soie, c'est tout ce que les hommes connaissent.

Ses conseils étaient en partie désintéressés, mais je savais que mon refus de sourire la lésait indirectement ; sa part de pourboires en était diminuée puisque ceux-ci étaient répartis également entre tous. Je ne l'en méprisais pas, et l'admirais même à certains égards : elle voulait gagner de l'argent et il n'y avait pas d'autre moyen de s'y prendre pour une femme. Je n'avais pas envie de l'imiter ; pourtant, je voyais venir le jour où il me faudrait encore davantage qu'elle payer de ma personne pour gagner ma nourriture ; mais j'attendrais d'en être à la dernière extrémité. La route d'une femme se termine toujours dans une impasse, au mieux je pourrais encore traîner quelques jours en chemin. J'avais beau me révolter et grincer des dents, la vie d'une femme ne lui appartient pas. Trois jours passèrent, puis le patron m'avertit : il me garderait encore deux jours à l'essai, mais si je voulais continuer à travailler chez lui, il fallait me comporter comme la « première ». Et celle-ci me dit, à la fois comme une plaisanterie et un avertissement :

— Quelqu'un s'est déjà renseigné à ton sujet. Pourquoi fais-tu l'innocente ? Nous n'avons rien à nous cacher. Des serveuses qui épousent des directeurs de banque, il y en a plus que tu ne penses ! Tu nous crois trop méprisables pour ça ? Il suffit de faire ce qu'il faut, bon sang, ça nous arrive aussi de rouler en auto !

Cette fois, elle me poussa à bout :

— Quand roules-tu en auto ?

Ses lèvres rouges eurent un vilain rictus :

— Au lieu de faire la maligne, tu ferais mieux de jouer le jeu. Ce n'est pas la peine d'avoir reçu du ciel une paire de fesses parfumées quand on ne sait pas s'en servir !

Non, je ne savais pas ; je pris le *yuan* et les cinq centimes qui m'étaient dus et rentrai chez moi.

28

En voulant l'éviter, j'avais fait un pas de plus vers l'obscure impasse finale. Je ne regrettais pas mon travail, mais j'avais peur des ténèbres. Je savais depuis ma première aventure ce que c'est de se vendre à un homme. Dès qu'une fille sort de sa réserve, l'homme le sent et accourt. Il se repaît de sa chair, la mord et la terrasse comme une bête, mais elle est nourrie et vêtue pour un moment. Puis un beau jour, il se peut qu'il la maltraite ou cesse de l'entretenir. Même quand on se vend ainsi, on peut se sentir heureuse par moments, et alors on n'a que des mots d'amour à la bouche ; après viennent la souffrance et le désenchantement. Quand on se vend à tout le monde, comme Maman, on ne prononce jamais un mot d'amour, c'est la seule différence. Tout ne m'effrayait pas au même degré ; incapable de suivre les conseils de la « première », j'étais, au fond, moins terrifiée à l'idée d'« un seul » homme ; mais je n'étais pas pressée, je n'avais pas encore vingt ans. Je m'étais d'abord imaginé que c'était agréable d'être avec un homme, sans me douter de ce qu'il exigerait aussitôt de moi. Le jour où j'avais cru m'abandonner au vent printanier, je m'étais livrée à un homme qui avait abusé de mon ignorance. Ce rêve fut suivi d'un triste réveil, il ne m'en resta que deux repas par jour et des vêtements. Je ne voulais plus assurer ma subsistance en rêvant ; la nourriture est une réalité, la gagner en est une également. Mais quand ce n'est pas possible parce qu'on est une femme, il faut s'admettre telle et se vendre. Pendant plus d'un mois, je cherchai en vain du travail.

29

Je rencontrai d'anciennes camarades de classe, certaines allaient à l'école secondaire, certaines restaient chez elles. J'aurais voulu les ignorer, mais, dès que nous engagions la conversation, je me sentais plus intelligente qu'elles, alors qu'à l'école c'était l'inverse. Elles semblaient n'être pas encore sorties de leurs rêves. Elles étaient apprêtées comme des marchandises à une devanture. Elles lançaient des œillades aux jeunes gens et avaient toujours l'air en train de composer des poèmes d'amour. Elles me faisaient rire. Mais je ne pouvais leur en vouloir, elles mangeaient à leur faim et n'avaient rien d'autre à faire que de penser à l'amour. Hommes et femmes cherchent à se prendre dans leurs filets ; les plus riches ont les plus grands filets, ils ramènent plusieurs proies et peuvent faire leur choix. Je n'avais pas d'argent, pas même un coin où tisser mon filet ; il fallait que je mette la main directement sur quelqu'un ou me laisse prendre. J'étais plus avertie et plus réaliste qu'elles.

30

Je rencontrai un jour la jeune femme qui ressemblait à une statuette de porcelaine. Elle me saisit par le bras comme une proche parente, l'air égaré :

— Vous êtes vraiment gentille, je regrette de vous avoir demandé de le quitter, dit-elle d'un ton convaincu, si seulement vous étiez encore avec lui ! Il en a pris une autre, et c'est encore mieux, je ne l'ai jamais revu !

En la questionnant, j'appris qu'ils s'étaient mariés par amour et, visiblement, elle l'aimait toujours. Ce qui ne l'avait pas empêché de partir ! J'eus pitié d'elle, elle rêvait encore, elle croyait que l'amour était sacré. Je lui demandai ce qu'elle comptait faire : il fallait qu'elle le retrouve, dit-elle. Elle lui serait fidèle jusqu'à la mort. Et si elle ne le retrouvait pas ? Elle se mordit les lèvres. Elle avait encore ses beaux-parents et ses parents, elle n'était pas libre. Elle m'enviait de ne dépendre de personne. On m'enviait, c'était trop drôle ! J'étais libre, la bonne histoire ! Elle avait à manger, j'avais la liberté ; elle n'avait pas la liberté, je n'avais rien à manger. Nous étions toutes deux des femmes.

31

Cette rencontre me passa l'envie de me vendre à un seul homme. Je décidai de m'amuser, autrement dit de mener la vie de bohème. Je fis taire mes scrupules moraux, j'avais faim. La vie de bohème peut vous nourrir, et on ne l'apprécie pleinement que si l'on mange à sa faim ; c'est un cercle qui peut se parcourir à partir de n'importe quel point de sa circonférence. Mes camarades de classe et la statuette de porcelaine étaient à peu près comme moi ; elles se faisaient davantage d'illusions, je jouais un jeu plus franc, car un ventre vide est la vérité qui compte le plus. Voilà, je vendis le peu que je possédais et, une fois habillée de neuf, fus très présentable. Puis j'allai m'exposer au marché.

32

Je pensais m'amuser, être bohème. Je me trompais. Je ne connaissais pas encore assez la vie. Les hommes n'étaient pas aussi faciles à attraper que je le croyais. Je les aurais voulus raffinés, se contentant de quelques baisers. Hélas, ils ne tombaient pas dans le piège, ils voulaient me caresser les seins dès le premier rendez-vous. Ou bien ils m'offraient simplement le cinéma ou une glace au cours d'une promenade, et je rentrais avec ma faim. Les hommes dits cultivés me demandaient même où j'avais fait mes études, ce qu'on faisait dans ma famille. Je compris à leur comportement qu'ils ne veulent de vous qu'en fonction des avantages qu'ils peuvent en retirer. Sinon, c'est une glace de quelques centimes pour un baiser. La vente doit être rondement menée : si tu me donnes de l'argent, je couche avec toi. Maman et moi avions compris, la statuette de porcelaine, non. Je pensais souvent à Maman.

33

Il paraît que certaines peuvent gagner leur vie dans un style bohème ; il faut pour cela un capital initial que je n'avais pas, et je dus renoncer à cette idée. J'en fus réduite au commerce prosaïque. Mais mon propriétaire, soucieux de respectabilité, me donna congé. Je partis sans un regard pour lui et m'installai dans les deux pièces que j'avais habitées avec Maman et mon nouveau père. Mes voisins se moquaient de la respectabilité, et ils n'en étaient que plus ouverts et sympathiques. Après ce déménagement, mon commerce prospéra. Il vint même des hommes cultivés ; maintenant qu'ils savaient que je vendais, ils étaient disposés à acheter. Ainsi, ils n'étaient pas lésés et ne compromettaient pas leur réputation. Les premières fois, j'eus très peur, je n'avais pas encore vingt ans. Mais ma peur disparut au bout de quelques jours. J'appris à exploiter toutes les ressources de mon corps et, comme je n'avais rien à ménager, je sus bientôt me servir de tout, mains, bouche… Quand ils s'écroulaient comme un tas de sable, ils avaient le sentiment d'en avoir pour leur argent, ils étaient satisfaits et me faisaient de la publicité. J'acquis une grande expérience en quelques mois. Je pouvais presque infailliblement juger un homme à première vue. Les riches me demandaient tout de suite mes prix, pour bien montrer qu'ils pouvaient m'acheter. Ils étaient jaloux et exclusifs ; quand on est riche, on veut avoir le monopole sur tout, même une prostituée. Je les traitais sans grands égards. Leurs colères ne m'impressionnaient pas, je menaçais d'aller les dénoncer à leur femme. Je n'avais pas été en vain à l'école primaire, j'avais de la défense, l'instruction a tout de même son utilité ! D'autres clients arrivaient avec un seul *yuan* à la main, de peur d'être grugés. Je leur exposais en détail mes conditions pour chaque service rendu et ils rentraient sagement chez eux rechercher de l'argent. C'était très amusant. Les pires étaient les roués, les beaux parleurs qui, non contents de lésiner sur la dépense, cherchaient encore à faire un petit bénéfice en emportant un paquet de cigarettes entamé ou un pot de crème de beauté. Mais il fallait les ménager car ils avaient des relations et auraient été capables de me mettre la police sur le dos. J'étais donc polie avec eux, et les régalais. Lorsque je connaîtrais moi aussi des gens de la police, leur compte à chacun serait bon ! Dans ce monde peuplé de tigres et de loups, c'est le plus féroce qui gagne ! Les plus pitoyables étaient ceux qui avaient l'air de lycéens et n'avaient qu'un *yuan* et quelques piécettes en poche ; tandis qu'ils faisaient sonner leur monnaie, la sueur leur perlait sur le nez. J'avais pitié d'eux, mais me vendais à eux aux conditions habituelles. Pouvais-je faire autrement ? Il y avait encore les vieux, tous très convenables. Peut-être avaient-ils déjà une foule de petits-enfants. Je ne savais pas très bien comment les traiter. Mais ils avaient de l'argent et désiraient se payer un peu de plaisir avant leur mort. Je n'avais qu'à leur donner ce qu'ils demandaient. J'acquis au cours de ces expériences une certaine connaissance de l'« homme » et de l'« argent » ; l'argent est encore plus redoutable : l'homme est une bête, mais c'est l'argent qui lui donne du nerf.

34

Je découvris que j'étais malade. J'en fus très affectée et en perdis le goût de vivre. Je pris du repos et me promenai sans but dans les rues. J'avais envie de revoir Maman, elle saurait me consoler, car je me voyais déjà à deux pas de la mort. Dans l'espoir de la rencontrer, je passai par la ruelle où je l'avais vue actionner son soufflet. Mais la boutique était fermée et personne ne put me dire où elle était partie. Cela aviva encore mon désir de la retrouver. J'errai des journées entières dans les rues comme une âme en peine, mais en vain. Je me demandai si elle n'était pas morte, ou partie à mille *li* avec le propriétaire de la boutique, et je pleurai. Je mis une belle robe, me maquillai et m'allongeai sur mon lit pour attendre la mort, persuadée que l'attente ne serait pas longue. Mais je ne mourus pas. On frappa à la porte, c'était un client. Bien, je le servis et lui transmis ma maladie, sans en éprouver de remords, ce n'était pas de ma faute. Je me sentis de nouveau mieux ; je fumais, je buvais, et paraissais trente ou quarante ans. J'avais des cernes noirs et les mains toujours brûlantes, mais cela m'était égal. Il faut de l'argent pour vivre, et commencer par manger à sa faim pour pouvoir ensuite penser à autre chose. Je mangeais très bien, qui ne le ferait s'il le peut ! Je me le devais, comme d'être bien habillée : c'était le seul moyen de me soutenir encore un peu le moral.

35

Un matin, vers dix heures, j'étais assise, un vêtement sur les épaules, quand j'entendis des pas dans la cour. C'était l'heure à laquelle je me levais, mais je ne m'habillais souvent pas avant midi ; j'étais devenue très paresseuse ces temps derniers et pouvais passer une ou deux heures assise ainsi, à fixer le vide, sans penser à rien, seule. Les pas se dirigèrent vers ma porte, lentement, doucement. Bientôt, je vis deux yeux regarder à travers le petit carreau vitré de la porte, puis disparaître. Je restai à ma place, trop indolente pour bouger. Au bout d'un moment, les yeux réapparurent. Je finis par me lever, ouvris légèrement la porte :

— Maman !

36

Je ne saurais dire comment nous sommes rentrées dans la chambre, ni combien de temps nous avons pleuré. Maman avait effroyablement vieilli. Son boutiquier était retourné dans son village, sans la prévenir et sans lui laisser un sou. Elle avait vendu tout ce qui lui restait et avait quitté la boutique pour s'installer dans une cour surpeuplée. Après m'avoir cherchée pendant plus de quinze jours, elle eut finalement l'idée de venir ici, sans grand espoir, simplement pour voir, et j'y étais ! Elle avait hésité à me reconnaître et, si je ne l'avais pas appelée, elle serait peut-être repartie.

Après avoir bien pleuré, je me mis à rire comme une folle. Sa fille, enfin retrouvée, était une prostituée. Elle en était devenue une pour me nourrir, je continuerais à en être une pour la nourrir à mon tour. J'exerçais une profession héréditaire, une spécialité de la maison !

37

J'espérais que Maman me dirait des paroles de réconfort, même si elles ne signifient rien. Personne ne sait mieux tromper qu'une mère, et ce sont ces propos mensongers qui nous consolent. Maman avait oublié même cela. Elle était obsédée par la faim, je ne le lui en voulus pas. Elle commença aussitôt à faire l'inventaire de mes possessions, à m'interroger sur mes recettes et dépenses, sans avoir l'air d'être surprise par l'origine de mes revenus. Je lui confiai que j'étais malade, dans l'espoir qu'elle m'inciterait à me reposer quelques jours. Non, elle dit simplement qu'elle irait m'acheter des médicaments.

— Ferons-nous éternellement ce métier ? demandai-je.

Elle ne répondit pas. Mais à sa manière, elle m'aimait vraiment et voulait me protéger ; elle me préparait à manger, s'informait de mon état, et me regardait souvent à la dérobée comme une mère regarde un petit enfant endormi. En revanche, elle refusait d'admettre que je puisse interrompre mes activités. Tout en lui en voulant un peu, je savais fort bien qu'il n'était pas question pour moi de trouver un autre travail. Il nous fallait manger, mère ou fille, respectable ou non ; l'argent ignore les sentiments.

38

Maman désirait me protéger, mais elle dut voir les gens me piétiner. Je désirais être gentille avec elle, mais je la trouvais souvent insupportable. Elle voulait tout contrôler, surtout l'argent, seul encore capable de faire briller ses yeux ternis par l'âge. Elle se faisait passer pour ma servante auprès de mes clients, et les insultait s'ils payaient trop peu. Cela m'était parfois très pénible. Bien sûr, si je faisais cela, c'était pour de l'argent ; était-ce une raison suffisante pour être grossière avec les gens ? Il m'arrivait aussi de négliger le client mais j'y mettais les formes, on ne pouvait pas s'en offusquer. Maman était maladroite, elle offensait facilement les gens ; or nous ne pouvions pas nous le permettre, par égard pour leur argent. Je me comportais ainsi parce que j'étais encore jeune, assez ingénue ; Maman, à cause de son âge, ne pensait qu'à l'argent. Je craignais d'être comme elle au bout de quelques années, notre cœur vieillit avec nous et devient peu à peu dur comme l'argent lui-même. C'est vrai, Maman n'était pas polie ; elle s'emparait à l'occasion du portefeuille du client, ou gardait son chapeau ou tout autre objet monnayable tel que ses gants ou sa canne. J'avais peur que cela ne nous attire des ennuis, mais, comme disait très justement Maman :

— Tout est bon à prendre. En un an, nous vieillissons de dix. Qui voudra encore de toi dans quelques années, quand tu auras l'air d'en avoir cinquante de plus ?

Si un client était ivre, elle le faisait sortir et l'entraînait dans un endroit écarté où elle lui prenait jusqu'à ses chaussures. Aussi surprenant que cela paraisse, ces gens ne revenaient jamais réclamer leur dû, soit qu'ils n'aient pu se souvenir de rien, soit qu'ils soient tombés malades. Ou bien le souvenir de l'incident leur faisait honte et ils ne voulaient pas faire d'histoires. Nous n'avions pas peur de perdre la face ; eux, si.

39

Maman avait raison : en un an, nous vieillissons de dix. Je remarquai combien j'avais changé en deux ou trois ans. J'avais la peau rêche et les lèvres desséchées, mes yeux avaient perdu tout éclat et étaient injectés de sang. J'avais beau me lever très tard, je manquais toujours d'entrain. Je n'étais pas la seule à m'en apercevoir, mes clients n'étaient pas aveugles non plus. Les habitués se faisaient de plus en plus rares. Je me donnais beaucoup de mal avec les nouveaux, mais ils ne m'en dégoûtaient que plus et je n'arrivais pas toujours à me dominer. J'étais irascible et disais n'importe quoi, je n'étais plus la même. Je disais des bêtises malgré moi, c'était devenu une seconde nature. Les hommes cultivés ne me fréquentaient plus guère, car je n'étais plus l'« oiseau délicat perché sur leur main », pour reprendre la seule phrase poétique de leur répertoire. Je dus imiter les putains de bas étage et m'accoutrer de manière humiliante pour attirer les rustres. Ma bouche peinte semblait une grenade rouge sang, je les mordais de toutes mes forces, et cela leur faisait plaisir. Je me voyais parfois déjà morte. Chaque *yuan* que je recevais me faisait mourir à petit feu ; l'argent prolonge la vie, mais quand on le gagne comme moi, c'est le contraire qui se produit. Je me voyais mourir et attendais la mort. Avec cette idée en tête, je ne pensais plus à rien d'autre et vivais au jour le jour. Maman était mon ombre, l'image de ce qu'au mieux je serais un jour. Quand on a sa vie durant fait commerce de son corps, il ne vous reste pour finir que des cheveux blancs et une peau noire toute ridée. C'est ça, la vie.

40

Je me forçais à rire, à me démener comme une folle ; je pleurais sans en être soulagée. Pourtant, je m'accrochais à la vie, même si la mienne n'avait rien d'enviable. Et puis je n'étais pas responsable de ce que je faisais. Si je craignais la mort c'était parce que j'aimais la vie. Les souffrances de l'agonie ne me faisaient pas peur, celles que j'endurais étaient pires. J'aimais la vie et l'aurais voulue autre, mais mon rêve d'une vie idéale céda trop vite la place à une réalité pire qu'un cauchemar, à l'enfer. Voyant combien j'étais malheureuse, Maman me conseilla de me marier. Je mangerais à ma faim, et ses vieux jours seraient assurés. J'étais son espoir. Mais qui voudrait m'épouser ?

41

J'avais connu tant d'hommes que j'avais oublié l'amour. Je n'avais aimé que moi-même, mais ne le pouvais même plus ; pourquoi en aimer un autre ? Si je cherchais à me marier, il fallait que je simule l'amour et prétende vouloir vivre avec cet homme jusqu'à la fin de mes jours. Je le dis, et à plus d'un, avec force serments, mais personne ne voulut de moi. Les hommes sont malins quand il est question d'argent. Ils préfèrent les liaisons passagères aux prostituées, cela leur coûte moins cher. Si je n'avais pas eu besoin d'argent, ils auraient tous affirmé qu'ils m'aimaient, j'en suis sûre.

42

C'est alors que je fus arrêtée par la police. Le nouveau magistrat de la ville était un ardent défenseur de la morale qui voulait éliminer la prostitution clandestine. Les prostituées en maison pouvaient poursuivre leurs activités, car elles payaient des impôts ; elles avaient le bon droit et la morale pour elles. Ils me mirent dans un établissement de rééducation où on m'apprit à travailler. Je savais déjà laver, faire la cuisine, coudre et tricoter, si ces connaissances m'avaient permis de gagner ma vie, j'aurais depuis longtemps abandonné mon pénible métier. Je le leur dis, mais ils ne me crurent pas et affirmèrent que j'étais une propre-à-rien et une dévoyée. Non contents de m'apprendre à travailler, ils prétendirent que je devais aimer mon travail. L'amour du travail me permettrait de subvenir à mes besoins et peut-être de me marier. Je ne partageais pas leur optimisme ! Leur bilan le plus positif était d'avoir déjà rééduqué et marié une douzaine de femmes. Pour venir ici se chercher une femme, il suffisait de verser deux *yuan* pour les frais de procédure et d'offrir de solides garanties financières. C'était avantageux, du moins pour l'homme. A mon avis, c'était une farce. Je refusai carrément d'être rééduquée. Je crachai au visage d'un haut fonctionnaire venu nous inspecter. Ils refusèrent de me relâcher, car j'étais dangereuse, mais ils renoncèrent à me rééduquer. Je fus envoyée en prison.

43

La prison est l'endroit idéal pour vous convaincre que l'humanité ne s'améliorera jamais. Même en rêve, je n'ai jamais vu quelque chose d'aussi sordide. Mais j'y suis et ne songe pas à en sortir. Si j'en crois mon expérience, le monde extérieur ne vaut guère mieux. Je n'aurais pas envie de mourir si je connaissais un lieu plus accueillant où aller. Puisqu'il n'en existe pas, peu importe où je mourrai. Ici, au moins, j'ai revu pour la première fois depuis longtemps mon vieil ami, le croissant de lune. Que fait Maman ? Je reste avec mes souvenirs.

Plus qu'un *yuan* en poche

Un coup de vent glacial pousse Lin Naijiu, avec le dernier *yuan* qui lui reste, jusqu'au premier étage du Pavillon des nuages amoncelés.

Il n'y a de lampes allumées que dans la grande salle donnant au sud ; Lin Naijiu sait ce qui est écrit sur la longue pièce de calicot blanc qu'elles éclairent. Les trois autres côtés sont noirs, déserts, vastes et froids à faire peur. La lumière ruisselle par traînées sur les gouttelettes de buée suspendues aux vitres de la grande salle où il fait chaud, comme il le sait. Il n'avait pas l'intention d'entrer mais il abdique toute volonté lorsqu'il se trouve entre le froid du dehors et la chaleur de la salle vers laquelle il se sent aspiré comme une hirondelle par une brise du sud. L'air chaud et enfumé le prend à la gorge ; mais il n'ose pas tousser et se faufile de biais jusqu'au premier rang, à sa place habituelle qui lui est réservée par le serveur. Le cœur battant de nervosité et de fatigue, il s'assied et ferme les yeux. Le serveur lui apporte une théière et deux soucoupes de graines de pastèque.

— Cela fait bien trois jours qu'on n'a pas vu Monsieur ?

Lin Naijiu garde les yeux fermés comme s'il n'avait pas entendu. Il a la tête en sueur ; quand il se ressaisit et ouvre les yeux, tout est comme à l'accoutumée. Le tapis brodé de phénix inscrits dans un cercle, à moitié tombé de la longue table qu'il cache, sur la scène, est comme toujours en face de son nez. Les grands miroirs du mur renvoient une image déformée des gens, des objets et des lumières. Il connaît par cœur les bandes de papier rouge fixées dessus : Jincui, Yincui, Bi Yanxiang, Shi Lianyun… Il n'a pas le courage de continuer et pourtant il le fait, malgré lui : Shi Lianxia ! Il ne lui reste qu'un *yuan* ; cette dure galette de métal lui semble avoir une longue histoire en rapport avec cette femme mais il n'ose pas y penser.

Il tourne la tête et ne voit derrière lui que quatre ou cinq petits groupes ; deux d'entre eux sont formés de vieillards qui jouent toujours aux échecs[1] au dernier rang. Les autres recrachent des graines de pastèque, boivent du thé macéré dans de minuscules théières, bavardent, rient, sortent faire un petit besoin et reviennent en s'essuyant avec des serviettes fumantes et parfumées. Comme à l'accoutumée. « Il n'y a pas grand monde à cause du vent », se dit-il. Pourtant la fumée, la chaleur, le claquement des pièces sur les échiquiers, les voix et les rires, le reflet des lampes dans les miroirs atténuent l'impression de solitude qui règne dans la salle. Il regarde à nouveau la scène, encore déserte. Que faire ? Rester, s'en aller ? Il n'a plus qu'un *yuan*, en tout et pour tout ! Peut-il attendre le tour de Shi Lianxia sans lui demander un air à son intention qu'il applaudirait bien fort ensuite ? Ce n'est pas pour cela qu'il est ici aujourd'hui.

— Voulez-vous autre chose ?

---

1. « Echecs par encerclement », analogues au jeu de go japonais.

Le serveur est revenu et lui tend une serviette chaude. L'appliquant sur sa bouche, Lin Naijiu grommelle :

— On verra plus tard.

Il ne tient déjà plus en place. Il a envie de donner le *yuan* au serveur et de partir. Ce *yuan* lui paralyse les mains, il ne peut faire un mouvement. Sa fantaisie, son courage, sa jeunesse, son existence, tout tient à cette pièce et disparaîtra avec elle. Il reste collé à sa chaise, engourdi, désemparé. Il attendra encore un peu, puis, quoi qu'il arrive, il s'en ira. Ses yeux tombent à nouveau sur la bande de papier rouge avec le nom de Shi Lianxia.

Il pense à elle, si belle, si petite et tellement à plaindre ! Oui, à plaindre, il n'est pas amoureux d'elle, il a pitié de sa beauté, de sa petitesse, de sa pauvreté, de… quoi encore ?... de sa tendre chair offerte aux convoitises. Mais la pitié doit être prouvée concrètement et un *yuan* ne suffit pas pour ce genre de bonnes actions ! Mieux vaut partir, et sur-le-champ ; il ne peut pas se permettre d'être vu par elle. Mais où aller ? Où aller dans ce monde où il n'a plus qu'un *yuan* en sa possession ? S'il avait cinq *yuan*, même pas une grosse somme, il pourrait passer un moment agréable ici et de plus aller ensuite boire une tasse de thé chez Lianxia et sa sœur. Avec cinq *yuan*, il pourrait mourir sans regrets, avec élégance. Mais avec un *yuan*, il n'ose même pas jeter un regard sur elle avant de mourir. Quelle triste fin !

Il est las, il sent le chemin parcouru pendant la journée ; il est allé partout et se retrouve avec un seul *yuan*. Mais c'est toujours un *yuan*, qu'il en profite pour se reposer au chaud deux ou trois heures et après, il verra bien.

Un petit vieux qui ne se maintient en vie que grâce à un peu de « poudre blanche » monte sur la scène pour disposer les tambours. « Je m'en vais, oui ou non ? » se demande Lin Naijiu. Comme il ne sait où aller, il ne bouge pas. Il ne regarde plus la scène et médite sur lui-même ; il a vécu plus de vingt ans sans se soucier de lui-même et voilà qu'aujourd'hui, il ne peut distraire un seul instant ses pensées de lui-même. S'il en avait le courage, il irait se regarder dans une glace. Il sait qu'il n'est pas mal de sa personne, à croire qu'il n'appartient pas à la même espèce que son frère aîné. Son frère ! S'il n'a plus qu'un *yuan*, c'est parce que son frère ne lui donne plus d'argent. Son frère qui de sa vie n'aurait accepté de manger un morceau de viande, ce pauvre rustre de paysan consacre tout son argent à financer ses études. Son frère est un brave type, mais il a ses défauts ; il ne comprend pas que, pour étudier à la ville, son cadet doit se faire des relations, s'habiller, avoir de petites attentions pour ses amis. Lin Naijiu n'est pas un ingrat, il pense souvent avec émotion à son frère, il se montrera reconnaissant après avoir fini ses études ; il songe même parfois à l'inviter, alors, à venir à la ville pour entendre Shi Lianxia. Mais son frère n'est en fin de compte qu'un paysan, il ne sait pas qu'il faut un peu paraître, en société. « Ce n'est pas possible qu'il n'ait plus d'argent, il ne me comprend pas et ne veut pas m'en donner ! » Lin Naijiu en veut soudain à son frère. Il ignore quelles sont réellement ses ressources, et ne tient pas à l'apprendre. Tout ce qu'il sait, c'est qu'il renâcle à la dépense. Il ne peut s'empêcher de lui en vouloir, et cela lui donne envie de se venger. Il va se tuer, il va ruiner les espoirs de la famille Lin puisque, il le sent depuis toujours, c'est lui qui incarne ces espoirs ; son frère n'est au mieux qu'un paysan. « Si je meurs, autant de perdu pour mon frère. » Sa mort sera à la fois une vengeance et un sacrifice ; il mourra, il le faut, sinon son frère s'imaginerait qu'il s'en était tiré à bon compte.

Tandis qu'il rumine ces pensées, le spectacle a commencé. Un personnage sans voix, à la bouche émaillée de dents noires, les yeux fixés sur des lampes au loin, chante comme perdu dans un rêve quelque chose que personne n'écoute. Lin Naijiu a pitié de cet homme mais encore plus de lui-même. Il a envie de crier « bravo » mais ne peut ouvrir la bouche. S'il avait deux *yuan* entre les mains, il pourrait en donner un à ce pauvre diable aux dents noires et accomplir ainsi un acte pieux qui lui serait compté après sa mort. Il faut qu'il meure pour se venger de son frère ; celui-ci verra s'il peut retrouver dans la famille quelqu'un qui le vaille ! Il sait, lui, ce que sont le monde, la civilisation, l'instruction, l'avenir. Que son frère garde son argent, s'il préfère ruiner les espoirs de la famille Lin !

L'homme aux dents noires a quitté la scène, une femme lui succède. Le cœur de Lin Naijiu bondit ; s'il part, il faut partir sur-le-champ, sans attendre le tour de Lianxia, qui vient toujours en dernier car c'est elle la vedette, ici. Il ne peut se résoudre à quitter cet endroit, cette chaleur, cette vie ; ailleurs, c'est la mort dans un vent glacial. Il ne bouge pas. Il n'entend pas ce qu'on chante sur la scène ; mais un coup d'œil jeté au joueur de guitare à trois cordes, un inconnu qui ressemble à son frère, le ramène à celui-ci. En venant écouter quelques chansons, quitte à dépenser un peu plus pour faire chanter Lianxia à son intention, il économise l'argent de son frère qui ne lui en sait même pas gré. C'est son ami He qui l'a amené la première fois au Pavillon des nuages amoncelés. He est un garçon astucieux qui évite les étudiantes et occupe ses loisirs à écouter des ballades au tambour[1]. On sait combien cela coûte d'avoir une amie, alors que quelques sapèques suffisent pour écouter des chansons, ou tout au plus un *yuan* pour se choisir sa chanson. Son frère peut-il le comprendre ? S'il imitait Wang Shuyuan, qui a entraîné une amie dans une chambre d'hôtel jusqu'à ce qu'elle se retrouve enceinte, combien cela lui coûterait-il ? Il n'a jamais fait une chose pareille. D'ailleurs, leurs camarades ne se moquent-ils pas de He et de lui-même parce qu'ils vont applaudir Lianxia au lieu d'avoir des amies ? Et pourquoi, si ce n'est par économie ? A eux deux, avec une chanson pour chacun, ils dépensent à peine plus de deux *yuan* en une soirée. Son frère ne comprend rien à rien !

Mais sa colère se double d'un vague remords. Il ne fait pas que commander des chansons à Lianxia, il lui a aussi acheté des souliers et des bas de soie. Les moqueries de ses camarades ne le laissent pas tout à fait indifférent, il lui est arrivé d'avoir des insomnies à cause de Lianxia. Il est vrai qu'elle ne soutient pas la comparaison avec une étudiante ; elle est jolie et sait chanter, c'est tout. Sa conversation et son élégance ne valent pas de loin celles d'une étudiante. Elle porte encore des cols qui emprisonnent le cou jusqu'aux oreilles[2]. « La pauvre », se dit-il souvent comme pour se trouver une excuse. Mais il sait aussi qu'elle lui a un peu tourné la tête et que cela se répercute sur ses dépenses. Quand il a deux *yuan*, il peut écouter deux chansons de plus, la regarder vingt

1. Récits populaires rimés et chantés avec accompagnement de tambour et de claquettes.

2. Col en forme de *yuanbao*, lingot d'argent aux bords relevés des deux côtés.

minutes de plus ; quand il a cinq *yuan*, il peut passer une heure agréable chez elle. Elle est de condition inférieure, il ne songe pas à l'épouser, il a juste envie de s'amuser un peu. Elle est d'ailleurs plus amusante que les étudiantes ; elle est simple, jolie et connaît la valeur de l'argent. Même s'il n'a pas dépensé beaucoup pour elle, il a dépensé pas mal à cause d'elle, il lui faut le reconnaître. Il doit être habillé convenablement, inviter des amis à l'écouter, encore que cela coûte moins cher que d'aller danser, comme cela se fait d'habitude en société. Il lui arrive aussi d'accompagner son ami He chez les prostituées mais toutes ces distractions réunies ne coûtent pas aussi cher que de faire un enfant à une jeune fille, comme Wang Shuyuan. Quant à la morale, lui, Lin Naijiu, en a plus que les autres. Bien sûr, c'est à cause de Lianxia qu'il est attiré par les prostituées. Mais combien d'hommes ayant des amies ne vont-ils pas trouver des femmes plus praticables ? Tous des hypocrites ! D'autre part, son ami He n'a rien à craindre de personne ; il est doué, riche et influent. On a besoin d'un ami sûr quand on fait des études ; avec He, il n'a pas à craindre de ne pas trouver un emploi par la suite. Son frère est un abruti.

Il aurait pu emprunter quelques *yuan* à He mais il s'y refuse. Les gens comme He sont généreux, il ne veut pas perdre la face en abusant de cette générosité. De plus, il serait obligé d'avouer que son frère n'est qu'un abruti de paysan ; même si son frère se moque bien de son opinion, lui-même en souffre dans son amour-propre. S'il meurt à la ville, cela n'aura pas d'importance, cela ne révélera pas son origine paysanne.

Entre-temps, Jincui est entrée en scène. Il la déteste. Elle a des dents en or, des lèvres épaisses, comme des panses de poisson, et l'œil racoleur ; il n'aime pas ses allures dévergondées. Lianxia a de la distinction ; même si elle se met du rouge sur les lèvres, celles-ci restent fraîches. Mais fraîches ou pas, ce n'est pas avec un *yuan* qu'on entretient des relations avec ces lèvres rouges ! Il faut qu'il s'en aille ! Supportera-t-il d'en voir d'autres lui demander des chansons ? Mais il n'a nulle part où aller, sinon au foyer qui est une prison, avec extinction des feux à neuf heures. Il ne lui reste qu'une couverture et les vêtements qu'il porte ; il ne peut ni dormir tout habillé, ni vendre son manteau pour avoir une couverture de plus. Mais, coûte que coûte, il tiendra ! Dans son village il dormait sur un *kang*[1] et portait une courte veste ouatée, c'est vrai, mais c'était à la campagne. En pensant au train de vie de ses camarades, il est pris d'une hargne encore plus forte envers son frère. Ses camarades ne sont-ils pas aussi entretenus par leur famille ? Pourquoi les autres sont-ils si élégants ? Certes, on ne peut pas dire que ses vêtements à lui n'ont pas de chic, mais cela tient à la couleur et à la façon, il ne peut s'offrir des tissus de qualité ; ce sont les paysans qui portent de la soie artificielle, il rougit d'y penser. Et ce qui l'afflige plus encore, c'est que même s'il avait pu dénicher de l'argent ces jours-ci, il n'aurait pas osé prendre un bain à cause de ses sous-vêtements pleins de trous. Toute son astuce et son intelligence ne lui permettent que de sauver la façade, il manque cruellement de sous-vêtements, il a froid. Mieux aurait valu pour lui ne jamais mettre le pied dans une ville. A la campagne, il aurait partagé toute sa vie la marmite de ses frères, pourquoi pas ?

1. Estrade de brique chauffée qui sert de lit dans les villages du Nord.

Bien sûr, il aurait enterré ses dons mais il aurait avalé moins d'affronts. Non, non, heureusement qu'il est allé à la ville, même pour y mourir, cela valait la peine. Il a vu le monde, il a pris un peu de bon temps, aussi peu que ce soit ; ç'aurait été affreux de passer sa vie entière dans sa famille, avec un *kang*, des vestes ouatées, des boulettes de maïs, sans une femme qui vaille le petit doigt de Lianxia. De quoi ne pas oser se présenter devant le dieu de l'enfer après sa mort ! Ici, sa mort sera glorieuse ; cela le console un peu. Et Jincui quitte enfin la scène.

— Lianxia va chanter un air de *Promenade au temple du dieu de la guerre.*

Lin Naijiu a failli bondir. Déjà elle ? Il balaie du regard la salle derrière lui. Les vieux qui jouent aux échecs se sont interrompus et l'un d'eux pointe sa petite pipe de bois noir vers la scène. « Les petits vieux veulent aussi qu'elle chante pour eux ! » se dit-il en grinçant des dents. Quelle honte ! Il est haineux et jaloux. Il n'a pas d'argent, ils en ont, les vieux mâtins. Et elle n'est qu'un jouet.

Lianxia entre en se tortillant gracieusement pour les quelques pas qui séparent le rideau de l'orchestre de tambours. Sa tête inclinée ne laisse voir que ses lèvres rouges souriantes. Ses deux mains posées sur l'articulation des cuisses et des hanches délimitent les mouvements de son corps : tandis que ses cuisses ondulent, faisant osciller le bas de sa robe fendue, le haut de son corps reste immobile. Ses deux pieds menus chaussés de légers souliers de satin blanc brodés de pivoines rouges semblent glisser sur le milieu de la plante, pointes et talons touchant à peine le sol. Arrivée aux tambours, elle incline encore davantage la tête pour se courber en un long et profond salut vibrant de sensibilité. Puis sa tête se redresse brusquement, comme une fleur de lotus éveillée en sursaut par le vent de l'aube, et ses yeux parcourent la salle en tous sens. Après avoir remonté son col, sa main droite s'empare d'une baguette de tambour dont elle frappe un coup léger ; comme sans y penser, elle bat ce tambour tout en heurtant discrètement son support de la pointe du pied pour marquer la mesure et en regardant l'auditoire.

Comme il craint de rencontrer son regard, Lin Naijiu baisse la tête et se détaille sa beauté de mémoire. Son ami He a raison, il manque un petit quelque chose aux étudiantes, surtout à celles qui viennent de la campagne, avec leur visage aplati et basané, leurs grands pieds plats et leurs longs gilets de laine rouge. Lianxia a toutes les qualités d'une citadine, son seul défaut est d'être pauvre. Ah, s'il avait de l'argent, ou pouvait dépenser celui de son frère comme il l'entend... Il sait comment elle est : les cheveux aux épaules, tenus par un grand peigne à fleurs de perle, un visage allongé, au front et au menton spirituellement pointus, un petit nez rond, des yeux petits mais des paupières expressives, une bouche ravissante... Il voudrait la regarder mais n'ose pas. Ah, s'il avait cinq *yuan* ! Lianxia n'a pas la voix très forte, mais elle articule très bien et elle s'aide pour chanter de tout son visage et de ses mains, c'est tout son être qui passe dans ses chansons ; elle ne laisse pas les gens bavarder à leur guise et les oblige à l'écouter. Elle n'est pas grande, mais il se dégage d'elle une impression de rigueur, de robustesse et de vitalité qui lui permet de s'imposer dans cette grande salle où tout semble lui appartenir, y compris les lumières, la fumée et la chaleur. Lin Naijiu n'a qu'un *yuan*, rien ne peut lui appartenir.

En fait, elle ne possède rien non plus, si ce n'est son talent. Il se souvient qu'il n'y a chez elle que sa mère et quelques méchants objets. Elle est comme lui, elle porte toutes ses possessions sur elle. Arrivé à ce point de ses réflexions, il est pour de bon résolu à s'en aller. Il est comme elle ? Il n'y a jamais pensé et la plaignait ; à présent il voit en elle une compagne de misère. Comment, une chanteuse de ballades, sa compagne de misère ? Il ne s'est jamais montré trop fier dans le passé, il ne va tout de même pas se rabaisser à ce point maintenant ! D'autant plus que la sœur aînée de Lianxia, Shi Lianyun, a commencé dans un bordel. Son frère à lui, au pire, est un rustre, mais sa sœur à elle a été une putain. Il ne peut pas continuer à être amoureux d'elle ; s'il envisage de se marier, il faut tout de même que ce soit avec une étudiante. Lianxia ne peut être pour lui qu'une « petite épouse » ; ce n'est certes pas lui qui va perpétuer le système des épouses secondaires, oh non, et pourtant…

— Et maintenant, Shi Lianxia chante un air du *Pavillon de l'Ouest*.

Lin Naijiu ne lève même pas la tête. Il ne lui a toujours demandé qu'une seule chanson, non par souci d'économie mais pour épargner sa voix. Même si les autres lui en demandent souvent plusieurs d'affilée, il ne fait pas de concours avec eux ; il n'a pas la cruauté de lui faire chanter plusieurs airs de suite. Pour lui, elle est un être humain et non un phonographe. Mais aujourd'hui, il s'en moque ; si les autres la font chanter, il l'écoutera, qu'a-t-il besoin de s'apitoyer ? Quand elle se fatigue, cela lui rapporte au moins un peu d'argent ; lui, il n'a qu'un *yuan*, personne ne lui donne d'argent, alors que ce n'est pas uniquement pour lui-même qu'il étudie. Oui, l'argent est tout. Avec de l'argent il pourrait lui demander cent chansons à la suite, la faire mourir à la peine, ou l'acheter et la faire chanter pour lui tout seul, sans se demander si c'est inhumain ou non.

Si, demain, il a de l'argent, il pourra lui demander plusieurs chansons d'affilée. Ainsi va le monde, il le découvre, l'argent est un trésor inestimable, rien n'est plus vrai. Mais où trouvera-t-il de l'argent demain ?

Lianxia sourit toujours mais ne chante plus avec le même entrain. Il jette un coup d'œil sur la scène ; Lianxia esquive son regard. « Exprès, se dit-il, bien sûr, je n'ai pas assez d'argent dans ma poche ! » Elle regarde vers le fond de la salle, là d'où sont venues les demandes. Lin Naijiu ne peut refouler sa colère.

— Bravo, hurle-t-il en la regardant.

Elle esquisse du coin de la bouche un vague sourire, un peu méprisant, et lui jette du coin de l'œil un regard qui le glace.

— Bravo, crie-t-il encore une fois.

Lianxia sourit en regardant vers le fond de la salle, où s'élève une voix :

— J'ai payé pour qu'elle chante, pas pour que tu fasses des vocalises, cher ami !

Des rires fusent de partout, Lin Naijiu se lève :

— Tu dis ?

— Je te dis d'attendre que je te prie de bien vouloir crier bravo pour le faire. Compris ? répond-on en riant du fond de la salle.

Lin Naijiu repère son interlocuteur, un gros bonhomme assis contre une fenêtre. Sans un mot, il attrape son bol et le jette contre la vitre. Patatras ! Les deux volent en éclats. Il tourne aussitôt les yeux vers Lianxia ; aucun son ne sort plus de sa bouche encore entrouverte.

— Eh bien, tu cherches la bagarre ?

Le gros se lève et bondit vers lui. Tout le monde se lève.

— Si tu veux des chansons pour toi, tu sais ce que tu as à faire, enfoiré, ne te fais pas encore plus abruti que tu n'es !

Retenu par le serveur, le gros en est réduit aux attaques verbales.

— Mon grand-père ne t'a pas attendu pour choisir les chansons, tu descends de lui aussi, par hasard ?

Lin Naijiu se précipite en avant.

— Si tu es capable de sortir dix *yuan*, je veux bien porter le même nom que ta grand-mère.

Lin Naijiu se rue sur lui. A grand renfort de gestes désordonnés et de cris, serveurs et clients le retiennent. Pris dans un réseau de mains, de voix, de lumières, sans comprendre comment, il se retrouve dehors, dans le noir, le froid et le vent. Il se met à trembler, mais il est calmé.

Où aller ? Il descend lentement l'escalier. Une fois sorti, il fait deux ou trois cents mètres sans penser à rien, comme sous un ciel serein après l'orage. Plus il s'éloigne, plus l'incident de tout à l'heure lui semble déjà ancien. Il a envie de retourner au Pavillon des nuages amoncelés pour attendre la sortie de Lianxia et lui dire quelques mots, comme si ses dernières paroles devaient être pour elle, pour lui expliquer qu'il n'est pas un voyou aimant la bagarre, qu'il a jeté son bol par pitié et par amour pour elle. Cela implique un certain héroïsme, les êtres qui en sont dépourvus sont incapables de se battre même dans la dernière extrémité. Mais il faut que Lianxia s'en rende compte d'elle-même, il serait gêné de lui dire ouvertement combien il est héroïque. Une fois qu'elle l'aura compris, il pourra mourir sans regrets.

Il ne retourne pas sur ses pas, il a froid, il va rentrer dormir au foyer. Mais à la pensée du foyer, il ne sent que davantage la nécessité de mourir. Il n'a plus qu'une couverture, la vie n'a plus d'attrait pour lui. Heureusement, il a encore un *yuan* pour acheter des somnifères ; il palpe sa poche, le *yuan* n'y est plus.

Les magasins sont encore ouverts, il n'est pas trop tard pour acheter les somnifères qui l'aideront à mourir mais le *yuan* n'est plus dans sa poche. Sans doute est-il tombé pendant la bagarre sans qu'il l'entende dans son affolement. Il ne peut pas retourner le chercher, c'est impossible ; un billet de dix *yuan*, ce serait concevable, mais un *yuan*… Il n'a plus les moyens de se tuer, pas même d'acheter un peu de pétrole. Il n'a plus rien à quoi se raccrocher, pas même la mort. Il pourrait se jeter dans la rivière sans rien débourser, mais peut-on faire si bon marché de l'existence ? Se jeter à l'eau gratuitement, n'est-ce pas prouver que l'on ne vaut pas une sapèque ?

Il éprouve le besoin de marcher plus vite car le vent, sans être fort, le transperce jusqu'aux os ; en pressant le pas, il transpirera et aura moins froid. Cette marche rapide dissipe un peu ses idées noires ; tandis qu'il écoute ses pas marteler le sol, quelque chose lui dit qu'il ne doit pas mourir ; il a des ressources en lui-même, il doit trouver le moyen de sortir de cette mauvaise passe ; sa vengeance peut attendre la fin de ses études : son frère, Lianxia, le gros… ils ne lui échapperont pas. Il rit et marche encore plus énergiquement. Puis il cesse de rire et se sent magnanime ; tous ces gens ne méritent même pas sa rancune, il rompra toute relation avec eux une fois qu'il aura réalisé ses ambitions. La première chose à faire, demain, est d'obtenir quelques *yuan* de son ami He, de se sortir de ce mauvais pas. Comme si He lui avait déjà donné cet argent, il repense au Pavillon des nuages amoncelés. Avec de l'argent en poche, il y donnera rendez-vous à He et, assis comme d'habitude au premier rang, il attendra le gros ; avec He, celui-là verra à qui il a affaire ! Après l'avoir rossé, ils iront ensemble chez Lianxia. Sa jolie petite bouche ne pourra que lui présenter des excuses et lui donner du Monsieur. Voilà ce qu'il faut faire. La jeunesse, qu'est-ce que c'est, la jeunesse, si l'on n'est pas entreprenant ?

Il est presque de bonne humeur en arrivant au foyer. Les lampes sont éteintes dans les autres chambres, ils dorment tous, cette bande de marionnettes sans vie. Il s'assied sur son lit et contemple la pointe de ses souliers couverte de poussière. Il fait froid. Au bout d'un moment, il se laisse tomber de tout son long sur le lit. Incertitude, confusion, argent, désir, contrainte et liberté, barbarie et civilisation, cruauté et beauté, jeunesse et ardeur à l'ouvrage se fondent dans un accès d'hypnose qui l'envoie tout droit dans le pays des rêves : il n'y a plus une lumière dans le Pavillon des nuages amoncelés. Il pousse légèrement la porte et, sur le plancher jonché de graines de pastèque et de mégots, ses doigts palpent sa pièce d'un *yuan*…

En réalité, des lampes brûlent encore dans le Pavillon. Les clients sont partis, seul reste, pour nettoyer, le triste personnage qui ne survit que grâce à un peu de « poudre blanche ». Son balai fait rouler une pièce d'un *yuan*.

— Ah, ces gens pleins d'argent qui le laissent tomber en se bagarrant !

Il ramasse la pièce, souffle dessus, l'approche de son oreille :

— Elle est bonne. Pour une fois, je ne serai pas refait comme un chat qui s'est réjoui en mordant une vessie !

Il la met dans sa poche et la serre d'une main tout en maniant le balai de l'autre. Il se demande s'il achètera des souliers, ou… ? Il décide d'acheter un peu plus de « poudre blanche » pour se donner du cœur à vivre.

WU Zuxiang

Les Fortifiants

(Guanguan de bupin)

Né en 1908, Wu Zuxiang fait des études à Pékin où il est ensuite professeur d'université. Il n'écrit plus guère après 1949, mais enseigne toujours et se consacre à la recherche littéraire. Wu Zuxiang décrit dans ses livres la vie rurale de sa province natale, l'Anhui, dans la région du bas Yangzi. Limité dans ses thèmes, il les traite avec maîtrise et subtilité. Son œuvre se résume en deux ou trois recueils de nouvelles et de proses, dont Le Saule de l'Ouest, Xiliu ji, *1934, et un roman,* Torrent de montagne, Shanhong, *publié en 1946.*

Le récit Les Fortifiants *se distingue de la production contemporaine par un mode de fiction plus complexe : la distance obtenue en faisant parler l'exploiteur qui a bonne conscience.*

Les Fortifiants

Je suis de la campagne, mais je sais gré au Roi du Pays des Morts de m'avoir fait renaître dans une famille respectable ; dès ma venue dans ce monde, on m'a salué du nom de Guanguan, « Petit Monsieur ». Je puis m'asseoir chaque jour devant une table bien garnie sans avoir eu à sortir les mains de mes longues manches. Il y a toujours eu quelqu'un pour accomplir à ma place les dures besognes de l'existence, et, pour ma part, j'ai eu la chance de pouvoir fuir ce trou perdu et sans charme pour aller vivre dans un milieu civilisé. Jusqu'à présent, je n'ai pas eu à me plaindre : un teint clair et des mains blanches, des vêtements civilisés et des conversations civilisées, une fréquentation assidue des dancings et des cinémas ; qui dit mieux ?

J'étais encore très jeune lorsque j'ai quitté mon village ; si j'en fais le compte, cela fait dix ans déjà que je me suis lancé dans le monde. Mais je ne peux pas déplacer les nombreuses terres, en champs et en montagnes, que je possède au village. Et puis ma mère y vit toujours ; c'est une vieille dame, c'est-à-dire qu'elle ne peut plus traîner sa carcasse ailleurs, de crainte de devenir après sa mort un esprit solitaire et malfaisant. Aussi préfère-t-elle rester au village, à veiller sur la demeure ancestrale où notre famille a vécu depuis deux ou trois siècles, quitte à m'imposer la pénible obligation de lui rendre visite une fois par an. Mais je comprends fort bien les préoccupations de maman et reviens ponctuellement tous les ans pour un bref séjour. Et même cette année, alors que la région est infestée de bandits, j'ai affronté les risques de ce voyage, et suis d'ailleurs arrivé sain et sauf à la maison, sous la protection de quatre miliciens envoyés par mon oncle.

Ayant gardé de mon enfance une constitution délicate de « Petit Monsieur », je suis fragile et enclin à la maladie. Déjà adulte, j'ai attrapé un mal civilisé, avec vertiges et sueurs froides. L'été dernier, à Shanghai, comme je faisais un tour en voiture avec Mlle Lu Rou-ji par une chaude journée d'été, nous avons eu un accident qui m'a fait perdre beaucoup de sang. Malgré une transfusion, ma santé en a souffert, et, maintenant, je suis encore plus faible.

Maman, à qui on n'en remontrerait pas en fait d'amour maternel, a déclaré après l'accident :

— Mon Guanguan a besoin de prendre un fortifiant.

Je suis assez intelligent pour connaître par moi-même l'action bénéfique d'un fortifiant. Rien de plus facile que de s'en procurer, à la ville. Il y a du lait condensé ou en poudre, de l'huile de foie de morue, et bien d'autres produits aussi savoureux que sains. Mais ici, au village, c'est désespéré ! Les gens ne savent même pas qu'on peut manger autre chose que du riz et des bouillies. Il n'est pas question d'y trouver quelque chose comme de l'huile de foie de morue. Il y a bien du lait, mais les vaches de la campagne sont comme les paysans ; elles ne sont bonnes qu'à arpenter les champs, tête baissée, en tirant péniblement leur lourde charrue ; qu'ont-elles de commun avec les vaches de la ville qui jouissent des mêmes loisirs que les gens civilisés et élaborent leur lait allongées dans leurs étables tempérées ?

— Dis-moi Guanguan, si j'engageais une nourrice pour que tu prennes un peu de lait de femme ? me proposa maman.

Je ris : un grand jeune homme qui se tient sur ses jambes va-t-il se blottir dans le giron d'une femme pour la téter ? Ce n'est pas absolument impossible en soi, mais les femmes de la campagne sont peu appétissantes, comparées à celles de la ville. Elles ont un visage jaune et racorni, tout ratatiné, et tout leur corps dégage une âcre odeur de sueur ; elles ne savent pas garder leur peau douce et blanche, ni se mettre du parfum et de la « poudre de Paris » pour donner envie de les enlacer et de les embrasser.

Je regardai maman en fronçant les sourcils et en secouant la tête.

— Qu'as-tu ?

— Cela me semble difficile.

— Pourquoi donc ?

Maman sourit et dissipa le malentendu.

— Gros bêta, il ne s'agit pas de te faire téter comme lorsque tu étais petit ! Elle traira son lait dans une tasse et tu le boiras ensuite.

Je n'avais pas pensé à cette solution et demandai, tout étonné :

— Ce sera comme si l'on avait trait une vache ?

— Naturellement ! Mais ce lait-ci est dix fois meilleur.

— Dans ce cas, on peut essayer.

Très contente, maman en parla aussitôt autour d'elle. Le lendemain, une domestique surnommée Belle-sœur Pomme-de-fer nous amena une nourrice d'une trentaine d'années. Pomme-de-fer entra la première, avec dans ses bras une petite créature à grosse tête, suivie de la femme. Celle-ci avait la silhouette typique d'une femme des campagnes : le haut du corps massif et le bas menu, une chevelure terne comme du bois mort et broussailleuse comme un nid de moineaux ; de minuscules pieds convexes plantés de biais dans des souliers « en pointe de ciseaux » ; des yeux inexpressifs, un nez petit ; des lèvres rouge sombre avec des crevasses d'un blanc grisâtre aux commissures. Et, bien entendu, le visage jaune et racorni et l'âcre odeur de sueur ne manquaient pas au tableau. Elle portait une tunique de coton bleu, élimée et trop large, et ses gros seins tremblaient discrètement au rythme de ses pas claudicants.

Maman lui dit de s'asseoir, ce qu'elle fit en rougissant. Lorsqu'une servante apporta du thé, elle se leva précipitamment, prit la tasse à deux mains et dit à voix basse, les lèvres distendues par un sourire :

— C'est un trop grand honneur pour moi !

— Ne fais pas de manières, dit maman. Je pense que Belle-sœur Pomme-de-fer t'a mise au courant : notre Guanguan a grandi trop vite, et de plus, il a manqué de lait quand il était petit ; comme il est trop maigre, je cherche quelqu'un qui lui fournisse un peu de lait. Je vois que tu es robuste et bien élevée. Cela me plaît. Seulement, je ne sais pas ce que vaut ton lait.

Pomme-de-fer empoigna à deux mains les bras du bébé et les agita, puis s'approcha tout en disant de sa voix de basse :

— Madame, ne jugez pas ce laideron à son aspect ! Je vous garantis que son lait peut engraisser un bébé. Eh, regardez donc cette petite tortue ; ça n'a que quelques mois et c'est déjà vif comme un Likui[1] !

1. Personnage d'un roman classique, le *Shuihu zhuan*.

La « petite tortue » ferma les poings, deux vraies boulettes de chair, et les enfonça dans sa bouche avec un sourire qui montrait ses gencives rouges où pas une dent ne perçait. Maman lui tapota le visage, faisant trembler ses joues replètes et basanées. Son menton et ses bras n'étaient qu'une succession de bourrelets de graisse.

— Quel âge a le bébé ?

A cette question de maman, la nourrice, qui n'avait cessé de contempler en souriant sa « petite tortue », arrondit les lèvres, puis répondit timidement :

— Sept mois. Il n'aura un an révolu qu'en septembre.

— Ton lait n'a pas l'air mauvais, à en juger par le petit.

— Déboutonne ta tunique pour montrer à Madame, intervint avec empressement Pomme-de-fer.

J'étais allongé sur un canapé et fumais. Avec un air de pudeur offensée, la nourrice regarda de ses yeux mornes dans ma direction, comme si cela l'ennuyait de se déshabiller en ma présence.

— Ne fais pas la mijaurée ! dit Pomme-de-fer. Tu crois que notre Guanguan va regarder des calebasses à lait comme les tiennes ? Quand on a bientôt trente ans et qu'on a déjà perdu deux petites tortues, on n'a pas à avoir honte pour si peu.

La nourrice rougit, et, dans son désarroi, se tourna alors vers maman ; mais celle-ci s'était déjà approchée d'elle, et il ne lui resta qu'à se déboutonner en rougissant de plus belle. Ses seins aux mamelons saillants ressemblaient effectivement à de volumineuses calebasses suspendues dans un cellier. Ils étaient parsemés de taches brunâtres et sillonnés de veines bleues qui s'entrecroisaient en tous sens comme des rivières sur une carte. Maman les examina longuement, avec l'œil critique du client qui jauge une marchandise, et en pressa un entre ses doigts. Il en gicla un lait blanc comme du jus de soja. Pomme-de-fer en préleva un peu pour le goûter et dit avec un claquement de langue :

— Il est sucré et parfumé, ce n'est pas étonnant que la petite tortue soit grasse comme un porcelet. Goûtez donc, Madame !

— On voit qu'il est bon rien qu'à sa couleur, c'est inutile. Parlez-lui maintenant de ses gages, Belle-sœur Pomme-de-fer.

— C'est à toi d'en décider, tu n'as qu'à parler franchement, ordonna-t-elle à la nourrice.

— Je n'oserais pas. Ma belle-mère m'a dit de demander à Madame de fixer un prix. Madame ne nous exploitera certainement pas.

— Nous allons régler l'affaire en deux mots. Maman prit le temps de s'asseoir et poursuivit : D'habitude, quand on engage une nourrice à domicile pour un « Petit Monsieur », c'est trois *yuan* par mois. Dans le cas présent, je te demande simplement de venir deux fois par jour pour donner un peu de lait, et tu peux continuer à nourrir ton bébé. Mais, comme je sais que la vie n'est pas facile pour de pauvres gens comme vous, je te donnerai un *yuan* et demi par mois.

— Deux allers et retours par jour pour une « tête de dragon » et demie par mois ? Voilà un marché à conclure sans hésiter ! Si je n'étais pas une pauvre vieille au bord de la tombe, au lieu de servir de bonne à tout faire, moi aussi, je vendrais un peu de mon lait pour vivre sans soucis jusqu'à la fin de mes jours.

Maman se mit à rire en entendant Pomme-de-fer. La nourrice, gênée, passa sa langue sur les commissures gercées de ses lèvres, puis dit en souriant :

— Madame est vraiment compatissante. Fasse le ciel que notre Jeune Monsieur devienne un mandarin de premier rang, et nous reviendrons alors pour profiter un peu de sa bonne fortune. Malgré votre grand âge, Madame, vous ne pouvez pas savoir combien la vie est dure pour nous par les temps qui courent. Il y a trop de bouches à nourrir à la maison. Mon beau-père est infirme, et il n'est plus jeune ; et le papa du bébé…

— Sois sérieuse, et dépêche-toi de te tirer du lait ! Tu pourras continuer à te lamenter ensuite.

Tout en coassant comme une grenouille, Pomme-de-fer apporta une tasse à thé munie d'un couvercle. Rougissant à nouveau, la nourrice prit précipitamment la tasse, redéboutonna sa tunique qu'elle venait juste de refermer, sortit son sein gauche avec sa main droite, plaça le mamelon au-dessus de la tasse et se mit à le triturer : Sh… Sh…, de fins jets de lait blanc fusèrent avec un bruit de papier froissé.

Je trouvai le spectacle fort divertissant. Cette nourrice, qui avait l'air stupide comme une vache, était au fond beaucoup plus intelligente : quand une vache a du lait, il faut que quelqu'un se charge de le traire et de le vendre ; tout ce qu'elle peut faire seule, c'est de plonger sa tête dans la mangeoire et ruminer la nourriture qu'on lui a fournie. Mais cette vache-ci, la nourrice, sait se traire tout seule, et, avec l'argent que lui rapporte son lait, elle peut subvenir à ses propres besoins et à ceux de toute une famille. Tout bien réfléchi, les hommes sont plus intelligents que les bovidés.

— J'ai oublié de te demander combien vous êtes dans ta famille, dit maman, toujours pleine de sollicitude.

— Oh, cette famille, Madame verra tout de suite de qui il s'agit ! intervint Pomme-de-fer. Le beau-père s'appelle Chen, c'est ce vieux increvable aux jambes paralysées. Et son mari, c'est le petit chauve qui l'année dernière à Shanghai a fourni du sang à notre Guanguan lorsqu'il était à l'hôpital après son accident.

— C'est cette famille de fermiers qui cultivait pour nous un champ de vingt *mou*[1] sur la Colline des Peupliers au Village de l'Ouest, et qui ne travaille plus depuis deux ans ?

— Précisément, c'est cette famille qui est tombée si bas.

En l'entendant citer le vieux Chen aux jambes paralysées et le petit chauve, je m'en souvins également. Le vieux était le plus retors de nos fermiers. Alors que les autres nous fournissaient, conformément à leur contrat, un beau riz blanc, lui ne nous apportait que des paniers plus ou moins pleins de riz médiocre. Il manquait toujours quelques dizaines de livres aux trente piculs annuels du fermage. Quand on le rappelait à l'ordre, ou le menaçait de prendre un autre fermier, on le voyait arriver, traînant la jambe et rampant comme un escargot, son visage d'oiseau de malheur ruisselant de pleurs ; il trouvait toujours de bonnes excuses pour implorer le pardon de maman et de mon oncle. Dans un déluge de formules pathétiques apprises par cœur, il expliquait que les chutes de pluie avaient été irrégulières, qu'il y avait eu des nuées de sauterelles, que la Colline des Peupliers était si loin de la rivière et les champs si élevés qu'il était difficile d'y faire monter l'eau. Le monde était mal fait ; il était écrasé par les innombrables taxes et la contribution à la milice ; il avait les deux jambes paralysées ; son fils unique ne pouvait faire le travail de

1. Un quinzième d'hectare environ.

deux personnes avec sa seule paire de bras ; c'était trop cher d'engager un journalier : il adjurait maman d'avoir pitié et lui promettait que si elle fermait les yeux là-dessus et continuait à assurer aux cinq ou six membres de sa famille leur bouillie de riz, il n'en soufflerait mot à personne.

Comme maman a un cœur compatissant, il réussissait toujours à l'attendrir. Jusqu'au jour où, il y a deux ans, il resta devoir la moitié du fermage, à cause d'une « sécheresse catastrophique ». Cette fois, mon oncle se fâcha tout rouge ; il déclara qu'il était illégal de refuser de payer le fermage et qu'il le ferait emprisonner par le tribunal du district. C'était la raison même qui parlait par sa bouche :

— Tout le monde, dit-il, a le même ciel au-dessus de la tête, et l'année s'écoule de la même manière pour tous. Pourquoi les autres fermiers ont-ils des pluies régulières et des champs bien irrigués, et tes champs seuls font-ils exception ? Pourquoi n'y a-t-il pas de sauterelles dans les champs des autres, mais seulement dans le tien ? Les autres payent les mêmes impôts et engagent également des journaliers. Comment se fait-il qu'ils y arrivent et que tu sois le seul à venir chaque année pleurer misère et accuser le ciel ? Le contrat de fermage stipule : sans prendre en considération les dégâts causés par les insectes, l'inondation ou la sécheresse, le soussigné est tenu de livrer annuellement tant et tant de piculs de riz blanc. En cas de refus de s'acquitter du fermage, de retard ou d'endettement, le propriétaire peut déférer le coupable à l'administration pour enquête… Ton empreinte digitale figure sur le document. Si tu connaissais les lois, tu ferais honnêtement ton travail au lieu de te mettre dans une situation illégale !

Ce discours tranchant comme un scalpel fit son effet. Malgré toute son astuce, l'infirme resta sans réplique et ne sut que pleurer en ouvrant de grands yeux. En dernier recours, il s'approcha de maman et la supplia d'intervenir pour qu'on ne le dénonce pas à l'administration du district. Voyant où il en était réduit, maman, qui est décidément une charmante vieille dame, voulut faire quelque chose en faveur de ses enfants et petits-enfants, et pria mon oncle de ne rien entreprendre contre lui.

— Nous ne sommes pas à quelques piculs de riz près, dit-elle, et nous lui avons bien remis ses dettes dans le passé. Mais nous prendrons un nouveau fermier, pour éviter de nous retrouver à l'avenir dans une situation aussi embrouillée que des « tiges de volubilis et de courges emmêlées ».

L'année dernière, j'ai trouvé son fils, le petit chauve, traînant sur le pavé de Shanghai et l'ai aidé à rentrer au village. C'est à cela que Pomme-de-fer venait de faire allusion, et voici l'histoire :

A Shanghai, donc, l'été dernier, j'étais tombé amoureux de Lu Rou-ji. Cette fille était entraîneuse au dancing du Palais du Crapaud[1]. Sa chair était d'ivoire et ses yeux noirs comme l'ébène rayonnaient de sensualité et d'amour. Elle savait des chansons anglaises et pouvait rédiger une lettre en langue parlée. Son corps superbe ne devait pas avoir son pareil au monde.

Le soir en question, il y avait un thé dansant au Palais du Crapaud. Je me sentais en pleine forme et avais fait plus de dix danses d'affilée avec Lu Rou-ji. La salle se vida peu à peu, mais je n'avais rien perdu de mon entrain. Quand la musique s'arrêta, nous fîmes marcher un phonographe et je demandai à Lu

1. La lune.

Rou-ji de m'apprendre le tango. Nous nous amusâmes ainsi jusqu'aux approches de l'aube. Et cela en pleine canicule, alors qu'il n'y avait pas un brin d'air. L'épaisse fumée crachée par les cheminées d'usines, qu'aucun souffle ne déplaçait, s'accumulait en une nappe de brume noire qui noyait la ville et vous donnait l'impression d'avoir les poumons pleins d'ouate. Les ventilateurs ne servaient plus à rien. Accablée par la chaleur, Lu Rou-ji voulut faire un tour en voiture pour prendre l'air. Je demandai au chauffeur d'accélérer pour avoir plus de vent. Lu Rou-ji pressait son visage contre ma poitrine et ses cheveux flottants imprégnés d'un lourd parfum me caressaient les joues. Ivre de bonheur, je me mis à lui parler comme dans les romans à la mode :

— J'aimerais mourir avec toi ! Imagine, par exemple, que notre voiture, comme on le lit souvent dans les journaux, heurte un poteau télégraphique ou tombe dans le fleuve : nous serions morts, subitement, sans même nous en apercevoir, enlacés comme maintenant, un léger sourire aux lèvres. Ne serait-ce pas merveilleux ?

Je ne me doutais pas que cette plaisanterie s'avérerait prophétique. Le chauffeur avait-il trop bu, ou était-il exténué, quoi qu'il en soit, la voiture rata le virage à une courbe du fleuve et capota dans le fossé.

Cet accident eut de bien tristes conséquences. La charmante Lu Rou-ji fut éventrée, elle rendit le sang par la bouche et par le nez, et mourut avant même d'arriver à l'hôpital. Je fus blessé à la nuque par des éclats de vitres et restai plus d'une demi-heure sans connaissance ; il fallut m'administrer une injection de cardiotonique pour me faire revenir à moi. Seul le chauffeur eut de la chance et s'en tira au meilleur compte avec une contusion à la main droite. Avec les frais médicaux et l'indemnité versée à la famille de Lu Rou-ji, cet accident me coûta près de dix mille *yuan*. De plus, mon oncle et ma mère m'accablèrent de reproches et de remontrances.

La quantité de sang que je perdis et l'excès de mon chagrin mirent ma santé et mes nerfs à si rude épreuve que je passai quinze jours à l'hôpital sans ressentir la moindre amélioration. Lorsque mon oncle, arrivé du village avec de l'argent, constata la gravité de mon état, il voulut en parler aussitôt au médecin et lui demanda de recourir au traitement le plus rapide et le plus efficace pour me guérir. Ce médecin, un étranger, conseilla une transfusion. Ne sachant pas en quoi cela consistait, je refusai. Le médecin, un homme affable et sympathique, qui s'exprimait dans un shanghaïais mêlé de pidgin, m'expliqua :

— Une transfusion, c'est une excellente chose. Cela ne fait pas du tout mal. Tout au plus comme une piqûre de moustique.

— On m'injectera un médicament liquide, en somme ?

— On te donnera le sang d'un autre pour remplacer le tien, dit mon oncle, qui décidément savait plus de choses que moi.

— Le sang de qui ? Tu ne vas pas me dire qu'on peut en acheter ?

— Quelle belle innocence, jeune homme ! Le docteur me tapota l'épaule. La Chine regorge de miséreux, incapables de gagner une sapèque. Mais leur ventre ne leur fait pas grâce ; il crie famine, et le seul moyen qu'ils aient de le remplir un peu est de vendre leur sang. Vous avez compris ? Quand vous irez mieux, allez jeter un coup d'œil à la porte de l'hôpital ; les deux bancs qui s'y trouvent de part et d'autre sont pleins toute la journée de pauvres bougres déguenillés prêts à vendre leur sang.

Retrouvant ma bonne humeur, j'éclatai de rire : il fait vraiment bon vivre dans un monde où l'argent permet d'acheter n'importe quoi.

— Mais il y a un ennui, continua le docteur en plissant son long nez et en hochant la tête, c'est que Shanghai est une ville malsaine. Neuf sur dix de ces crève-la-faim ont le sang vicié, les uns par des infections, les autres par la crasse environnante. Bref, leur sang est inutilisable.

Mon oncle, en homme intelligent et efficace, déclara qu'on ne saurait prendre trop de précautions : les rues de Shanghai sont couvertes d'affiches mettant en garde contre les maladies vénériennes et pleines de prostituées de bas étage. Comme des hommes réduits à vendre leur sang n'ont pas dû avoir la possibilité de se marier, ils ont certainement des fréquentations peu recommandables. Et une fois qu'un sang contaminé est entré dans nos veines, on ne peut plus l'en faire ressortir. Tandis qu'il parlait, mon oncle se rappela que la veille, à sa descente du train à la gare du Nord, il avait rencontré quelqu'un de notre village dont le sang devait être utilisable. Qui était-ce ? Le petit chauve, le fils du vieux Chen aux jambes paralysées.

— Comment, ce nabot est à Shanghai ? Il veut voir le monde ?

— Comme tu dis ! Dès qu'il m'a aperçu, il m'a demandé de lui prêter cinq *yuan*… Le petit bonhomme, il l'aura voulu ! A ce qu'il prétend, il ne pouvait plus assurer leur subsistance depuis que nous leur avions repris le champ, l'année dernière. Il a appris par un colporteur qu'il y avait beaucoup d'usines à Shanghai, que le travail était bien payé et pas trop épuisant. Ebloui, il est parti sur un coup de tête, et l'a suivi jusqu'ici. Le colporteur l'a effectivement fait embaucher comme manœuvre dans une filature de coton à Pu-dong[1], pour un salaire de trois *mao*[2] par jour. Mais ce pauvre « œuf de tortue » n'a vraiment pas de chance, car l'usine a fermé ses portes au bout de cinq mois. (Elle aurait fait faillite à cause de la concurrence d'une filature japonaise, si j'en crois ses histoires à dormir debout.) Une fois chômeur, il n'a pu retrouver le colporteur ; il ne connaissait personne d'autre à Shanghai ; quant à rentrer chez lui, il n'en avait pas les moyens. Alors, comme notre bonhomme est malin, il passe ses journées à la gare du Nord dans l'espoir d'y repérer parmi les voyageurs une connaissance de son village.

— Lui as-tu donné l'argent ? Car alors, il doit déjà avoir quitté Shanghai.

— Mon pauvre enfant, tu ne connais vraiment rien à la vie ! Ce n'est pas moi qui l'ai fait venir ici, pourquoi lui ferais-je cadeau de cinq *yuan* ? Est-ce que je sais s'il dit la vérité ou non ?

Mais je n'étais pas tranquille et pressai mon oncle de vite partir à sa recherche. Celui-ci demanda au docteur s'il accepterait un donneur de sang qu'il connaissait et dont il était sûr.

— Ce serait parfait ! Il y a deux jours que l'hôpital n'a pas reçu de sang de bonne qualité. Amenez cette personne, et je l'examinerai pour voir si elle est utilisable.

Mon oncle s'absenta un moment et revint comme prévu avec le petit chauve. Je le reconnus au premier coup d'œil. Il avait passé la trentaine ; il ne lui restait sur le crâne que quelques rares cheveux tristes comme l'herbe fanée et il avait des yeux à fleur de tête. Il ne portait qu'une veste et un pantalon de cotonnade d'un

1. Quartier sud-est de Shanghai.
2. Un *mao* est le dizième d'un *yuan*.

blanc douteux, sans chemise pour cacher sa poitrine. Il était pieds nus dans des chaussures de caoutchouc « Chen Jiageng[1] » qui bâillaient. Bien qu'un peu amaigri, il était toujours aussi costaud et musclé qu'un buffle. Après m'avoir salué en entrant, il se mit à fureter de ses yeux globuleux comme pour faire l'inventaire du mobilier.

Mais le docteur ne lui permit pas de s'attarder dans ma chambre et l'emmena sur-le-champ pour une prise de sang. Il revint bientôt, l'air réjoui, en criant quelque chose comme « Jésus-Christ », et félicita mon oncle pour son discernement, car le sang de l'homme était impeccable et, de plus, compatible avec le mien : c'était le Dieu du ciel qui me venait en aide. Il ajouta que j'étais trop faible pour supporter une transfusion de plus de trois quarts de litre.

D'habitude, les hôpitaux payent le sang dix *yuan* le demi-litre. Mais quand par malheur on laisse voir au vendeur que le malade a absolument besoin de son sang, il arrive souvent qu'il cherche à faire monter les prix en spéculant sur la rareté de la marchandise. Le petit chauve était aussi roué que son père ; or mon oncle était allé exprès à la gare du Nord pour le chercher et, après l'examen, le docteur avait dit que son sang était impeccable. Aussi chercha-t-il à exploiter la situation pour me saigner lui aussi : il exigea de mon oncle vingt *yuan* pour trois quarts de litre de sang.

Mon oncle le remit à sa place :

— Ne comprends-tu pas que nous te faisons une grâce, mon petit bonhomme ? Notre Jeune Monsieur a pitié de toi, il a peur que tu ne restes sur le pavé, loin de ton village, et c'est pourquoi il a tenu à te proposer

---

1. 1874-1961. Il avait des usines en Asie du Sud-Est. Rentré en Chine en 1949.

cette bonne affaire. Ce qu'on te demande, c'est de donner un peu de ton sang, et pas de saigner les gens. Comme tu voudras ! Mais tu fais fausse route ! Tu n'as pas vu tous ces pauvres bougres qui attendent à la porte ? Tu sais bien pourquoi ! Tu crois que je ne pourrais pas me procurer de sang ailleurs ?

Le petit chauve leva les yeux au ciel en soupirant. Il avait compris qu'il ne pouvait pas jouer au plus fin. Cependant, dans une dernière tentative de séduction, il me pria de voir si on ne pourrait pas le payer un peu mieux. Je ne songeais qu'à me rétablir et sortir au plus vite de cet hôpital où je me morfondais et me rongeais d'impatience. Je demandai donc à mon oncle de lui donner quinze *yuan* parce qu'il était de notre village.

Le docteur préleva le sang nécessaire (qu'il mit dans un flacon médicinal pour qu'il ne s'évapore pas et ne coagule pas) et me fit la transfusion le soir même. Ce ne fut en effet pas très douloureux. Mais, une dizaine de minutes plus tard, je me mis à frissonner comme si j'avais la malaria et tremblai à faire grincer les montants de fer de mon lit. C'est alors que j'eus peur pour de bon.

— C'est une escroquerie ! criai-je d'une voix frémissante. Le docteur n'a pas examiné sérieusement le sang du petit chauve, il est empoisonné !

Le docteur et l'infirmière m'expliquèrent tranquillement que ces symptômes se manifestaient toujours après une transfusion et que je me sentirais mieux dans un moment. Je m'endormis d'un sommeil léthargique jusqu'au lendemain ; à mon réveil, les frissons avaient disparu mais j'éprouvais un malaise indéfinissable et souffrais de dépression nerveuse.

Je restai encore trois mois à l'hôpital avant d'être complètement rétabli physiquement et mentalement. Puis mon oncle m'obligea à rentrer pour quelques mois à la maison.

— Où est ton mari, en ce moment ? demanda maman avec sollicitude.

— Il est rentré de Shanghai l'année dernière… Tout en répondant, la nourrice passa au sein droit et continua à extraire du lait… Vous savez, Madame, une famille comme la nôtre ne peut pas nourrir un homme qui ne travaille pas. Mes beaux-parents se disputaient avec lui toute la journée. Il est resté quinze jours à traîner à la maison, puis ils ont décidé avec quelques voisins de s'en aller ensemble. Ils ont dit qu'ils allaient à la capitale de la province pour s'engager dans l'armée. Mais il n'avait même pas de quoi payer le voyage. Cela fait sept ou huit mois qu'il est parti, et nous sommes sans nouvelles de lui ; je ne sais même pas où il est.

— Bon débarras s'il est mort, ce propre-à-rien ! C'est révoltant que des gens comme ça puissent avoir des enfants ! s'écria Pomme-de-fer. Elle donna quelques baisers sonores au bébé et lui dit : Ne prends pas exemple sur ton glorieux père. Il faut que tu deviennes fort comme un buffle, et que tu travailles et prennes de la peine pour gagner de l'argent pour ta maman.

Dès que la nourrice eut rempli la tasse de lait, elle prit l'enfant et partit rapidement, car elle avait peur de se faire gronder par sa belle-mère si elle rentrait en retard. Maman lui recommanda encore de boire beaucoup d'eau chaude pour favoriser la montée du lait. Elle ajouta que nous n'en étions pas à une bouche près à nourrir et qu'elle pourrait manger tous les jours chez nous.

La nourrice la remercia par des sourires et une profusion de souhaits de bonheur et de longue vie.

Pomme-de-fer me servit le lait après l'avoir fait chauffer au bain-marie. On n'avait pas besoin d'y mettre du sucre, car il était doux et crémeux, et n'avait pas mauvais goût du tout. En ville, un litre de lait de vache revient à quatre *yuan* par mois ; il est en général coupé de jus de soja, et beaucoup plus insipide que le lait de femme.

Je buvais mes deux tasses de lait quotidiennes. La nourrice arrivait toujours ponctuellement pour le repas de midi et pour celui du soir. Après avoir mangé, elle fournissait son lait et rentrait chez elle au plus vite. Ce lait était vraiment une bonne chose ; au bout d'un bon mois de ce régime, mon appétit augmenta et ma mine devint florissante. Malgré tout, je ne pouvais m'acclimater à la vie dans ce trou perdu et sans attrait, et songeais depuis longtemps déjà à m'en évader. Mais tout notre district était infesté de bandits. Les gros bourgs avaient bien leurs milices, mais elles n'étaient pas assez fortes pour extirper cette mauvaise graine. Dans ces circonstances, maman ne pouvait se résoudre à me laisser affronter les dangers d'un voyage. Elle déclara que je devais en profiter pour continuer ma cure de lait et me rétablir une fois pour toutes. Une fois retourné à la ville, j'aurais du mal à me procurer un bon lait.

Il faut dire que les bruits qui couraient sur ces bandits étaient encore plus alarmants depuis quelque temps. La bande de la montagne des Sept Etoiles avait fusionné avec une autre le mois dernier, et comptait désormais plus de cinq cents hommes bien équipés en fusils et munitions. Elle avait adressé à l'administration du district une lettre où elle réclamait trente mille *yuan*, précisant que si la somme n'était pas remise jusqu'à la dernière sapèque dans les huit jours, elle attaquerait le chef-lieu et pillerait les villages. Quand la nouvelle se répandit, les milices villageoises prirent rapidement des mesures de protection communes, et firent surveiller les routes jour et nuit. Tout passant un tant soit peu suspect était fouillé et interrogé.

Mon oncle était retenu toute la journée au bureau de la milice dont il était l'un des responsables. Comme je m'ennuyais à la maison, je m'y rendais tous les jours pour participer aux conversations et entendre les nouvelles. Mais là où cela devenait vraiment intéressant, c'est lorsqu'on amenait un voyageur suspect pour un interrogatoire. Le bureau de la milice, installé dans le Temple des ancêtres, était devenu le lieu de ralliement des responsables de la milice qui y passaient le temps en bavardant.

— Quand il y a eu cette comète au début de l'année, j'ai tout de suite su que c'était un présage de troubles, dit l'un d'eux. Il paraît que cette bande est alliée aux bolcheviks. Si nous ne trouvons pas rapidement le moyen de les exterminer, ils croîtront et se multiplieront, et alors, je nous souhaite du plaisir à vivre dans ce monde !

— C'est la fatalité qui s'abat sur notre région. Les anciens disaient : Toute chose est régie par la fatalité. Sans chercher plus loin, prenons le cas de notre village. Ne décline-t-il pas de jour en jour ? Neuf familles sur dix sont trop pauvres pour se nourrir. Sept ou huit boutiques sur dix ont fait faillite et fermé leur porte. Si ce n'est pas la fatalité, je voudrais bien savoir ce que c'est ! dit un vieillard en caressant sa barbe.

Ces propos me semblèrent tout à fait pertinents. Mais c'est un de mes cousins éloignés, qui s'occupait d'un commerce à la ville et était revenu passer ses vacances d'été chez lui, qui exprima le point de vue le plus neuf :

— Le déclin de la région n'a rien à voir avec la fatalité. A mon avis, c'est parce que nous nous laissons extorquer notre argent par les étrangers. Je me souviens que, dans notre enfance, chaque famille filait elle-même son coton et tissait ses étoffes, et que chaque foyer utilisait des lampes à huile de soja. Quand on voulait fumer, on battait le briquet et on allumait sa pipe avec une mèche de papier. Auriez-vous vu quelqu'un gratter une allumette et fumer des cigarettes toutes faites de telle ou telle marque ? Nous fabriquions nous-mêmes les objets dont nous avions besoin, et l'argent circulait entre nos propres mains. En ce temps, personne ne se plaignait de ne pas manger à sa faim. Mais par la suite, tout a changé ; le coton filé et les étoffes tissées artisanalement ne se vendaient plus. Tout le monde savait que les vêtements faits avec des tissus étrangers étaient à la fois beaux et bon marché. On trouva que les lampes à huile de soja n'éclairaient pas bien et on voulut des lampes à pétrole de la Standard Oil. Tous ces produits, ce sont les étrangers qui ont eu l'idée de les fabriquer pour voler l'argent des Chinois : une fois l'argent parti, il n'est plus possible de le récupérer. Croyez-vous que cela ne suffise pas à appauvrir les gens ? Qu'allez-vous encore parler de fatalité ? Et il y a eu récemment des bouleversements encore plus profonds : les paysans peinent comme des bêtes de somme dans leurs champs toute l'année pour se retrouver les mains vides une fois qu'ils ont remis au propriétaire le riz du fermage et payé les innombrables taxes et impôts. Chaque bol de bouillie de riz est conquis de haute lutte ! Quant aux commerçants, ils n'arrivent pas davantage à joindre les deux bouts. Tous ceux qui ont de l'argent désertent les campagnes pour la ville, car on sait bien que c'est là maintenant qu'il y a de l'animation et des distractions. On veut rouler en voiture et aller au cinéma. Qui accepte encore de vivre au fin fond du pays ? Tenez, mon cousin, par exemple, il n'en a que pour Shanghai, Shanghai, du matin au soir, et ne tient pas en place chez lui !

— Mêle-toi de ce qui te regarde ! dis-je en souriant, mais je rougis. Et toi, tu n'aimes pas la ville ?

— C'est bien ce que je voulais dire, poursuivit mon cousin. Tandis que les riches partaient s'établir en ville, les petites gens s'appauvrissaient de jour en jour. Il n'est plus resté pour finir que des va-nu-pieds, auxquels le travail de toute une journée suffit tout juste pour une bouillie de riz quotidienne, et qui n'ont pas une sapèque de reste pour acheter autre chose. Même si les magasins étaient encore en activité, où trouveraient-ils des clients ? Bon, les paysans ne cultivent plus la terre, les tenanciers et les propriétaires de boutiques ne font plus d'affaires dans les villages : vous me direz qu'ils n'ont qu'à aller à la ville ; mais là-bas, c'est bien pareil, les chômeurs y sont même plus nombreux qu'à la campagne. Ils n'ont pas d'autre issue que le vol et le banditisme. Mais pourquoi accuser la fatalité ?

— Vous pourriez parler jusqu'à demain, il y a une fatalité, et il en sera toujours ainsi, rétorqua le vieillard. Sinon, pourquoi les étrangers qui de nos jours viennent voler l'argent des Chinois n'auraient-ils pas pu le faire autrefois ? Comment l'expliquer autrement que par la fatalité ?

— Autrefois, la Chine se protégeait en fermant ses frontières. Mon cousin n'était jamais à court d'arguments. Autrefois, les étrangers n'avaient pas le droit de pénétrer en Chine ; c'est depuis qu'ils se sont implantés chez nous par la force des armes que la Chine s'appauvrit de jour en jour.

— Il paraît que l'étranger connaît les mêmes difficultés. Les journaux disaient ces jours-ci qu'il y a je ne sais combien de millions de chômeurs en Amérique et autant au Japon. Vous voyez bien que le monde entier subit la même fatalité. Je vous le dis, c'est toujours la fatalité qui est à l'origine de tout.

A vrai dire, ce genre de discussions ne m'intéressait pas le moins du monde. Tout ce que j'espérais, c'est que les miliciens qui surveillaient les routes arrêteraient quelques nouveaux suspects, car cela m'amusait énormément d'assister à des interrogatoires. C'est ainsi qu'une fois, on avait arrêté cinq magiciens de la province du Shandong, dont deux femmes. A ce qu'on disait, ils pouvaient voler par-dessus les murailles et traverser les murs. On leur avait fait subir plusieurs interrogatoires sans oser les relâcher et sans pouvoir pour autant les exécuter sommairement car il n'était pas prouvé qu'ils étaient des espions des bandits. Finalement, on les envoya au chef-lieu du district pour y être jugés.

Un jour, vers midi, quelle ne fut pas notre surprise de voir arriver le petit chauve, escorté par un milicien du bourg de Xuejia à trente *li* de chez nous. Le milicien était porteur d'une lettre disant que le captif n'était pas qu'un simple suspect, mais qu'on avait trouvé dans la ceinture de son pantalon un important message de la bande de la montagne des Sept Etoiles à celle du mont du Grand Phénix. (Il s'agissait pour l'essentiel de la date convenue pour l'attaque du chef-lieu du district.) Cela prouvait à l'évidence que le petit chauve servait de messager aux bandits. Comme les premières investigations avaient révélé qu'il était de notre village, c'était au bureau de notre milice de s'occuper de cette affaire.

La nouvelle me frappa de stupeur.

Le petit chauve semblait en meilleure forme qu'avant. En nous apercevant, mon oncle et moi, il protesta de sa bonne foi avec véhémence, affirmant qu'il n'était pas un bandit mais avait un petit commerce au bourg du Fleuve du Nord. Comme il n'était pas rentré chez lui depuis très longtemps, il avait voulu venir aux nouvelles. En arrivant à Xuejia, il avait été arrêté sur un malentendu. Le pantalon qu'il portait était en fait celui d'un autre, qu'il avait confondu avec le sien après avoir passé la nuit dans une auberge. Il ne se doutait pas qu'il y eût un message dans la ceinture. En revanche, le milicien de Xuejia déclara qu'il se trouvait non sur la route de notre village, mais sur celle du mont du Grand Phénix. C'était sans doute possible un messager des bandits, et tout interrogatoire supplémentaire était superflu.

— J'ai toujours su que tu étais un mauvais sujet ! dit mon oncle, furieux. Déjà à l'époque où tu cultivais nos terres, ton vieux et toi, vous essayiez toujours de resquiller. Et l'année dernière à Shanghai, tu nous as mis le couteau sur la gorge ! Suffit, où irait le pays si nous ne traitions pas un tel déchet comme il le mérite ?

Il fut décidé à l'unanimité que ce bâtard, cette « tortue » comme on dit, aux yeux qui lui sortaient de la tête et à la face de brute sanguinaire, était un dangereux criminel. Ce serait une offense à la justice céleste de ne pas l'exécuter pour l'exemple.

L'affaire fut rondement menée. Les mains liées dans le dos, le petit chauve fut entraîné séance tenante vers la berge de la rivière au sud du village. Il ne cessait de nous regarder, le visage grimaçant et les yeux exorbités ; ne doutant de rien, il demanda même à passer par chez lui pour revoir sa famille ; ce qui, bien entendu, lui fut refusé.

Puisque l'on voulait un châtiment exemplaire, mon oncle proposa de ne pas le fusiller, mais de lui couper carrément la tête. On choisit comme bourreau un milicien charcutier de son état, au visage grêlé de points noirs. Après s'être bourré d'alcool de sorgho, il empoigna un sabre et se mit à marcher sur les talons du petit chauve. Avec ses yeux rougis par l'alcool, il avait lui aussi un faciès de criminel. Mais je lui trouvai une expression moins terrifiante que celle du petit chauve, que personne ne pouvait regarder sans trembler.

Le bord de la rivière était noir de monde.

Quand le petit chauve eut été traîné jusque sur la berge, mon oncle ordonna au bourreau de le renverser à coups de pied. Mais ce bourreau était un empoté, et il dut s'aider maladroitement de ses mains pour l'envoyer sur les cailloux. Le petit chauve ne perdit pas contenance devant la mort et se cala résolument le cou sur une grosse pierre, sans chercher à se redresser. Bien obligé de s'exécuter, le bourreau leva son sabre à deux mains, mais il tremblait comme la feuille et ne pouvait se décider à l'abattre. Il fallut que mon oncle aille le rappeler vertement à l'ordre pour qu'il abattît enfin son sabre trois ou quatre fois, comme pour hacher du bois, avec des gestes si désordonnés que la lame en fut ébréchée.

Les spectateurs étaient graves et silencieux ; seuls quelques enfants excités criaient en battant des mains.

Après avoir été frappé de la sorte, le petit chauve, dont le sang inondait les cailloux, était déjà immobile et rigide. Le bourreau s'était éloigné, soutenu par des miliciens. Soudain, le cadavre se mit à faire des moulinets avec ses bras et poussa des cris stridents comme un esprit malfaisant. Ce fut la panique générale, et, dans leur fuite, beaucoup de gens hurlaient ou tombaient. Les lèvres exsangues et le visage livide, mon oncle m'entraîna, et nous nous mîmes à courir, non sans trébucher à plusieurs reprises. Fou de terreur, je ne lâchais pas sa main.

Seuls quelques paysans osèrent aller s'occuper du mort.

— Auriez-vous cru que cet homme finirait chez les bandits ?

— Je crains que les astres ne lui aient jeté un mauvais sort. A voir comme il s'est comporté, ce devait être un brave type.

Tout le monde, chemin faisant, commentait l'incident « à sept bouches et huit langues », comme on dit. Mon oncle ne cessait de vitupérer le bourreau et les miliciens, ces « sacs de pus », comme il les appelait. Mais il retrouva bientôt sa bonne humeur :

— Le sang de cette tortue ne vaut plus une demi-sapèque, maintenant, et, l'année dernière encore, il en voulait cinq *yuan* le quart de litre !

En arrivant au bureau de la milice, mon oncle et moi, nous vîmes ma nourrice qui en sortait, les cheveux défaits, sanglotant et vociférant :

— Le père de mon petit n'est pas un bandit ! Le père de mon petit n'est pas un bandit ! Elle avait l'air d'une folle avec sa bouche distordue par les hurlements. C'est une injustice à noircir le ciel ! C'est une injustice à noircir le ciel ! Notre famille aussi a donné de l'argent pour la milice, et cet argent vous sert à tuer les gens. C'est une injustice à noircir le ciel !

Sans cesser de crier, elle se mit à courir en clopinant vers la rivière. Une foule de femmes et d'enfants la suivit par curiosité. Soudain, Pomme-de-fer se détacha du groupe ; elle rattrapa la nourrice hurlante, la maintint d'une poigne ferme et lui dit de sa voix de crapaud enroué :

— Tu as perdu la tête, ma pauvre fille. Ton vieux méritait d'être coupé en morceaux ; si on l'a tué, c'est pour son bien ! Tu as rencontré les Cinq Omniscients [1], ou quoi ? Qu'as-tu à te lamenter, on se demande pourquoi, au lieu de rentrer te tirer du lait pour notre Guanguan, dis…

1. Divinités protectrices ; mais, dans cette région, génies pervers très redoutés.

LI Guangtian

Le Jugement des eaux

(Shui de caipan)

Li Guangtian (1906-1968), issu d'une famille paysanne, fut d'abord instituteur avant de devenir professeur d'université à Pékin puis, à partir de 1952, à Kunming, dans l'extrême Sud. C'est là qu'il est mort, victime de la Révolution culturelle.

Outre des nouvelles, il a écrit des poèmes et des textes à la limite de l'essai, du souvenir et de la fiction, qui sont souvent des poèmes en prose.

Ses récits témoignent d'un grand souci de la forme, comme le montre Le Jugement des eaux. *Extrait de son dernier recueil,* La Jarre d'or (Jintanzi), *publié en 1947, il se rattache par son thème de l'obscurantisme suicidaire à un courant plus ancien de la « Littérature du Quatre Mai ».*

Un choix d'œuvres de Li Guangtian a été traduit à Pékin (Panda, 1984).

Il avait plu sans discontinuer pendant des jours ; à présent encore, la pluie tombait dru. Et son crépitement semblait dire : n'espérez pas voir le ciel s'éclaircir, la pluie ne s'arrêtera jamais.

Deux hommes marchaient en silence sous les trombes d'eau. Il n'y avait personne d'autre dans la rue.

C'était une ville de montagne. Ses minuscules remparts se dressaient sur un versant aride au pied duquel, à la limite de la ville, se trouvait un cours d'eau rapide dont l'autre rive était également dominée par des montagnes nues. L'eau de cette rivière était en général abondante et limpide, constamment sillonnée de jonques transportant des marchandises ou de barques de pêche. Les habitants de la ville en tiraient aussi quelque profit. Mais elle se métamorphosait à l'arrivée de la saison des pluies. La pluie tombée sur les montagnes s'accumulait dans la vallée, où les gouttes formaient des ruisseaux, et les ruisseaux des torrents qui fusionnaient pour se jeter dans la rivière. En moins de quelques jours, celle-ci s'enflait démesurément, et s'il n'y avait pas eu les montagnes pour la contenir, elle aurait déversé ses flots jaunes à perte de vue. L'eau rugissait comme un tigre, déferlait contre les montagnes, ébranlait la ville, engloutissait des colonnes de pluie dans ses troubles remous, volait, se pulvérisait, trébuchait, culbutait, hurlait, haletait, et répandait la terreur jusqu'au ciel noir. Au milieu du fracas des vagues et de la pluie, on entendait à l'occasion un grondement qui semblait être celui du tonnerre et était en fait celui d'un mur ou d'une maison qui s'écroulait dans la ville.

En temps normal, il arrivait qu'un coup de tonnerre éclatât dans un ciel couvert ; mais à présent la pluie tombait sans accompagnement de tonnerre, comme un géant qui se serait mis en marche et n'aurait plus dit une parole inutile. Elle tombait sans trêve et la rivière continuait à grossir, jamais assouvie.

Deux hommes marchaient en silence sous les trombes d'eau. Il n'y avait personne d'autre dans la rue.

L'un à gauche, l'autre à droite, comme étrangers l'un à l'autre, ils avançaient, tête baissée, sans regarder ni devant, ni à gauche, ni à droite.

Ils ne portaient ni cape de paille ni chapeau de jonc et étaient trempés la tête aux pieds. L'eau ruisselait de leurs cheveux sur leur visage, mais ils continuaient à marcher sans lever la main pour l'essuyer.

Un grondement retentit comme un coup de tonnerre.

Une maison vétuste, au fond d'une petite cour, venait de s'écrouler dans quelque coin écarté de la ville. Deux femmes, l'une âgée, l'autre encore assez jeune, ramassaient quelques objets écrasés au milieu des décombres. Un enfant pleurait à côté d'elles. Quelques voisins accoururent et s'enquérirent en criant :

— Ça va ? Il n'y a pas de blessés ?

— Heureusement pas, mais le fourneau est tout aplati, répondit la plus jeune des femmes.

Le fracas de la pluie et du fleuve couvrit sa réponse, comme si les interlocuteurs étaient séparés par une grande distance.

— Et Frère Shitou ? Il n'est pas à la maison ?

La vieille femme retira de la boue un couvercle abîmé et resta immobile sous la pluie, cette plaque de bois noir à la main, avant de répondre d'un ton furieux :

— Nous payons les méfaits d'une vie antérieure ! Il est retourné hier chez Dashan pour lui réclamer cette ancienne dette, et Dashan ne la reconnaît toujours pas ; il continue à répéter que puisque nous n'avons pas de reçu, ni de livre de comptes, et qu'il ne reste plus que les os du cadavre de son père, il ne voit pas pourquoi il la rembourserait. Là-dessus, ils en sont venus aux mains. Ce matin, à peine levé, Shitou est reparti, et sans doute que…

La pluie martelait violemment son grand chapeau ; il y eut un coup de vent et elle faillit tomber à la renverse tandis que sa voix s'étranglait.

Voyant qu'au point où en étaient les choses, ils ne pouvaient rien faire, et comme c'était à n'y pas tenir sous cette pluie, les voisins rentrèrent au plus vite chez eux, maudissant la pluie, le manque de bois sec et les fuites de leur propre toit. Le dernier à s'en aller essaya encore de calmer la vieille :

— A quoi bon récupérer ces objets cassés, vous allez tomber malades, trempés comme vous l'êtes. Belle-sœur Shitou devrait s'occuper du petit qui traîne sous la pluie.

Mais la vieille et sa bru continuèrent à ramasser dans la boue quelques ustensiles en morceaux, comme si elles n'entendaient pas les pleurs de l'enfant. Tout en s'affairant sous la pluie, la vieille marmonna :

— Nous payons les méfaits d'une vie antérieure ! Je ne sais pas combien de scènes il est allé faire pour cette maudite dette de rien du tout. Quelle importance ont ces quelques sapèques ? Il en a fait une question de principe, sinon il ne se mettrait pas dans des états pareils.

Elle retira de la boue un couteau, le jeta de toutes ses forces sur les marches où il résonna contre la pierre, puis reprit ses recherches et son monologue :

— Tu ne rembourses pas la dette parce que ton vieux est mort ? Mais cette dette est pour ainsi dire gravée au couteau sur les os de ton vieux ! Nous n'avons pas de reçu, pas de livre de comptes ? Mais écoute ta conscience, cela ne suffit pas qu'elle soit inscrite dans ta conscience ? Tu n'as pas de conscience, monstre !

Sa voix était étouffée par le bruit de la pluie. Sans l'écouter ni lui parler, sa bru fouillait sans relâche dans la boue. Soudain, elle fronça les sourcils et grommela entre ses dents :

— Nous avons failli mourir écrasés sous la maison, quelle malédiction ! Et tout en se lamentant, elle leva les yeux sur l'enfant qui pleurait.

Deux hommes marchaient en silence sous les trombes d'eau. Il n'y avait personne d'autre dans la rue.

C'était une grande rue menant au bord de la rivière. Elle était un peu plus peuplée que les autres. Les maisons grises étaient indistinctes sous le voile blanc de la pluie. Des portes étaient fermées, d'autres entrouvertes. Parfois une silhouette apparaissait dans l'entrebâillement d'une porte ; quelqu'un se penchait au-dehors pour regarder le ciel ou les deux extrémités de la rue, puis rentrait vite la tête en fronçant les sourcils et en maugréant quelques imprécations. On entendait partout des bruits divers ; ici, on aurait cru qu'on fendait du bois de toutes ses forces ; là, que la pluie martelait une bassine en métal ; ou encore que quelqu'un criait d'une voix éraillée, ou faisait des reproches véhéments, à moins que ce ne fût un âne poussant des braiements mélancoliques devant sa mangeoire. Tous ces bruits confus étaient couverts et assourdis par le vacarme de la rivière et de la pluie, on ne savait jamais s'ils étaient réels ou imaginaires, proches ou lointains. Les seuls à peu près localisables étaient le fracas des maisons qui s'écroulaient.

La rue, pavée de schiste, était en temps normal couverte d'une couche de poussière où traînaient des détritus de toute sorte, brins de paille, chiffons, pelures de fruits, trognons de légumes, excréments d'animaux, etc. Mais à présent, elle avait été lessivée par la pluie. D'une de ses extrémités à l'autre, les dalles lisses formaient une piste inclinée sur laquelle les eaux de pluie couraient en cascade pour se déverser dans la rivière. Affluant de partout, l'eau était de connivence avec la rivière, voulait se fondre avec elle en un flot gigantesque qui noierait les montagnes, ferait crouler les habitations et engloutirait l'humanité, afin de restaurer l'époque du déluge. Mais, dans ce flot dévastateur, deux hommes avançaient en silence. Pataugeant dans l'eau qui submergeait les dalles de schiste, ils marchaient vers le centre de l'inondation. Ils semblaient être les premiers représentants de l'espèce humaine, le premier aîné et le premier cadet. Ils étaient solitaires, abandonnés ; graves et arrogants comme si avant eux il n'y avait eu ni père ni mère, ni une seule page d'histoire. Bien que le schiste sous leurs pieds eût été extrait des années auparavant de la montagne aride, et eût été poli par les pas des hommes (qui sont l'empreinte de la civilisation), on y décelait encore à travers l'eau des veines aux dessins aussi beaux que les paysages, les animaux et les plantes qu'un sculpteur grave sur du jade.

La pluie tombait avec une rage aveugle. Deux hommes marchaient en silence sous les trombes d'eau. Il n'y avait personne d'autre dans la rue.

Dans la direction opposée, à l'autre extrémité de la rue, quelque part sur le versant de la montagne, devant l'auvent d'une maison, une femme d'âge moyen parlait avec une voisine. Cette voisine, ruisselante de la tête aux pieds, avait certainement parcouru un long chemin sous la pluie. Elle tenait un peu de riz bien serré contre son giron mouillé ; car c'était pour emprunter du riz qu'elle était venue. Elle s'apprêtait à prendre congé, mais l'autre femme semblait vouloir épancher ce qu'elle avait sur le cœur ; aussi, malgré l'envie qu'elle avait de rentrer au plus vite, elle ne pouvait se permettre de partir sur-le-champ.

— Dites-moi, n'est-ce pas insensé ? Ce vaurien de Shitou est encore venu réclamer cette dette imaginaire. Il prétend que mon beau-père a emprunté de l'argent à son vieux ; à présent qu'ils sont morts tous les deux, et qu'il n'y a pas de preuve écrite ni personne pour en témoigner, il veut quand même nous l'extorquer. Il nous parle aussi de bonne conscience et de sincérité ! Je vous demande un peu, c'est ça qui vous nourrit, la bonne conscience ? Dans ce cas, je n'en ferais qu'une bouchée. Il est déjà venu nous faire je ne sais combien de scènes, et il voulait même aller nous dénoncer au chef-lieu du district ou à la préfecture ; mais en fait, il n'ose pas, ce qui prouve bien qu'il a perdu la tête. En plus, il affirme que de nos jours, le cœur des hommes est déjà tombé en enfer et que même les magistrats ne savent plus ce qu'est la justice. Ecoutez, qu'est-ce que cela veut dire ? Il est venu nous faire une scène pas plus tard qu'hier, et aujourd'hui, il est revenu crier devant notre porte comme un démon. Il a fini par entraîner notre Dashan avec lui… Si vraiment nous lui avions emprunté cet argent, bien sûr que nous le lui rendrions, mais ce n'est pas vrai.

Et pour bien montrer son indignation, elle claqua ses mains l'une contre l'autre et serra ses lèvres minces. En entendant ce discours, la voisine eut un pincement au cœur, pensant qu'elle lui racontait tout cela à cause du riz qu'elle lui empruntait. Elle aurait voulu répondre quelque chose comme « Je vous en rendrai le double, soyez sans crainte », mais les mots lui restèrent dans la gorge, et elle ne put que se retirer en s'inclinant à plusieurs reprises ; elle murmura cependant :

— Quand Dashan rentrera, saluez-le de ma part ; il y a des fuites terribles à la maison, et les enfants m'attendent.

Puis elle franchit la porte donnant sur la rue et s'évanouit dans la pluie comme un fantôme.

La pluie tombait toujours. Deux hommes marchaient en silence sous les trombes d'eau. Ils avançaient comme poussés par le déferlement de l'inondation. Il n'y avait personne d'autre dans la rue.

Ils arrivèrent au bout de la rue et passèrent la porte des remparts, puis se dirigèrent vers la rivière. En temps normal, il fallait encore parcourir un bout de chemin, puis descendre un long escalier. Mais à ce moment, c'était différent. Les minuscules remparts ressemblaient à un bateau de pêcheur tiré sur la rive, et la haute porte de la ville, à l'entrée de sa cabine. Debout au bord de l'eau, ils semblaient se tenir sur le pont du bateau, trempés par la pluie, battus par les flots. Ils se regardèrent un moment dans les yeux. Ils avaient l'air de deux frères qui se demandaient comment ils traverseraient cette rivière démesurée. Finalement l'« aîné », dont les traits étaient déjà marqués par l'âge, tira avec force son « cadet », et les deux hommes s'agenouillèrent ensemble dans la boue.

Tournés chacun dans une direction différente, la tête courbée jusque dans la boue, ils semblaient des hommes primitifs en prière devant la nature.

— Si je n'ai pas la conscience pure, et si cette dette est une invention pour t'extorquer de l'argent, je veux bien être puni par le ciel et mourir noyé dans cette rivière.

Son compagnon, le cadet, murmura également quelque chose.

Leur prière se perdait dans le vacarme de la rivière et de la pluie, ils n'entendaient que le mugissement des eaux ; ils ne s'entendaient pas l'un l'autre, et ne s'entendaient même pas eux-mêmes. Puis, se tenant par la main, ils se relevèrent et s'approchèrent en silence de la rivière. Ils voulaient aller jusqu'en son milieu, là où le courant était le plus dangereux ; ils voulaient se livrer aux eaux pour qu'elles les jugent et désignent l'un d'entre eux. Mais avant qu'ils aient pu aller plus loin, ils furent engloutis ensemble par les vagues, et disparurent entièrement, y compris leurs ombres qui se débattaient, pour ne plus jamais remonter à la surface.

La pluie tombait à flots. L'eau de la rivière rugissait comme un tigre, déferlait contre les montagnes, ébranlait la ville, engloutissait des colonnes de pluie dans ses troubles remous, volait, se pulvérisait, trébuchait, culbutait, hurlait, haletait, et répandait la terreur jusqu'au ciel noir.

La pluie tombait, rien ne laissait présager qu'elle s'arrêterait. L'eau coulait en cascade dans les rues désertes. Les vagues de la rivière passaient par dix mille métamorphoses en une seconde ; elles traçaient un texte sacré où s'inscrivait le jugement de Shitou et de Dashan.

Achevé d'imprimer
sur les presses de
HORIZON
GROUPE
200, avenue de Coulin
13420 Gémenos

Dépôt légal : mars 2000